トマ・ピケティ

# 来たれ、新たな社会主義

世界を読む 2016-2021

山本知子・佐藤明子訳

みすず書房

VIVEMENT LE SOCIALISME !

Chroniques 2016-2020

by

Thomas Piketty

First published by Éditions du Seuil, 2020

# 来たれ、新たな社会主義——目次

来たれ！　社会主義　２０２０年９月　1
平等と参加型社会主義への長い歩み　4／権利の平等をもたらす仲介者としての社会国家　7／参加型社会主義のために――権力と資産を循環させる　9／社会連邦主義――グローバル化の新しいアプローチに向けて　16／男女同権・多民族共生・普遍主義的社会主義に向けて　19

## 第Ⅰ部　グローバル化の方向性を転換するために　２０１６－２０１７

ヒラリー、アップル、そして私たち　２０１６年９月13日　26
ＩＭＦ、格差、そして経済研究　２０１６年９月20日　30
男女間の賃金格差――19パーセントか、64パーセントか？　２０１６年11月７日　38
グローバル化の方向性を転換するために　２０１６年11月15日　42
ベーシックインカムか、公正な賃金か？　２０１６年12月13日　46
アンソニー・Ｂ・アトキンソンの死　２０１７年１月３日　50
民主的なユーロ圏政府の実現に向けて　２０１７年２月１日　54

中国における格差　2017年2月14日　57
公的資本、民間資本　2017年3月14日　61

## 第II部　フランスのためにはどんな改革をすべきか？　2017-2018

フランスの格差　2017年4月18日　66
フランスのためにはどんな改革をすべきか？　2017年5月16日　70
トランプはレーガンのパワーアップ版だ　2017年6月13日　74
「資本法」を再考する　2017年9月12日　78
ISFの廃止は歴史的誤り　2017年10月10日　82
2018年予算、若者が犠牲に　2017年10月12日　86
トランプとマクロン、似たもの同士　2017年12月12日　92
2018年、欧州の年　2018年1月16日　96

ロシアの資本　２０１８年4月10日　100
五月革命と格差　２０１８年5月8日　104
欧州、移民、貿易　２０１８年7月10日　108
社会的排外主義というイタリアの悪夢　２０１８年9月11日　112
ブラジル、脅かされる第一共和国　２０１８年10月16日　117
ル・モンド紙と億万長者　２０１８年11月13日　121

## 第Ⅲ部　欧州を愛することは欧州を変えること　２０１８－２０２１

欧州の民主化のためのマニフェスト　２０１８年12月10日　126
「黄色いベスト運動」と税の公正　２０１８年12月11日　132
フランス革命前夜を彷彿させる債務危機　２０１９年1月15日　137
米国の富裕税　２０１９年2月12日　141

欧州を愛することは欧州を変えること　2019年3月12日　146
インドのベーシックインカム　2019年4月16日　150
欧州と階級分断　2019年5月14日　155
中道派エコロジーの幻想　2019年6月11日　159
通貨創造は私たちを救うのか？　2019年7月9日　164
循環型経済のために　2019年10月15日　169
経済的正義によるアイデンティティの対立からの脱却　2019年11月12日　174
年金制度の一本化へのいくつかの道　2019年12月10日　179
気候変動否定論の次は格差否定論か　2020年1月14日　184
「社会主義的連邦主義」対「国家主義的自由主義」　2020年2月11日　188
仏独合同議会――欧州で税の公正を実現するための絶好の機会　2020年2月21日　193
サンダースが米国の民主主義を救う　2020年3月10日　198
最悪の事態を避けるために　2020年4月14日　203
グリーンマネーの時代　2020年5月12日　208

人種差別に立ち向かい、歴史を修復する　2020年6月16日　213
国際主義を再建する　2020年7月14日　218
米国の偶像の失墜　2021年1月12日　222

原　注　i

# 凡例

一、本書は Thomas Piketty, *Vivement le socialisme !: Chroniques 2016–2020* (Éditions de Seuil, 2020) の翻訳である。翻訳に当たっては同書を底本とし、*Le Monde* 紙の英語版ブログ、および同書の英訳版 *Time for Socialism: Dispatches from a World on Fire, 2016–2021* (Yale University Press, 2021) も適宜参照した。

一、著者の許諾を得て一部のコラムを割愛し、新たに「米国の偶像の失墜 (La chute de l'idole états-unienne)」(2021年1月12日) を追加した。

一、訳注は〔 〕で囲んで割注にし、長文のものは本文中に「*」で示して側注、もしくは各項末注とした。原注は( )内の番号で示し、巻末にまとめた。

# 来たれ！　社会主義　2020年9月

もし1990年に、2020年になったらあなたは『来たれ！　社会主義（*Vivement le socialisme!*）』と題した時評集を出版することになると言われていたら、悪い冗談だと思ったことだろう。当時18歳だった私は、前年1989年の秋を、東欧の共産党独裁政権と「現実社会主義」*の崩壊について報じるラジオを聞きながら過ごしたところだった。1990年2月、私はチャウシェスク政権から解放されたばかりのルーマニアの若者たちを支援するために、現地に赴くフランスの学生の一団に加わった。夜中にブカレスト空港に到着した私たちは、バスに乗り、弧を描くように横たわるカルパティア山脈に抱かれた雪深くてもの哀しい街、ブラショヴに到着した。ルーマニアの若者たちが、彼らの「革命」の証人である壁の弾痕を誇らしげに見せてくれた。その後、1992年3月、私は初めてモスクワを訪れた。店はどこもがらんとしていて、通りはどこも灰色だった。私は、どさくさに紛れて〈精

＊　旧東ドイツに端を発して、1970年代から東欧やアジアやラテンアメリカの社会主義諸国に導入された思想・体制。

神分析と社会科学〉と題された仏露シンポジウムにもぐり込むことができ、やや戸惑い気味のフランスの学者たちといっしょに、ソ連の国旗に代わってロシアの国旗が掲げられたばかりのレーニン廟と赤の広場を訪れた。

1971年生まれの私は、共産主義に心を奪われる暇もなく、ソビエト主義の絶対的な失敗を目の当たりにしながら大人になった世代に属している。この世代の多くの人がそうであったように、私も1990年代には社会主義者というより自由主義者であり、自分の観察眼は鋭いとうぬぼれ、年長者やすべての懐古主義者を疑い、市場経済と私有財産をあくまでも認めようとしない人たちを支持したりはしなかった。

あれから30年経った2020年、ハイパー資本主義はあまりにも行きすぎてしまった。いまや私たちは、資本主義を超える新しい体制、すなわち、参加型かつ分散型、連邦主義的かつ民主主義的で、環境にやさしく、多民族共生かつ男女同権といった新しい形の社会主義について考える必要がある。私はそう確信している。

「社会主義」という言葉が完全に過去のものとなり、別の言葉で置き換えられるべきかどうかは、歴史が決めるだろう。私自身は、社会主義はまだ救うことができる言葉だと考えている。資本主義に代わる経済体制を示すのに最も適した用語でありつづけるとさえ思う。いずれにせよ、資本主義や新自由主義にただ「反対」しているだけでは何も始まらない。何か別のものに「賛成」する必要があるのだ。そのためには、最後にはどんな名をつけるにしても、実現したい理想の経済体制、思い描いている公正な社会を正確に示さなければならない。「格差を広げて地球の資源を使い果たす現在の資本主義体制には、未来がない」と誰もが口にするようになった。たしかに、それは間違ってはいない。しかし、明確に表された代替案がなければ、現在の体制がこれからもずっと続くことになるだろう。

社会科学系の教員・研究者として、格差の歴史の研究や、経済発展と富の分配と政治的対立の関係の研究を専門にしてきた私には、何冊かの分厚い著書がある。[1]私はまた、地球上のさまざまな社会における所得と富の格差の変遷について透明性を高めることを目的とした、大規模な参加型の共同プロジェクト、〈世界不平等データベース〉の立ち上げにも参加してきた。[2]

これらの歴史研究から得た教訓、そしてもちろん1990年から2020年までの市民観察者としての経験に基づいて、私は直近の著書*で、いくつかの「参加型社会主義を実現するための要素」を示そうと試みた。その主な結論をここに要約する。[3]しかしながら、これらの「要素」はあくまで、他の要素を見つけるためのちょっとした出発点にすぎないことをあらかじめ断っておく。また、これが精緻化のための共同作業、活発な議論、社会的および政治的実験という途方もないプロセス——特に過去の失敗と将来の課題の幅広さを考えると、長期的で謙虚で粘り強くあるべきプロセス——にささやかな貢献をするにすぎないものであることも明記しておきたい。

関心のある読者には、2016年9月から2021年1月までル・モンド紙に掲載された私の月々のコラムを収録した本書にも、そうした考察の一部を見出していただけるだろう。本書では、それらのコラムを訂正や書き直しなしにそのまま掲載し、そこにル・モンド紙が運営する私のブログに掲載

---

＊『資本とイデオロギー』山形浩生・森本正史訳、みすず書房より刊行予定。

された追加のグラフや表、参照先や文章をいくつか付け加えている。[4] あまり練られていなかったり一部内容が重複していたりするコラムもあることを、あらかじめお詫びしておきたい。これらのコラムは、ひとりの社会科学の研究者が、自らの象牙の塔と数千ページの著書から外の世界に踏み出し、あらゆるリスクを覚悟のうえで、市民生活と時事問題の核心に参加《アンガージュ》しようとする不完全な試み以外の何ものでもない。寛大な読者が、ここにご自身の考察や社会参加《アンガージュマン》に役立つ道筋を少しでも見出してくださることを願っている。

## 平等と参加型社会主義への長い歩み

まずは、意外だと言われそうな見解から述べよう。長期的な視野に立つなら、平等と参加型社会主義に向けての長い歩みはすでに始まっている。私たちの前に開かれているこの道を進むのを妨げるような技術的困難は何もなく、あとは私たちが一丸となって取りかかりさえすればいいのだ。歴史が示しているように、格差の本質はイデオロギー的かつ政治的なものであり、経済的なものでも技術的なものでもないからだ。

たしかに、こうした楽観的な見方は、重く停滞したこの時代においては逆説的に思えるかもしれない。しかし、この見方は現実に即したものである。格差は、特に20世紀に導入された新しい社会政策と財政政策のおかげで、長期的には大幅に縮小されてきた。まだまだ多くの課題はあるものの、歴史

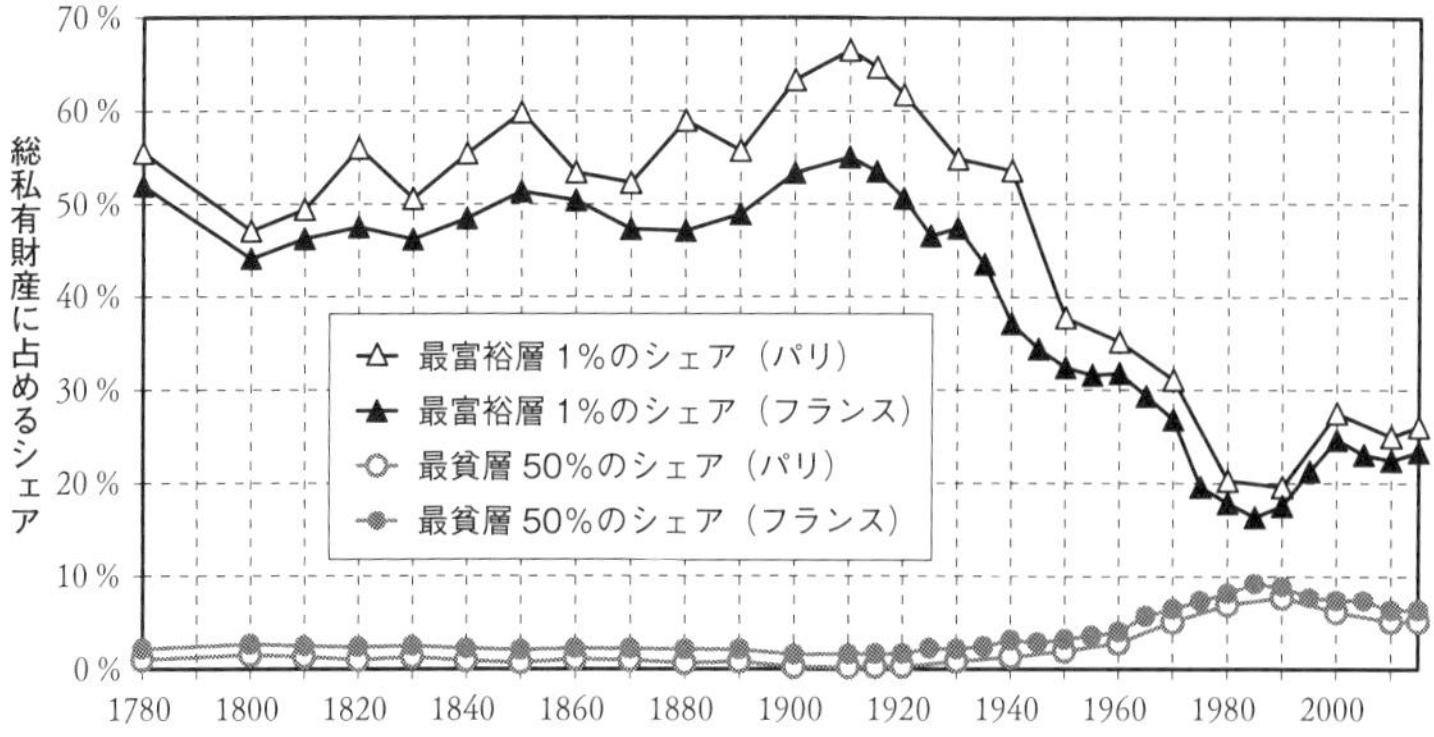


**図1　フランス革命の失敗：19世紀フランスにおける所有権至上主義的な格差の偏流**

解釈：パリでは、最富裕層1%が1910年には総私有財産の67%ほどを所有していたが、1810年にはそれが49%、1780年には55%だった。フランス革命で少し下がってから、19世紀を通じて第一次世界大戦前まで、財産の集中度はフランスではかえって上がった（特にパリでは顕著だった）。長期的には、格差の縮小は1789年の革命後ではなく、二つの世界大戦（1914–1945）の後で生じた。

出所と時系列データ：piketty.pse.ens.fr/ideology を参照。Thomas Piketty, *Capital et idéologie*, 前掲書 p. 161〔邦訳トマ・ピケティ『資本とイデオロギー』図4–1〕

の教訓を活かすことによって、はるか先まで進むことができるだろう。

たとえば、過去2世紀にわたる資産の集中の変遷を見てみよう。まず第一に、総資産（すなわち、不動産・金融資産・事業資産から負債分を差し引いた純資産）に占める最富裕層1パーセントの割合は、19世紀から20世紀初頭まで天文学的なレベルにあったことがわかる。これは、そもそも平等を謳ったフランス革命の約束が、少なくとも資産の再分配に関しては果たされず、形だけのものだったことを示している。その後、20世紀の間に最富裕層1パーセントのシェアは急激に小さくなり、第一次世界大戦前夜には富全体の約55パーセントになったが、現在では25パーセント近くであることがわかる。それでも、25パーセントというシェアは、富全体の5パーセントしか所有して

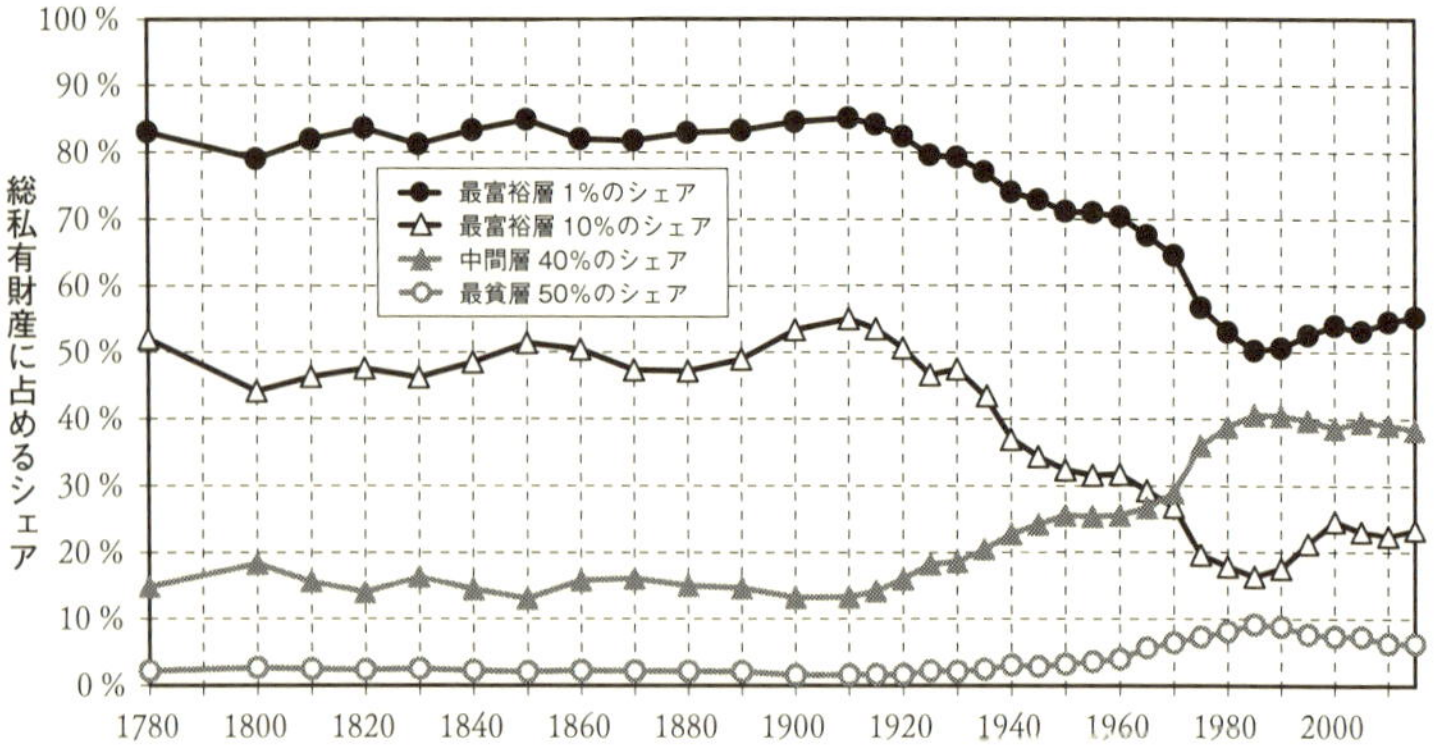


**図2　フランスにおける財産の分布　1780-2015年**

解釈：最富裕層10%が総私有財産（不動産・事業資産・金融資産から負債を差し引いた純資産）に占めるシェアは、1780年代から1910年代までは80%-90%だった。財産集中度の低下は第一次世界大戦後に始まり、1980年代に中断した。恩恵を受けたのは主に「世襲中流階級」（中間層40%）で、これをここでは「下流階級」（最貧層50%）と「上流階級」（最富裕層10%）の間の集団と定義する。

出所と時系列データ：piketty.pse.ens.fr/ideology を参照。Thomas Piketty, *Capital et idéologie,* 前掲書 p. 163〔邦訳ピケティ『資本とイデオロギー』図4-2〕

いない最貧層50パーセントのシェアの約5倍である点に注目すべきだ（最貧層50パーセントの人数は、理屈の上からは最富裕層1パーセントの人数の50倍であるにもかかわらず、である）。おまけに、最貧層50パーセントのこのわずかなシェアも、1980－1990年代からさらに減少しており、米国、ドイツなどのヨーロッパ諸国、インド、ロシア、中国でもこの傾向が見られる。

要約すると、資産の集中（ひいては経済力の集中）は、過去100年間に大幅に縮小したものの、その度合いは依然としてきわめて高い。富の格差の縮小は、主に「中間層」（すなわち、上位10パーセントと下位50パーセントの間に位置する、人口の40パーセント）に恩恵を与えてきたが、人口の最貧層50パーセントにとってはほとんど意味がなかった。結局、最富裕層10パーセントのシェアは80－90パーセントから50－60パーセント程度と大幅に縮小したが（それでもまだ、かなりのものである）、最貧層50パーセントのシェアは相変わらず微々たるものである（図2参照）。最貧層50パーセントの状況は、資産の面よりむしろ所得の面で改善されている（総所得における最貧層50パーセントのシェアは、ヨーロッパでは10パーセントそこそこから20パーセント程度にまで上昇している）。しかし、ここでも改善は限定的であり、逆戻りする可能性もある（最貧層50パーセントのシェアは、1980年代以降、米国では10パーセント強にまで低下している）(5)。

## 権利の平等をもたらす仲介者としての社会国家

これらの複雑で矛盾した変遷、とりわけ過去100年間に特にヨーロッパで見られた格差の縮小をどのように説明できるだろう？　二つの世界大戦で個人資産が破壊されたことに加えて、20世紀にヨーロッパの多くの国で導入された法制度、社会制度、税制の大幅な変化が果たした積極的な役割も強調しておかなければならない。

決定的な要因のひとつは、1910－1920年代、そして1980－1990年代に社会国家が台頭し、教育や健康への投資が進み、退職・障害年金、社会保険（失業、家族、住宅など）への投資が発展したことにある。1910年代の初めには、西欧の公的支出の総額は国民所得の10パーセントにすぎず、それは主に治安維持、軍隊、植民地拡大のための、いわば「君主的支出」であった。19

80－1990年代に、公的支出の総額は国民所得の40から50パーセントに達し（以来、この水準で安定する）、その内訳は主に教育、保健医療、年金、社会移転などへの支出であった(6)。

このような変遷により、20世紀のヨーロッパでは、教育、保健医療、経済・社会保障という基本財へのアクセスの一定の平等、あるいは少なくとも過去のどんな社会よりも大きな平等を実現することが可能になったのである。しかし、1980－1990年代以降、特に平均寿命の伸長や義務教育年限の延長によってニーズが高まりつづけているにもかかわらず、社会国家は停滞し、獲得されたものなど何もないことがわかった。医療面では、新型コロナウイルスの感染拡大による健康危機によって、病院資源と人的資源の不足を厳しく思い知らされた。2020年のコロナ危機の大きな課題のひとつはまさしく、豊かな国は社会国家に向かって再び前進していくのかどうか、貧しい国ではついにその歩みが加速されるのかどうかを知ることにある(7)。

教育への投資の例を見てみよう。20世紀初頭、あらゆるレベルの教育を合わせた公的支出は、西欧諸国では国民所得の0・5パーセント未満であった（当時ヨーロッパよりも先を行っていた米国では、それよりわずかに高かった）。具体的には、これはきわめてエリート主義的で限定的な教育制度に対する支出であり、国民の多くは、生徒が過密状態の資金不足の小学校に通わなければならず、中等教育や高等教育を受けられるのはごく少数だった。20世紀の間に教育への投資は10倍以上に増大し、1980－1990年代には国民所得の5－6パーセントに達した。このことが、非常に急激な教育の拡大を可能にしたのである。入手可能なあらゆるデータから、こうした変遷は、20世紀の間により大きな平等とより大きな繁栄の両方を同時に推し進めた強力な要因であることがわかる。

逆に、あらゆるデータが、ここ数十年、高等教育課程に進学する年齢層の割合が急増しているにもかかわらず教育への投資の総額が停滞していることが、格差の再拡大と平均所得の伸び率の鈍化の両方の原因となっていることを示している。また、教育へのアクセスに関してきわめて大きな社会的不平等が続いていることにも注目すべきである。これは、明らかに米国に当てはまる。というのも、米国では（大部分が私立で有料の）高等教育まで受けられるかどうかは、親の所得に大きく左右されるからだ。しかし同時にこれは、（あらゆるレベルを合わせた）教育への公的投資総額が就学年齢層内で非常に偏って分配されている、フランスのような国にも言えることである。フランスでは、特に選抜*課程と非選抜課程に割り当てられる資金の格差が非常に大きい(8)。総じて言えば、フランスでは２００0年代半ば以降、学生数は（２００万人強から今日の３００万人近くまで）急増しているが、特に大学の一般課程や短期技術課程では公共投資はまったく追いついておらず、その結果、学生一人当たりの投資額が激減し、大きな社会的・人的損失がもたらされている(9)。

## 参加型社会主義のために——権力と資産を循環させる

教育の平等と社会国家だけでは十分ではない。現実的な平等を達成するためには、権力と支配関係

＊　グランゼコール準備学級およびグランゼコール。

の全体像を見直す必要があるからだ。そのためには、特に企業内でより適切な権力の配分が行なわれなければならない。

ここでもまた、20世紀の成功例から見ていくべきだろう。多くのヨーロッパ諸国、とりわけドイツやスウェーデンでは、20世紀半ばに、労働組合運動と社会民主党がいわゆる「労使共同決定」制度という形で株主に新たな権力配分を課すことに成功した。「労使共同決定」とは、選出された従業員代表が――必ずしも全員が出資していなくても――、大企業の取締役会の議席を半分まで占めることができるとする制度である。この制度を理想化するのではなく（同じ票数の場合には決定権を持つのは、常に株主である）、単純に、従来の株主の論理を大きく変えたという点に注目すべきだ。このことは特に、従業員がさらに資本金の10パーセントあるいは20パーセントといった少数株式を保有している場合に、あるいはまた地方自治体がそのような株式を保有している場合には、資本金の圧倒的な割合を占めている株主がいたとしても多数派がひっくり返る可能性があることを意味している。ところで当然のことながら、このような制度ができると、当該諸国の株主からは大きな反対の声が上がり、激しい社会的・政治的・法的闘争が巻き起こったが[10]、実際にはこうした制度が経済発展を妨げることはなく、むしろ逆だった。あらゆるデータから、権利の平等性が増したことによって企業の長期戦略への従業員の関与が高まったことがわかっている。

残念ながら株主の抵抗によって、これまでのところ、これらのルールはそれ以上は普及していない。フランスでも英国でも米国でも、株主がほぼすべての権力を持ちつづけているのである[11]。興味深いことに、フランスの社会党は英国の労働党と同様に、1980年代までは国有化を中心としたアプローチを支持し、しばしば従業員への権力配分と投票権をベースにしたスウェーデンやドイツの社会民主党の戦略を、弱腰すぎるとみなしていた。しかしその後、ソ連の共産主義が崩壊すると、国有化を基礎とする構想は消滅し、フランスの社会党も英国の労働党も1990－2000年代には、所有権制度を変革するという見通しを事実上放棄した。10年ほど前から北欧・ドイツ式の労使共同決定をめぐる議論が再燃しているが、もうそろそろこのルールを各国に一般化する時期に来ているのではないだろうか。

次に、そして何より重要なのは、さらに踏み込んだ権力配分に向けてこの動きを拡大し、増幅できるという点だ。たとえば、(最も規模の小さい企業を含め)すべての企業において従業員の代表者が50パーセントの議決権を持つべきだということに加えて、十分に規模の大きい企業においては、株主に与えられる50パーセントまでの議決権のなかで一人の株主の議決権比率が一定の閾値を超えないようにすることも考えられるだろう(12)。こうすれば、とても小さな企業では、単独の株主がその従業員である場合にはその人物が過半数の票を持ちつづけるだろうが、会社の規模が大きくなるにつれて集団的な討議に頼らざるを得なくなる(13)。

法制度のこうした変革だけでは十分でないという点もまた重要である。真の意味で権力を循環させるためには、税制や相続制度にまで切り込んで、資産自体のより大規模な循環を促進しなければならない。これまで見てきたように、最貧層50パーセントはほとんど何も所有しておらず、総資産に占める割合は19世紀以降、変わっていないといえる。一般的な富の増加を待っていれば資産は自然に拡散するという議論はほぼ意味をなさない。それが本当なら、とっくの昔にそうなっているはずだからだ。

そこで、私はより積極的な解決策として、誰もが受け取れる最低相続額を設定する案を支持したい。たとえば、誰もが25歳で12万ユーロ（現在のフランスにおける平均的な資産額の約60パーセント）程度を受け取れるようにするのだ。[14]* このような最低相続の保障は、国民所得の5パーセント程度の年間支出に相当し、資産（すなわち、不動産、金融資産、事業資産から負債分を差し引いた純資産）に対する年次累進課税と累進相続税を組み合わせることによって賄うことができるだろう。

資産や相続財産に対する課税によって賄われるこの最低相続の保障は、私の考えでは、公的支出全体においては比較的小さな割合しか占めないだろう。わかりやすく言えば、理想的な税制を考えた場合、国民所得の50パーセント程度の税収（現在の水準に近いが、これらの税収はより公平に分配されるために、将来的に増税を考えることもできるようになる）を見込むことができる。その税収は、一方では資産や相続財産に対する累進課税制度（国民所得の約5パーセントに当たる税収をもたらし、最低相続の保障の財源となる）から、他方では累進所得税、社会保障拠出金、さらには炭素税（低所得者と責任ある行動を取る人を保護し、最も炭素排出量の多い個人に重点的に課税するための「個人用炭素カード」もあわせて導入する）を統合した制度から得られるものだ。後者は、合計で国民所得の約45パーセントに当たる税収をもたらし、他の公的支出全体、特に社会支出（教育、保健医療、年金、社会移転、ベーシックインカムなど）と環境関連対策（交通インフラ、エネルギー移行、断熱・遮熱改修など）の財源となるだろう。

ここで、いくつかの点を明らかにしておくべきだろう。第一に、いかなる環境政策も、格差の減少、権力と資産の恒久的な循環、経済指標の再定義に基づくグローバルな社会主義プロジェクトの一環としてでないかぎり、有効に進めることはできない。[15]経済指標の再定義については特に強調しておきたい。経済目標が同じままなら、権力を循環させてもまったく意味がない。したがって、国家レベルだけでなく、個人および地域レベルでも（特に「個人用炭素カード」の導入とあわせて）枠組みを変える必要がある。国内総生産を国民所得という概念に置き換え（これは、自然資本を含む資本の消費全体を差し引くことを意味する）、平均ではなく分配に注目し、（正義の集団的基準を構築するために不可欠な）所得という観点でのこれらの指標を、環境指標（特に炭素排出量に関する指標[16]）で補完しなければならない。

もうひとつ強調しておきたいのは、最低相続の保障（「資本の一律支給」とも呼ぶこともできる）が公的支出全体に占める割合はわずかであるという点だ。というのも、私がここで考える公正な社会とは、何よりも、社会的・経済的生活への十分な参加を可能にする基本財（教育、保健医療、年金、住宅、環境など）全体への普遍的なアクセスに基づくものであり、金銭的な資本支給に還元できるものではないからだ。とはいえ、ひとたびこれらの他の基本財――もちろんベーシックインカム[17]も含む――へのアクセスが保証されたなら、「資本の一律支給」は公正な社会の重要な追加要素となる。10万あるいは20万ユーロを保有する場合と、まったく何も（もしくは借金だけしか）保有しない場合を比べると、実際に多くのことが違ってくる。何も所有していなければ、どんな給料であったとしても、またどんな労働条件であったとしても、すべてを、あるいはほとんどを受け入れざるを得ない。なぜなら、家

＊　2022年1月現在1ユーロ＝約130円。1ドル＝約115円。

**累進資産税**
（若者に対する資本の一律給付の財源）

| 平均資産の倍数 | 年次資産税（実効税率） | 相続税（実効税率） |
|---|---|---|
| 0.5 | 0.1 % | 5 % |
| 2 | 1 % | 20 % |
| 5 | 2 % | 50 % |
| 10 | 5 % | 60 % |
| 100 | 10 % | 70 % |
| 1000 | 60 % | 80 % |
| 10000 | 90 % | 90 % |

**累進所得税**
（ベーシックインカムおよび社会・環境国家の財源）

| 平均資産の倍数 | 実効税率（社会保障拠出金と炭素税を含む） |
|---|---|
| 0.5 | 10 % |
| 2 | 40 % |
| 5 | 50 % |
| 10 | 60 % |
| 100 | 70 % |
| 1000 | 80 % |
| 10000 | 90 % |

**表1　資産の循環と累進課税**

解釈：提案している税制では、累進資産税（年次資産税と相続税）で若者に対する資本の一律給付を賄い、累進所得税（社会保障拠出金と炭素排出に対する累進課税も含む）でベーシックインカムと社会・環境国家（医療、教育、年金、失業、エネルギーなど）を賄う。この資産循環の仕組みは、参加型社会主義の構成要素の一つであり、もう一つの要素は、企業における従業員代表と株主への50対50の議決権分配である。

注：ここで挙げた例では、累進資産税は国民所得の5％ほどの税収をもたらす（これにより、すべての若者に対して25歳時に平均資産の60％に相当する資本を給付することが可能になる）。また、累進所得税は国民所得の45％ほどの税収をもたらす（国民所得の5％の税収で平均課税後（手取り）所得の60％に相当する年間ベーシックインカムを賄うことができ、国民所得の40％の税収で社会・環境国家を賄うことができる。）

出所と時系列データ：piketty.pse.ens.fr/ideology を参照。Thomas Piketty, *Capital et idéologie,* 前掲書 p. 1130〔邦訳ピケティ『資本とイデオロギー』表17-1〕

賃を払って家族を養っていかなければならないからだ。しかし、少しでも財産があれば、より多くの選択肢を持つことができる。よい条件が提示されるまでいくつかの提案を拒否することもできるし、自ら起業することも、毎月の家賃を支払わなくてすむように住宅の購入を検討することも可能になる。財産を再分配することで、権力と社会支配の関係性全体を再定義することを後押しできるのだ。

さらに、ここで示している税率や金額は例示的なものにすぎないことを断っておきたい。私が最高の所得や相続財産や資産に対して課すことを想定している80－90パーセント前後の税率を、高すぎるとみなす人もいるだろう。これは複雑な議論であり、もちろん幅広く討議されるべきである。ただし私は、このような税率が、20世紀の間に多くの国で（とりわけ1930年から1980年までの米国で）適用されてきたこと、そして、私が入手できた史料はすべて、この実験の最終結果が優れていると結論づける根拠となったことを思い起こしたい。逆に、この政策はイノベーションをまったく抑制するものではなかった。（1980年代にレーガン政権下で税の累進性が半減した後の）1990年－2020年までの米国の一人当たりの国民所得の成長率は、それまでの数十年間の成長率の半分だった。[18] 20世紀の米国の繁栄（より一般的には歴史上の経済的繁栄）は、教育の急拡大[19]によってもたらされたものであり、当然のことながら格差の拡大によるものではない。私が入手できた史料に即して考えるなら、理想的な社会とは、誰もが数十万ユーロを、そして少数の人が数百万ユーロを所有するような社会である。それ以上（すなわち、数千万ユーロ、数億ユーロ、ましてや数十億ユーロ）を保有していたとしても、それは一時的にすぎず、税制によってより合理的なレベルに、さらに、社会的にもより有益なレベルにすみやかに引き下げられるような社会であるように私には思える。

逆に、私が提示している税率や金額ではあまりにも及び腰だと言う人もいるだろう。実際、ここで示した税制や相続制度では、現在何も相続していない慎ましい出自の若者は12万ユーロを受け取ることになるが、現在100万ユーロを相続している裕福な若者は60万ユーロを受け取ることになる。[20] したがって、かなり頻繁に主張されているわりには一貫性をもって適用されることがほとんどない理論的原則、すなわち「機会の完全な平等」には、ほど遠いのだ。私は、機会の平等ははるか先まで推し進めることが可能であり、またそれが望ましいと考えている。

いずれにしても、ここに示した税率や金額は例示的な値にすぎず、長期的に構築したいと考えている理想的な制度について考察し、討議するためのひとつの練習のようなものである。したがって、特定の歴史的および政治的文脈に応じて、さまざまな国や地域で選択されうる漸進主義的な戦略についての是非を決めつけるものではない。たとえば、現在のフランスの状況での最優先事項は、資産の事前申告に基づく近代化された富裕税（ＩＳＦ）と過去よりはるかに厳格な管理体制とを再導入することだと考えられる。結果的に、その機会に、（とりわけ、土地を購入する過程で負債を抱えたすべての世帯にとっては）重くて不公平な、資産に対する税金、すなわち固定資産税を削減させることが可能になるだろう(21)。

## 社会連邦主義――グローバル化の新しいアプローチに向けて

もう一度はっきり言っておくが、世界中の国の満場一致を待たずに、国ごとに法制度、税制、社会制度を進化させることができれば、参加型社会主義に向けて段階的に進んでいくことは十分に可能なはずである。そもそも、20世紀における社会国家の構築と格差の縮小は、まさにそのようにして起きた。今日、教育の平等と社会国家は、国ごとに活性化させることができる。ドイツやスウェーデンは、欧州連合（ＥＵ）や国連の承認を待たずに労使共同決定制度を立ち上げた。他の国々も、今すぐにでも同じことができるだろう。フランスの富裕税による税収は２０１７年の富裕税廃止まで飛躍的に伸びていた。このことは、一般化された租税回避の論拠がいかに神話にすぎなかったかを示しており、また、近代化された富裕税をただちに再導入することが可能だと確認するものである。

だとすれば、国際主義《インターナショナリズム》の視点を取り入れ、よりよい基盤の上に国際的体制を再構築する試みによって、より望ましい状態により速く到達できることは明らかである。一般的に言えば、もう一度国際主義に賭けてみるためには、ここ数十年間グローバル化を導いてきた絶対的な自由貿易というイデオロギーに背を向け、別の経済体制、つまり経済・税制・環境という観点における正義を明確に検証できるような原則に基づく発展モデルを導入しなければならない。重要なのは、この新しいモデルは、その究極の目的においては国際主義的でなければならないが、実際の方法においては主権主義的でなければならないという点である。ここでいう主権主義とは、各国や各政治共同体は、パートナーである国とすべての点で意見が一致することを待たずに世界の他の国々との貿易を続ける条件を決めることができなければならない、という意味である。問題は、普遍主義的な性格を帯びたこの主権主義と、現在追い風を受けている国家主義型の主権主義とを区別することが必ずしも容易ではないことだ。

私は、こうした異なるアプローチをどんなふうに区別するのかが今後の中心的な課題になるのではないかと思っている。そのことを改めて強調したい(22)。特に、社会・課税・気候に関するダンピングを行なっている国々に対する一方的な制裁――いずれにせよ奨励的で可逆的なものであるべきだが――を最終的に検討する前に、他の国々に対して、社会正義、格差の縮小、地球の保全という普遍的な価値観に基づく協力モデルを提案することが重要である。そのためには、特に、国家の枠を超えたどんな議会であれば、グローバルな公共財（気候、医学研究など）や税制や気候に関する正義の共通措置

（大企業の利益や最高の所得・資産・炭素排出量に対する共通税）について責任を負うことができるのかを正確に示す必要がある。これは、全会一致ルールや非公開会議からの脱却が急務となっている欧州のレベルで特に言えることだ。〈欧州の民主化のためのマニフェスト〉（tdem.eu）に含まれる提案は、この方向に進むことを可能にするものであり、2019年の仏独議会（残念ながら実質的な権限はない）の創設は、すべての国の満場一致を待つことなく、一部の国のサブグループによる新しい制度の構築が完全に可能であることを示している。(23)

社会連邦主義に関するこれらの議論は欧州の事例にとどまらず、はるかに広範な範囲を対象にできるだろう。たとえば、西アフリカ諸国は現在、共通通貨[*1]を再定義し、植民地時代の支配国の後ろ盾から完全に脱却しようとしている。これは、西アフリカの通貨を（もはや資本と最富裕層の流動性のためだけではなく）若者とインフラへの投資をベースとする開発プロジェクトのために役立たせる好機である。そのうえ、欧州から見ていると、西アフリカ経済通貨同盟[*2]（UEMOA）が、いくつかの側面ではユーロ圏よりも先進的であることを忘れがちだ。たとえば、UEMOAは2008年、法人税の共通課税基礎を設定し、各国に25－30パーセントの税率を強制的に適用させる基準を導入したが、これまでのEUでは決定できなかったことだ。より一般的に言うなら、過去10年間に世界レベルで実施された新たな金融政策により、金融的アプローチと税制アプローチのバランスを再考することが求められており、ここでもまた各国を比較し、歴史的な観点を持ち、国家の枠組みを超えた視点に立つことが非常に重要になる。(24)

## 男女同権・多民族共生・普遍主義的社会主義に向けて

私が呼びかけている参加型社会主義には何本かの柱がある。〈教育の平等と社会国家〉〈権力と富の恒久的な循環〉〈社会連邦主義〉、そして〈持続可能で公正なグローバル化〉である。これらの柱のそれぞれについて、20世紀に試みられたさまざまな形の社会主義および社会民主主義の欠陥を妥協なしに総括することが不可欠である。

20世紀に行なわれた社会主義や社会民主主義の実験の多くの限界のうち、家父長制やポスト植民地主義に関連する問題が十分に考慮されていなかった点もまた強調すべきだろう。重要なのは、これらのさまざまな問題は互いに切り離しては考えられないことだ。それらは、社会的・経済的・政治的権利の現実的平等に基づくグローバルな社会主義プロジェクトの枠組みのなかで扱われなければならないのである。

今日に至るまで、人間の社会はすべて、多かれ少なかれ家父長的社会であった。三身分制度[*3]のイデ

＊1　15カ国が加盟する西アフリカ諸国経済共同体（ＥＣＯＷＡＳ）は、２０２０年までに共通通貨「ＥＣＯ」の導入を目指すとしていたが、２０２０年9月に最大で5年遅延する見通しが発表された。
＊2　加盟国はコートジボワール、ギニアビサウ、セネガル、トーゴ、ニジェール、ブルキナファソ、ベナン、マリの８カ国で、いずれもＥＣＯＷＡＳ加盟国である。
＊3　聖職者を第一身分、貴族を第二身分、平民を第三身分とするフランス革命前の身分制度。

オロギーであれ、所有権至上主義的なイデオロギーであれ、植民地主義的なイデオロギーであれ、20世紀初頭まで受け継がれてきた一連の不平等のイデオロギーにおいて、男性による支配は中心的で明確な役割を果たしてきた。20世紀の間に、支配のメカニズムはより巧妙なものになった（とはいえ、相変わらず現実的だった）。すなわち、形式的な権利の平等が徐々に確立されたものの、特に、第二次世界大戦後の1945年から1975年の「栄光の30年」には、主婦のイデオロギーが社会的成果とみなされ、もてはやされた。1970年代初頭のフランスでは、総賃金の8割近くが男性に支払われていた。[25] ここでも、指標とそれらを政治化するという問題はきわめて重要である。あまりにも多くの場合、私たちは「同一労働では」15-20パーセントの男女の賃金格差があると主張することで満足している。しかし正確に言うなら、問題は女性が男性と同じ仕事に就けないことなのだ。キャリアの終盤になると、平均賃金の格差（キャリアの中断期間は別としても、この格差はそのまま年金生活を通して続く）が実質的には64パーセントになる。最も報酬の高い雇用へのアクセスを見てみると、状況は非常にゆっくりとしか変化していないことがわかる。現在のペースだと、賃金の平等を達成できるのは2102年になるだろう。[26]

動きを速めて家父長制から真に脱却するためには、議会のみならず、企業、官公庁、大学の責任あるポストに関して、拘束力を持つだけでなく検証可能で罰則をともなう措置を講じることが不可欠である。最近の研究によって、女性の代表性の向上は、いまだ議会には存在していないに等しく、恵まれない社会的カテゴリーの代表性とともに前進していくことがわかった。言い換えれば、「ジェンダー・パリティ（公正）」は、「ソーシャル・パリティ」とセットで推し進めるべきものなのだ。[27]

男女差別の問題は、とりわけ雇用へのアクセスに関しては、民族差別や人種差別との闘いとも関連づけて考えられなければならない。そのためには、植民地支配時代や植民地支配後の歴史認識を市民全体で見直すことも必要になってくる。さまざまな出自の人々が欧米の多くの都市に今でも飾られている奴隷商人の像に反対するデモを行なっているのを見て、驚く人もいる。しかし、こうした共通の歴史と向き合い直すことは不可欠なのである。

フランスでは、ハイチが、自由になる権利を得るために、そして（当時のイデオロギーによれば「不当に財産を奪われた」）奴隷所有者に対する金銭的補償を賄うために１８２５年から１９５０年までフランスに巨額の債務*を支払わなければならなかったという事実が、これまであまりにも無視されてきた。ハイチは現在、フランスに対し、この不当な貢ぎものについての補償を要求している。二度の世界大戦中に行なわれた略奪に対する補償の問題もいまだに決着がついていないとはいえ、ハイチの要求の正当性を認めることなくこの議論をはねつけつづけることは難しいだろう。より一般的に言えば、フランスと英国の奴隷制廃止は常に奴隷所有者への補償金の支払いをともなうにすぎず、奴隷自身への補償金の支払いがまったくなされなかったという事実はえてして忘れられている。奴隷だった人々に対する補償は、米国の南北戦争の終わりに一度提起された（有名な「ラバと40エーカーの土地」）が、実際に補償が行なわれたことは一度もない。すなわち、１８６５年にも、法律によって定められた人種隔離政策が終了した１００年後の１９６５年にも、何も支払われなかったのだ。ただし、１９８８

＊　フランスは独立承認との交換条件に１億５０００万フランという巨額の賠償金をハイチに要求。ハイチはその後約１２０年間、国家予算の約８割に当たる額を返済に充てることで完済している。

年には、第二次世界大戦中に不当に収容されていた日系アメリカ人に対して2万ドルの補償金が支払われた。今日、隔離の犠牲となったアフリカ系アメリカ人に対して同じような補償金が支払われるなら、大きな象徴的価値をもつことになるだろう(28)。

ただし、この補償に関する正当かつ複雑な議論は、討議や共通正義の規範に対する信頼を築くために不可欠なものとはいえ、あくまで普遍主義的な観点のなかに位置づけられるべきである。人種差別や植民地主義の損害を受けた社会を修復するためには、永遠の世代間補償に基づく論理で満足するわけにはいかない。未来を見据えて経済体制を変えていくこともまた、いやそれこそが重要なのではないだろうか。新しい経済体制の基盤となるのは、格差の縮小、そして(「資本の一律支給」を含む)すべての女性および男性に保証された教育・雇用・財産への平等なアクセスである。この平等なアクセスは、日系アメリカ人が恩恵に浴し、アフリカ系アメリカ人も享受できるかもしれない補償金に加えて、どんな出自の者に対しても保証されるべきである。補償と普遍的権利という二つの視点は、互いに対立するのではなく、補完し合うものでなければならない。

国際的なレベルでも同じことが言える。ハイチのケースのような補償に関する正当な議論を行なうと同時に、国際移転の新しい普遍的システムについても考える必要がある。特に、現在のコロナ危機は、全世界で最も繁栄している経済主体、すなわち、大企業や大きな資産と高い所得を有する世帯からの税収の一部をどのように使うかを決められるという、すべての国が持つ普遍的権利を行使して、世界中のすべての人に最低限の医療と教育を提供することを考えるよい機会かもしれない。結局のところ、この繁栄は、グローバルな経済体制——ついでに言うと、数世紀にわたって行なわれてきた地球上の自然資源と人的資源の途方もない搾取――のうえに成り立っている。だからこそ、社会や生態系の持続可能性を確保するためにグローバルな規制が必要なのである[29]。

結論として、私が呼びかけている参加型社会主義はトップダウンでもたらされるものではないことを強調しておきたい。プロレタリアの新しい前衛部隊がやってきて解決策を示してくれるのを待っていても無駄なのだ。ここで提起していることは、あくまで議論のきっかけであって、決して議論を終わらせるためのものではない。市民が社会経済問題や指標を見直し、それを叩き台に集団的な討議を行なうことによってはじめて、真の変化が訪れるだろう。本書がそのことに少しでも貢献できることを願っている。

# 第I部

## グローバル化の方向性を転換するために
2016–2017

## ヒラリー、アップル、そして私たち　2016年9月13日

米国では、２カ月以内に新しい大統領が誕生する。ドナルド・トランプが勝てば、米国にとってはいうまでもなく、世界にとってもいわば大惨事になるだろう。人種差別主義者で品が悪く自分自身と自分の資産にうぬぼれを抱いているトランプは、米国の最悪な面をまさに体現している。それなのに、世論調査でヒラリー・クリントンがなかなか彼を引き離せないのはなぜか？　その理由を今、私たちの誰もが問いかけられている。

トランプの戦略は古典的だ。グローバル化によって痛手をこうむっているしがない白人たちに対して、君たちの敵はしがない黒人、移民、メキシコ人、そしてイスラム教徒たちだと言い、偉大なる白人の億万長者がそういう連中を追い払いさえすれば、すべてが今よりよくなるはずだと主張する。彼はそうやって、自分にとって都合の悪い階級間の対立を避けるために、人種・民族間の対立を激化させている。民族間の分断を重視するこうした政策は、米国の歴史を通して中心的な役割を果たしてきた。またそこから、社会国家として連帯しきれないという米国の弱さの大部分についての説明がつく。トランプは単にその戦略を極限まで推し進めているだけだ。ただし、そこにはいくつかの目新しさも見られる。まず、彼は「当然の富」、そして「市場と私有財産の神聖化」というイデオロギーを拠り

どころとしているが、そのイデオロギーは米国ではここ数十年で最高潮に達した。次に、この政治的対立の構造は、現在、世界中の国々、とりわけヨーロッパでもよく見られるものになりつつある。あちこちの労働者階級の間には、外国人を排除する風潮とグローバル資本主義のルールに対する諦めに満ちた受容とが入り混じりながら広がっている。金融や多国籍企業に対する規制に多くを期待してもむなしいだけだから、移民や外国人を叩こう。そうしたところでさほど得をするわけではないが、自分たちの苦痛が少しは和らぐというわけだ。トランプやル・ペンを支持する有権者の多くは単純に、金融資本主義を批判したり別の経済体制を考えたりするよりも、移民を非難するほうが手っ取り早いという思いを抱いているのだろう。

　このような致命的な脅威を前に、左派も中道派もはっきりした態度をとれずにいる。ときに彼らの反応は、いまや蔓延しているアイデンティティに関する空疎な弁《レトリック》に同調しているにすぎない（この夏、フランスで巻き起こったブルキニをめぐる悲しい論争がその一例だ。*この論争では進歩主義者を自任する首相の発言が火に油を注いだ）。あるいは、よくあることだが、労働者階級はきちんと考えて投票しない、もしくはほとんど投票に行かないために、さらには自分たちへの選挙活動にあまり献金しようとしないために今の境遇に置かれているのだとみなして、彼らを見捨てる（何人かの金持ちが献金したからといって何かが動き出したなどという話は、まったく聞いたことがない！）。こうして、左派と中道派政党もまた、結果的には市場崇拝を推進しているだけで、ポピュリストの右派との差別化は主に人種的・文化的平等の擁護——少なくとも建前は（というのも、すでに実情は異なるので）——によって図られる。その結果、彼らはマイノリティや移民の票は保持しているものの、自国の労働者階級の票の大半を失い、グローバル市場で最も優遇され、最も恵まれている人々を擁護する方向に後退しているのだ。

とてつもなく重大なこの問題に対しては、誰ひとり魔法のような解決策など持ってはいない。あちこちに分断が見られる大規模な政治共同体において連帯を生み出すことが問われているわけだが、それは簡単に実現できることではないからだ。２００８年の米国ではヒラリー・クリントンが社会進歩のプロジェクトの担い手だった。彼女の政策には、たとえば国民皆保険に関してなど、バラク・オバマのプロジェクトより野心的な側面もあったのだ。しかし今日では、米国民が「クリントン王朝」にうんざりしはじめていること、さらにはゴールドマン・サックスから受け取ったとされる謝礼金や夫の献金者をめぐる過去などによって、ヒラリーはますます体制側の候補者にしか見えなくなっている。今こそ彼女は、サンダースに投じられた票から教訓を学び、労働者階級の有権者の境遇を改善させるには自分が最も適任であることを証明しなければならない。そのためにはまず、最低賃金、公教育、税制の公正化に関する提案を行なう必要がある。数名の民主党幹部が、ヒラリーになんとか多国籍企業と富裕層の課税に関する強力な措置を発表させようと積極的に働きかけている。とりわけ、アイルランドにおける税優遇利益に関する追徴税をアップル社に支払わせるというEUの最近の決定を引き合いに出さない手はないというのだ。そうすれば、（多国籍企業の米国への還流利益について税務上の特赦措置を夢見ているだけの）米財務省と金融界の保守的な立場に反対することも可能になる。最良の解決策は、欧州と米国の多国籍企業の利益に対して、少なくとも25パーセントまたは30パーセントという有意な最低課税を導入することをEUに提案することだろう。EU当局は最終的に共通の最低法人税率を適用せざるを得なくなるからだ（最近の決定はアイルランドの税率12・5パーセントを適用するよう求めることで満足しているが、この数字はあまりにも低く、これではまたしても欧州を競争の審判員たちの手に委ねることになる）。そうした提案を行なうことによって、グローバル化へのアプローチを変えることへの真の意欲を示すこともできるだろう。

アップルのような企業はたしかに世界中に大きなイノベーションをもたらしてきたが、実のところ、何十年にもわたる公的研究と共同インフラなしにはこれらの巨大企業が頭角を現すことなどできない。ヨーロッパと同じく米国においても、それが可能になったのは中小企業より低い税率の恩恵を受けてきたからである（アップルの経営者や同業者たちがそのことを否定するなら、各企業の収支の詳細をぜひ公開してほしい）。そうした複雑な実情についての説明がなされなければならず、そのためには透明性と政治的勇気が必要となる。今こそ、ヒラリー・クリントンがそれを示すべき時なのではないだろうか。

＊ フランスでは多くの自治体が女性イスラム教徒用の水着「ブルキニ」の着用を禁止したことでその是非をめぐって論争が激化、そんななか当時の首相マニュエル・ヴァルスが「ブルキニはフランスの精神にふさわしくない」と発言して物議をかもした。

# ＩＭＦ、格差、そして経済研究　２０１６年９月20日

数週間前、国際通貨基金（ＩＭＦ）は、私の著書『21世紀の資本』に記されている格差に関するメカニズムのいくつかに疑問を投げかける研究を発表した(1)。

まずはっきり言っておきたいのは、自分の著書が格差についての世間の議論を刺激する結果となったことはとても嬉しく、この議論を活性化させるものはなんであれ歓迎すべきだと思っているということだ！　ただし、今回のＩＭＦの研究は比較的脆弱で説得力があまりないように思える。その理由を簡単に説明しよう。正確を期すために言わせてもらうと、私はすでに著書（残念ながら非常に長い！）のなかでも、さらにもっと短い最近のいくつかの記事(2)においても、同様の主張に対する反論を書いている。しかし、特にこうした複雑で物議をかもす問題について議論が続くのは当然のことだ。

要点をまとめてみよう。ＩＭＦの研究は、一方の「格差」と他方の「資本収益率ｒと成長率ｇのギャップ（ｒ‐ｇ）」との間に系統立った関連性はないことを示そうとするものだ。そのため、この研究では、１９８０年から２０１２年までの一定数の先進国における格差の尺度と、同じ国と同じ年のｒ‐ｇギャップの尺度を使用し、これら二つの変数の間に統計的な関連性があるかどうかを推定しようとしている。技術的には、格差の尺度とｒ‐ｇの尺度との統計的回帰を行なっている。このような回帰分

析を行なうという発想自体は、適切なデータが手に入るのであれば、的外れなものではない。問題は、IMFが回帰分析の両方の側、つまり格差についてもr-gについてもまったく不適切なデータを使用しており、そのため、この研究からなんであれ有益なことを学ぶのがほとんど不可能だという点だ。

格差の尺度の話から始めよう。ここでまず問題になるのは、IMFが富の格差ではなく、所得の格差の尺度を使っていることだ。これは大きな問題だ。というのも、所得の格差は、主に労働所得によって決定されるからだ（労働所得とは、給与所得者と自営業者の就労所得を指すが、それらは所得の大部分を占めており、所得のなかで労働所得が占める割合、すなわち所得の労働分配率は、配当や利子や賃貸料やその他の資本所得が占める割合、すなわち所得の資本分配率よりはるかに高い。正確な割合は対象とする期間や国によってさまざまだが、IMFが対象とした国と期間においては、だいたい70パーセント対30パーセントとなっている）。ところで、労働所得の幅は、労働市場の働きに影響を与えるあらゆる種類のメカニズム（職業訓練へのアクセスにおける格差、技術的変化や国際競争、労働組合の役割や最低賃金の変化、コーポレート・ガバナンスや役員報酬設定ルールなど）に左右され、（資本所得とその分配率のダイナミクスにのみ関係する）r-gギャップとはまったく関係がない。

私が著書[3]や上記の引用記事で分析したように、労働市場に関わるこれらのメカニズムこそが、1980年代以降、多くの国で、特に米国で所得格差が拡大した第一の理由である。労働所得の格差拡大を説明するこれらの影響がそれぞれどれだけの重みを持つかについては、当然のことながら意見が割れる。たとえば、私は国による制度や政策の違いが果たす役割を強調しているが[4]、技術的変化や国際競争の役割を重視する人もいる（私もその役割を否定はしないが、それだけでは、なぜドイツやスウェーデンやフランスや日本よりも米国や英国で格差が急激に拡大しているのかを説明することはできない)。いずれにしても、これらのさまざまなメカニズムは、資本収益率 r と成長率 g のギャップとはまったく関係がない。このような条件においては、所得格差の一般的な尺度(したがって、これは主に労働所得の格差に依存している)と r－g ギャップとの間で回帰を行なってもほとんど意味がない。

所得の格差の尺度ではなく、富の格差の尺度を使ったほうが適切だったのではないだろうか。そうしていれば、労働所得の格差のレベルが一定で他のすべての条件(特に貯蓄率)が等しい場合に、より高い r－g ギャップが富の分散に及ぼす増幅効果を推定することができただろう。実際、私が著書(5)のなかで示しているように、富について入手可能な歴史的データは――残念ながら現段階では長期的には数カ国(フランス、英国、米国、スウェーデン)のものしかなく、IMF が好むタイプの回帰分析を行なうにはあまりに少なすぎるが――、特に19世紀から第一次世界大戦までのすべての国で歴史的に見られた非常に高いレベルの富の集中を説明するには、このような性質の増幅メカニズムを持ち出す必要があることを示している。当然のことながら、高い資本収益率(19世紀や1914年以前にそうであったように、課税やインフレや破壊によって低減することはほとんどない)と低い成長率が、過去に築き上げられた富の格差を増幅し、持続させることにつながると考えられる(6)。文書館のアーカイブとしてジル・ポステル＝ヴィネおよびジャン＝ローラン・ローゼンタールとともに収集したフランス革命の時代から現代までのフランスの個人レベルの相続データからも、このメカニズムはとりわけ富の年齢別特徴の歴史的変遷(7)を説明するために重要であることが確認されている。だからといって、r－g ギャップが、関わりのある唯一のメカニズムであるという意味ではまったくない。格差の歴史は複雑で多次元的であり、それについては、今でも研究が続けられている。しかし、少しでも時間をかけて適切なデータを吟味してみれば、富の格差を増幅させるこのメカニズムが考察対象のひとつであることがわかるだろう。

実際、さらに先に進むためには、一方では労働や技能や賃金形成における格差、他方では資本や、家の所有や資本収益へのアクセスにおける格差に関連するさまざまなメカニズムを注意深く区別しながら、所得と富についてのデータを収集する努力を続ける必要がある。こうした二つの系統のメカニズムは関連し合ってはいるものの、それぞれが固有のロジックを備えている。これはまさに、同僚であるファクンド・アルヴァレード、アンソニー・アトキンソン、エマニュエル・サエズ、ガブリエル・ズックマンとともにおよそ15年にわたって収集した未公表データのデータベース「世界の富と所得のデータベース[*]（WID.world）」[(8)]の枠組みにおいて私たちが取り組んできた地道な作業である。この作業には現在、約70カ国出身の90人以上の研究者が世界中から参加している。この観点に立つと、（主にこのデータベースに基づく）『21世紀の資本』の出版によって引き起こされた議論の最も有益な結果のひとつは、これまで利用できなかったアジア、アフリカ、ラテンアメリカを中心とした多くの国の税務および金融アーカイブへのアクセスが可能になったことであるといえる。私たちは、新たに生成したデータについて、それらの構築の技術的な詳細もすべて含め、オンラインで公開する作業を少しずつ進めている。

ＩＭＦのエコノミストたちは、うまく構築されていない統計的回帰を急いで行なったり、時代遅れのイデオロギー的立場を擁護したりするのではなく、財政的透明性や格差についてのよりよいデータ収集のための集団的努力に参加することにもっと時間を費やしたほうがいいだろう。

ＩＭＦの研究の第二の問題は、第一の問題と少なくとも同じくらい深刻なものだが、r-gギャップの測定方法である。ＩＭＦは実際に、ソブリン債の利率の測定値を用いて資本収益率を推定している。ここでの問題は、大規模なポートフォリオや大規模な資産は（ＩＭＦの想定とは裏腹に）国債には投資されていない点だ。私の著書でも述べているように[9]、資産のレベルが異なる場合にはアクセスできる収益率もそれだけ異なるという事実を考慮に入れずに、過去数十年間に世界中で最高資産が急増したことを説明するのは不可能である。つまり、フランスの非課税の貯蓄商品〈リヴレ・アー〉の保有者と株式や金融デリバティブに投資した大規模なポートフォリオの保有者は、同じ資本収益率ｒにアクセスすることはできない。この事実を完全に無視することを選択した場合、富の格差のダイナミクスに対する収益率の影響を特定することが非常に困難になる。

実際、世界の資産ランキングに関する入手可能なデータ（完璧なデータではないが、分布の上位層については、自己申告に基づく公式調査のデータよりもリアルなイメージを持つことができる）を見ると、1980年代以降、世界の最高レベルの資産の年間成長率は、平均資産の成長率が2・1パーセント、平均所得の成長率が1・4パーセントであるのに対して、6－7パーセント前後であることがわかる。

その変遷自体がいくつもの複雑な現象の産物である。新しいテクノロジー資産やイノベーターたちは、間違いなくその一翼を担ってきた。天然資源の民営化の波（ロシアの億万長者は埋蔵されている石油や天然ガスを見つけたわけではなく、単にその所有者になって、それらのポートフォリオを多様化しただけだ）や、かつての公的独占（たとえば電気通信事業では、メキシコのカルロス・スリムの例や他の多く

| 年平均実質成長率（インフレ補正後） | 期間：1987－2013年 |
|---|---|
| トップ1億分の1資産保有者（1980年代には成人30億人中約30人、2010年代には45億人中45人） | 6.8% |
| トップ2000万分の1資産保有者（1980年代には成人30億人中約150人、2010年代には45億人中225人） | 6.4% |
| 成人1人当たりの世界平均資産 | 2.1% |
| 成人1人当たりの世界平均所得 | 1.4% |
| 世界成人人口 | 1.9% |
| 世界GDP | 3.3% |

**表1　世界のトップ資産成長率　1987-2013年**

解釈：1987-2013年に、世界最高の資産分位に属する財産は年率6%－7%伸びたが、世界平均資産の伸びは2.1%、世界平均所得の伸びは1.4%だった。全成長率はインフレ除外済み（同期のインフレは年率2.3%）。
出所：http://piketty.pse.ens.fr/capital21c. Thomas Piketty, *Le Capital au XXIe siècle*, p. 693〔邦訳　トマ・ピケティ『21世紀の資本』山形浩生・守岡桜・森本正史訳、みすず書房、2014年、51頁　表12-1〕を参照。

の国での例に見られるように、しばしば幸運な受益者に低価格での売り渡しが行なわれた）も影響しただろう。ここでも、富のレベルが一定以上になると、資産がどこから来たものかに関係なく、自動的に平均よりも高い率で成長する傾向が認められる。

このことは、米国の主要大学の基金から得られた収益に関する入手可能なデータ（少なくとも個人のポートフォリオとは違って、公開されるという利点のあるデータ）を検討することで確認できる。収益率はきわめて高いが（1980年から2010年までのすべての管理費用を差し引くとともにインフレ補正を行なった後の年平均収益率は、8・2パーセント）、基金の規模によって大幅に上下している（最小規模の基金では6パーセント、最大規模の基金では10パーセント以上）。

言い換えれば、だいぶ前から、米国の大学の基金は国債に投資されてはいないということだ。逆に、私たちが入手できる詳細なデータを見ると、これらの非常に高い収益率は、小規模なポートフォリオではアクセ

| 年平均実質収益率（管理費用差し引き後、インフレ補正後） | 期間：1980-2010 年 |
|---|---|
| 全大学（850 校） | 8.2% |
| ハーバード、イェール、プリンストン | 10.2% |
| 10 億ドル以上の基金（60 校） | 8.8% |
| 5-10 億ドルの基金（66 校） | 7.8% |
| 1-5 億ドルの基金（226 校） | 7.1% |
| 1 億ドル未満の基金（498 校） | 6.2% |

**表2　米国の大学基金の資本収益　1980-2010年**

解釈：1980-2010年に、米国の大学は資本基金に対する平均実質収益率8.2%を得ており、基金の規模が大きいほど収益率は高かった。ここに示した収益率は、すべてインフレ除外済み（同期のインフレは年率2.4%）で、すべての管理費用差し引き後である。

出所：http://piketty.pse.ens.fr/capital21c. Thomas Piketty, *Le Capital au XXIe siècle*, 前掲書 p. 693〔邦訳　ピケティ『21世紀の資本』465頁　表12-2〕を参照。

スできないような、きわめてリスクが高く洗練された資産（株式やコモディティ・デリバティブ、非上場企業など）に投資することで得られたとわかる。個人のポートフォリオについては残念ながら詳細なデータは入手できないが、（これほど極端な形ではないにしても）同様のことが起きていると考えられる。いずれにしても、さまざまなポートフォリオで得られる収益率の格差を完全かつ単純に無視し、一律にソブリン債の利率を当てはめて$r-g$ギャップが富のダイナミクスに与える影響を検討しようとするのは、あまり真摯な姿勢とは思えない。

最後に、この手の論争は、民主主義的な議論をするうえではまったく自然で健全なものだと私には思える。経済問題の「専門家たち」が合意に達し、社会の他の分野の人たちが必要な結論を引き出せるようにしてほしいと言う人もいる[10]。そういう意見は、理解はできるが、同時にむなしいものにも思える。経済学とは切り離すことのできない社会科学の研究は、一部の人たちがどんなふうに考えようと常に未熟で不完全なものだ。これからもそうだろう。社会科学の研究は、完全にできあがった確定要素を生み出すことには向いていない。普遍的な経済法則など存在しない。存在するのは、単に多様な歴史的経験と不完全なデータだけだ。暫定的で不確実ななんらかの教訓を引き出すために、その経験とデータを忍耐強く検証しなければならない。一人ひとりが、これらの問題点を把握し、これらの資料に取り組むことで、権威のある人たちの意見にただ感心するのではなく、自分自身の意見をつくりださなければならないのだ。

＊　これは旧称で、現在は“World Inequality Database”（「世界不平等データベース」）に改称されている。

## 男女間の賃金格差——19パーセントか、64パーセントか？　2016年11月7日

フランスは現在、男女間の賃金格差を是正しようと動いている。今日取り上げたい数字は19パーセント。これは同じ職に就いている場合の男女間の平均賃金格差の推定値である。別の言い方をするなら、11月7日16時34分以降は女性が男性のために働いているようなものなのだ。この数字は象徴的ではあるが、実際の状況はこれよりもさらに悪いということを忘れてはならない。女性はいまだに男性と同じ職に就くことができておらず、この点でも平等からはほど遠いからだ。

まず、2014年のフランスにおける年齢別の平均労働所得の男女比（全職種を合わせ、無職の人も含める）の推移を見てみよう。[1] これを見ると、格差は年齢とともにとても大きく開いていき、女性を1とした場合、キャリアの開始時には1・2をやや上回る程度だった比率が、キャリアの終盤では1・6を超えることがわかる。

つまり、25歳前後では、女性全体のうちで働いている者の割合は男性の場合とほぼ同じで、平均して比較的同じような職に就いているため、ここで認められる所得格差（25パーセント）は、同等の職に就いた場合の賃金格差とほぼ一致している（賃金格差は一般的に、推定方法によって10から20パーセントの間とされ、今日取り上げる数字にはやや混乱が見られる。格差の表し方には二通りあることも混乱に拍

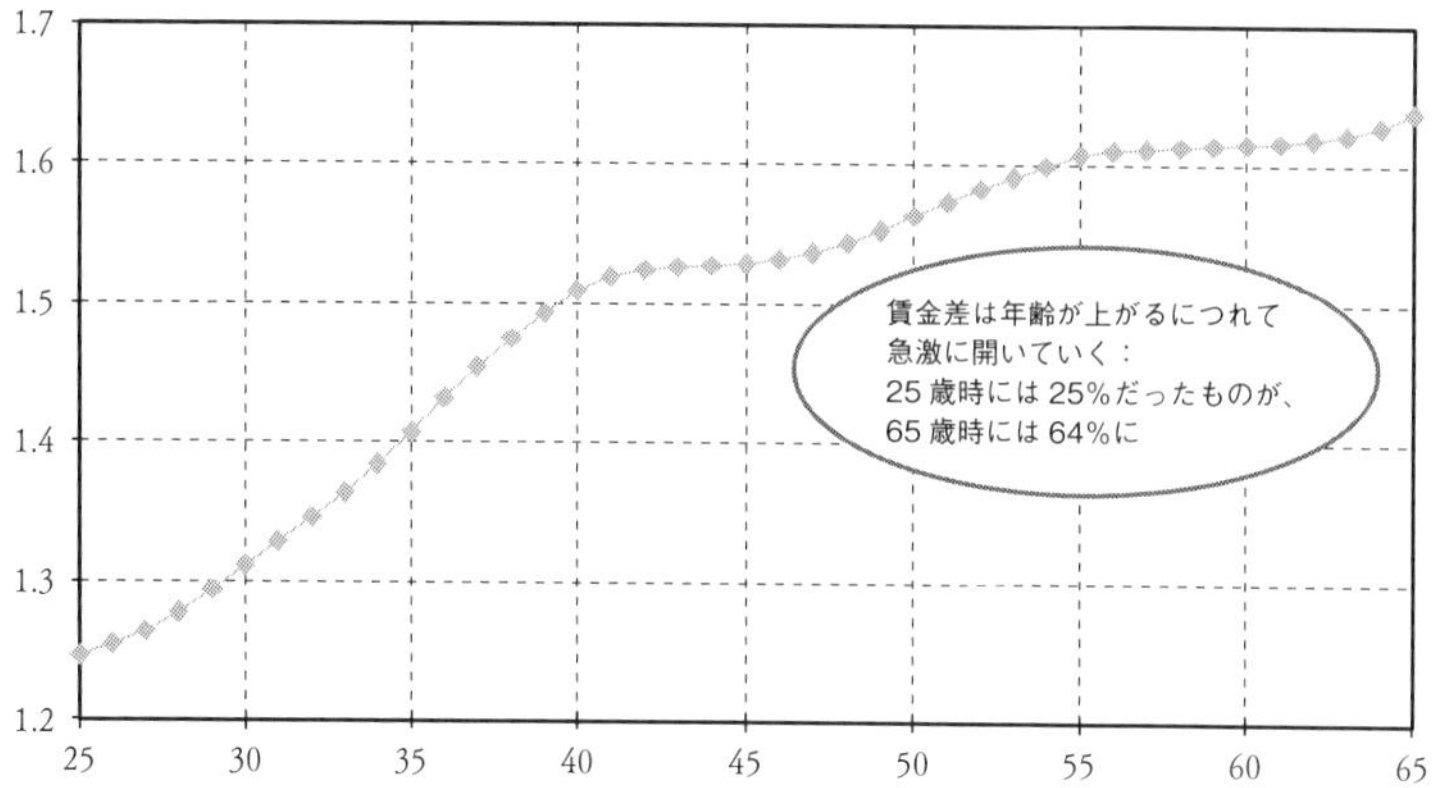


**図1　2014年のフランスにおける男女間賃金格差：**
**年齢が上がるにつれて賃金差は急拡大（就く職がより不平等になっていくため）**

解釈：年齢ごとの平均労働所得の男女比（無職の人も含めた場合）。労働所得には、給与、年金、失業手当、および自営業所得が含まれる。
出所と時系列データ：piketty.pse.ens.fr を参照。

車をかけている。すなわち、女性の平均所得が男性よりも16パーセント少ない場合には、男性の所得は女性よりも19パーセント多いことになる。私はこの2番目の表し方を採用している）。しかし、キャリアが進むにつれ、女性は最高所得の職に昇進することが男性よりも少なくなり、その結果、年齢とともに格差は広がっていく。所得格差は50歳前後で60パーセントを超え、退職直前には64パーセントに達する。この図は、男女間格差の議論に適用される「他の条件がすべて同じ場合」という論理の限界をはっきりと示している。たしかに、同一の資格要件を必要とする同一の職であれば、賃金格差は「たったの」10パーセントあるいは20パーセントである（これでもすでにかなりの数字だが）。しかし、実際には、女性は「他の条件がすべて同じ」職になど就けていないのだ。

この図はまた、若い世代は、上の世代（現在

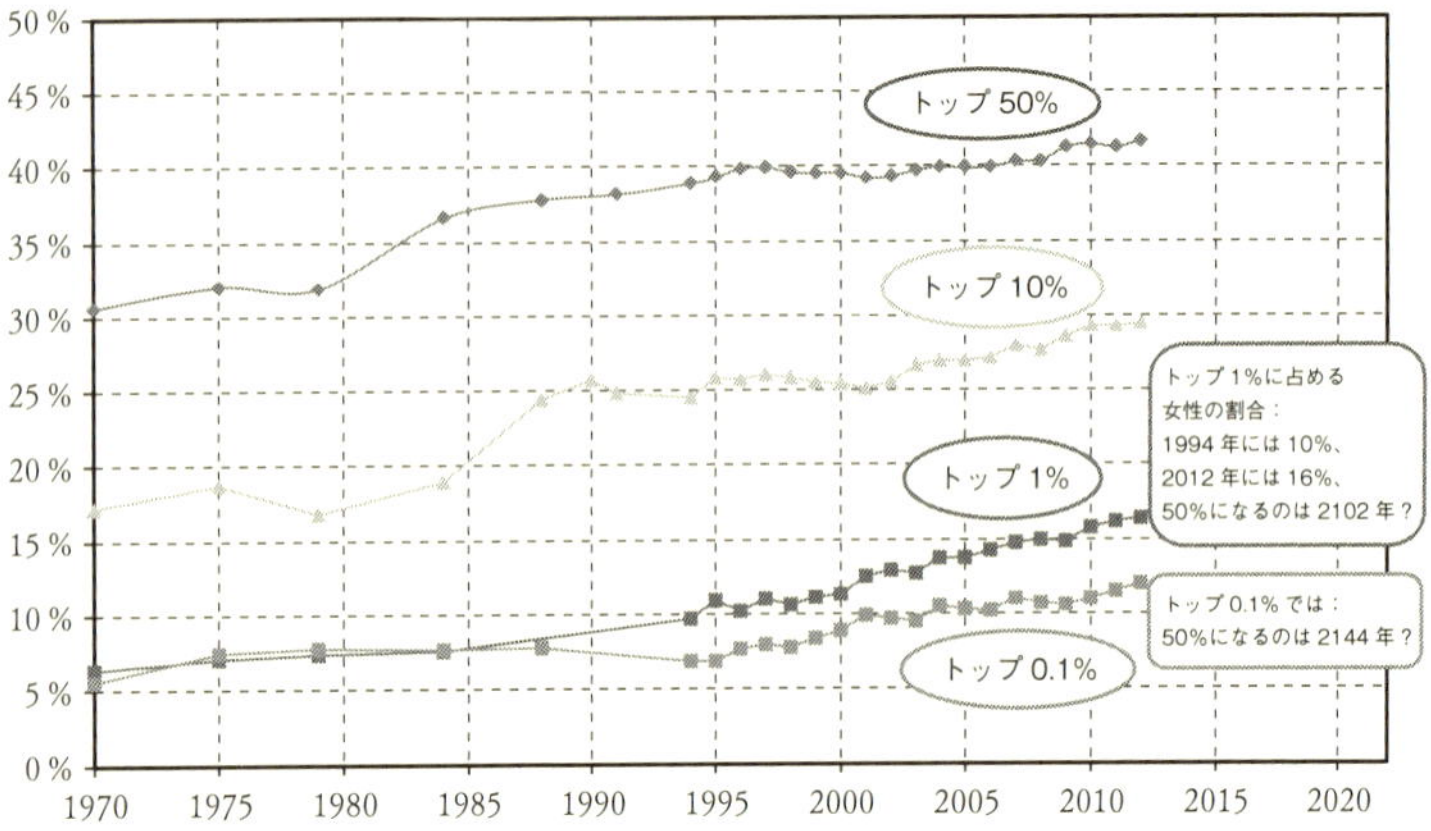


**図2　フランスの高労働所得区分に占める女性の割合の非常に緩慢な増加：
現在のペースでは男女比が同等になるのは2102年**

解釈：労働所得の各区分に占める女性の割合。
出所と時系列データ：piketty.pse.ens.fr を参照。

の50代や60代）の女性よりは継続して職業キャリアを積めるようになり、職業上の差別やジェンダー・バイアスを受けることも少なくなってきたという事実を示していることに注目して、安心する人もいるかもしれない。つまり、すべてが徐々によい方向に向かっており、あとはこのグラフのカーブが自然に平らになっていくのを待つばかりというわけだ。しかし残念ながら、それには長い年月がかかる恐れがある。1970年以降の高所得者層における女性の割合の推移を示した図2を見れば、それがわかる。

　この図によると、最高所得の職に就いている女性の割合は、依然として非常に低いままだ。特に極端なのは、所得上位1パーセントの場合だ。過去数十年間にたしかに女性の割合は増加しているが、1970年代には5から10パーセント、1994年には10パーセント、2012年には16パーセントと、増加のペースはきわめて遅い。このままだと、男女比が同等になるには２１０２年まで待たなければならない。まだまだずっと先の話なのである。

＊ フランスでは、男女間の賃金格差の割合（ただし２０１６年は19パーセントでなく15パーセントで計算）を1年の日時分数で計算し、ニュースレター〈Les Glorieuses〉が毎年その日時を発表する。それを受けて、テレビのニュースなどで女性キャスターが「今年は11月何日何時何分以降は女性は無償で働いているのと同じです！」などとコメントすることが多い。

# グローバル化の方向性を転換するために　２０１６年11月15日

最初に言っておこう。トランプの勝利は、何よりもまず、過去数十年間の米国における経済格差や地域間格差の爆発的な拡大と、歴代政府がそれに対処できなかった結果がもたらしたものだ。クリントン政権とその後のオバマ政権は、レーガン政権とその後のブッシュ父子政権のもとで進められた市場の自由化と神聖化への動きを――クリントン政権下で実施された金融・商業の規制緩和のようにそれを自ら加速させる場合すらあったが、そこまでには至らなかったときでも――、たいていはただ傍観しているだけだった。だめ押しとなったのが、金融業界との癒着疑惑、そして民主党の政治メディアのエリートたちがサンダース票から教訓を学ばなかったことだ。一般投票ではヒラリーの得票数が僅差で上回ったものの、若年層や低所得者層の投票率が低すぎたために、ヒラリーは主要な州を制することができなかった。

何より悲しいのは、トランプの政策が格差拡大の傾向を強めるだけだろうということだ。オバマ政権下で低賃金労働者たちにやっとの思いで与えることができた健康保険を廃止し、連邦法人税率を35パーセントから15パーセントに引き下げて、向こう見ずにも課税ダンピングに向かって突き進もうとしている。それまで米国は、ヨーロッパで始まったこの終わりなき法人税率引き下げ競争に抵抗してきたにもかかわらずだ。いうまでもなく、米国で見られる、政治的対立を民族間の対立に帰す傾向の加速化は、新たな妥協点が見出されなければ将来に禍根を残すことになる。というのも、米国では、構造的に多数派の白人の60パーセントが一方の政党に、少数派の70パーセント以上が他方の政党に投票するが、多数派は数的優位性を失いつつあるからだ（白人票は２０００年には有効投票数の80パーセントだったが、２０１６年には70パーセントとなり、２０４０年には50パーセントとなる見込みだ）。

欧州と世界にとっての主な教訓は明確で、グローバル化の方向性の根本的転換が急務だということである。現代の主要な課題は、格差の拡大と地球温暖化だ。したがって、これらの課題に対処し、公正で持続可能な発展モデルを推進するための国際条約を制定することが必要になる。こうした新しいタイプの協定には、必要ならば貿易を促進するための措置を含めることができる。しかし、貿易自由化の問題はもはや協定の中心であってはならない。貿易は、より高い目的を達成するための手段としての本来あるべき姿に戻らなければならないのだ。具体的には、関税やその他の貿易障壁を削減する国際協定に署名する際、たとえば共通の最低法人税率や、検証や制裁が可能な炭素排出量の目標といった、課税ダンピングや環境ダンピングに対抗するための数値化された拘束力のあるルールを、同じ条約のなかに、しかも最初の章から盛り込むことを条件とすべきである。もはや、代価なしに自由貿易条約の交渉をするなどあり得ない。

この観点からすると、ＥＵとカナダとの間の包括的経済貿易協定（ＣＥＴＡ）は時代遅れの条約として拒否すべきだ。この条約は狭い意味での商業条約で、課税や気候変動に関する拘束力のある措置を含んでいない。それどころか、この条約には「投資家保護」の項目があり、多国籍企業は、誰にでも適用される公的な裁判所を通さずに、民間の仲裁裁判所で国家を訴えることができるようになっている。提案されている枠組みは、すでに知られているように、特に仲裁裁判官の報酬という重大な問題に関しては不十分であり、あらゆる濫用を招きかねない。米国式の法的帝国主義はますます勢いを増し、そのルールや貢ぎものを私たち欧州の企業に強要しているが、このような公的司法の弱体化はまったく常軌を逸したものだ。優先すべきは、反対に強い公権力をつくりだし、その決定を尊重させることができる欧州の検察官や検察局を創設することだ。

また、パリ協定で、温暖化を1・5℃に抑える（そのためには、カナダが開発を再開したばかりのアルバータ州のオイルサンド由来のものをはじめとする炭化水素を地中に残す必要がある）という純粋に理論的な目標に署名したとしても、そのことにはいっさい言及していない真に拘束力のある商業条約を数カ月後に締結するなら、なんの意味があるのだろう？　公平で持続可能な開発のパートナーシップの推進を目的とするカナダと欧州とのバランスのとれた条約では、まず最初に互いの排出目標とその達成のための具体的なコミットメントを明示すべきだろう。

課税ダンピングや最低法人税率の問題に関しては共通の課税ルールを設けないまま自由貿易圏としての地位を確立してきた欧州にとっては、もちろん完全なパラダイムシフトとなるだろう。しかし、この変更は必要不可欠だ。共通の課税ベースに合意したとしても（これは欧州においてこれまでに少しだけ進展した唯一の領域だが）、その後、各国がゼロ同然の法人税率を設定し、すべての企業の本社を誘致できてしまうのであれば、なんの意味があるというのだ？　今こそ、グローバル化に関する政治的言説を改めるべきだ。貿易はよいことであるが、同時に、持続可能で公正な開発には、公共サービスやインフラ、教育システムや医療システムが必要であり、それらには公正な税金が必要なのである。

グローバル化に関する言説をこのように改めなければ、いずれトランプ主義にすべてを持っていかれてしまうだろう。

## ベーシックインカムか、公正な賃金か？　2016年12月13日

ベーシックインカムの議論には、少なくともひとつの利点がある。フランスでは誰もが最低限の収入を得るべきだという考えに一定のコンセンサスがあることを思い出させてくれる点だ。子供のいない独身者に支給される積極的連帯所得手当[*1]（RSA）の月額530ユーロという金額については、それで十分だと言う者もいれば、800ユーロにすべきだという声もあり、意見が分かれている。しかし、多くのヨーロッパ諸国と同様に、フランスでもこのレベルの最低所得があるべきだということについては、右派も左派も等しく認めているようだ。米国では、子供のいない貧困層は食料品引換券（フードスタンプ）でしのぐしかなく、社会国家はしばしば「後見国家」どころか「監獄国家」のような様相を呈している。したがって、フランスでこのようなコンセンサスがあることは歓迎すべきだが、それだけでは満足できないだろう。

ベーシックインカムをめぐる問題点は、そのための議論がしばしば真の課題から逸れて、社会正義についての実に浅はかな考え方を示していることだ。社会正義の問題は、月々530ユーロか800ユーロかという議論にとどまるものではない。公正な社会で暮らしたいのであれば、所得と財産の分配全体、ひいては権力と機会の分配に関する、より野心的な目標を掲げる必要がある。

私たちが目指すのは、ベーシックインカムだけでなく労働に対する公正な報酬、つまり公正な賃金に基づく社会だ。公正な賃金に向かうためには、公共サービス、特に教育、そして労働法や組織、さらには税制といった互いに補完し合う一連の制度や政策を見直さなければならない。

第一に、私たちは、格差を再生産し、さらには増幅させることが多い教育制度の偽善を非難しなければならない。これはまず高等教育に当てはまる。恵まれない学生が最も多く通う大学の課程は、エリート課程に比べて設備的に大きく劣る。状況は年々悪化の一途をたどっており、学生たちは階段教室にすし詰めになっている。小中学校でも同じ状況だ。恵まれない生徒たちが通う学校では臨時職員や経験の浅い教師が他の学校よりはるかに多く、このような学校では生徒一人当たりの実質的な公的支出は他の学校より低くなっている。資源割当についての透明で検証可能な政策がないため、このような学校を単に優先的教育地区（ZEP）[*2]に分類してレッテルを貼るだけで、資源を増やすことはしてこなかった。だが、本来すべきこととは逆である。加えて、社会の多様性を促進するための施策が何も行なわれていないことや、公的資金の恩恵を受けていながら私立学校が好きなように職員を採用しても許されることを考えると、現状は選挙のたびにマニフェストで謳われる「機会の平等」とはほど遠いと言わざるを得ない。

公正な賃金に向けて前進するためには、労働組合や最低賃金や給与体系の役割について悪く言うこともやめなければならない。また、従業員代表に与えられた役割を見直すべきだ。従業員代表が取締役会で積極的な役割を果たしている国（スウェーデンやドイツでは議決権の3分の1から2分の1を占めている）では、賃金体系の厳格化、従業員の企業戦略への関与の増大が見られ、結果的に生産効率が向上している。もちろん、（従業員の取締役と株主の取締役の役割分担や、後者が自動的に過半数を占める枠組みを超えて）従業員と株主の混合会議で取締役を選出することで、これまでにない権力分配の形態を考えるのもいいだろう。

資本の力とその永続性を制限するためには、税制もその役割を果たさなければならない。特に、資産に対する累進課税によって、少なくとも最大規模の資産を保有する場合には、所有権を単に一時的な権利に変えることが可能になる。これは、相続税で行なっているのと同じことを生存中に行なうということだ。そうする代わりに、右派はただでさえ貧弱な富裕税（ＩＳＦ）[*3]を廃止しようとしている。しかし、本来なら、逆にＩＳＦを固定資産税と関連づけて、小規模所有者の税負担を軽減すべきなのである。さらに、所得に対する累進課税によって、所得格差を厳密に最低限に抑え、公正な賃金を促進しなければならない。歴史的経験から、超高額所得者に対する高い限界税率（米国では１９３０年から１９８０年まで平均82パーセント）は、天文学的な報酬に終止符を打ち、より低い賃金を引き上げ、経済効率を向上させるのに大きく貢献することがわかっている。

最後に、源泉徴収をともなう累進課税を実施すれば、低賃金労働者に対して支給されるべきベーシックインカムを給与明細に組み込む形で直接支払うことができる点に触れておきたい。現在、法定最低賃金（ＳＭＩＣ）で雇われているフルタイムの従業員は、１４６０ユーロの額面給与から、一般社会保障税（ＣＳＧ）および社会保険料として合わせて３１０ユーロを差し引いた１１５０ユーロの手取り給与を受け取っている。本人が申し出れば、数カ月後には月１３０ユーロ相当の「就労手当」[*4]を受け取ることができる。こんなことをするぐらいなら、源泉徴収税額を減らして同じ額だけ手取り給与を増やすほうがはるかに望ましい。同じ理由から、月収２０００ユーロの人に月額５００ユーロのベーシックインカムを支払い、そのあとで源泉徴収税額を増やすことで同額を取り戻す方法にこだわっている人たちのことを、私はまったく理解できない。

真に問われるべき事柄について、公正さの議論が行なわれるべき時が来ているのではないだろうか。

＊1　日本の生活保護制度に相当するが、前身となる制度で受給対象とされなかった低所得者も支給対象であることに加え、「働かずに生活保護を受けるよりも少しでも働いたほうが収入増加につながる制度」として２００９年6月に導入された。

＊2　生徒の学業不振の割合が高く、さらに親が失業していたり生活保護を受けたりしている家庭やひとり親世帯が多い「社会・経済的に恵まれない」地域が指定される。ＺＥＰに指定されているのは「移民が多い地区」となっているのが実情である。

＊3　１３０万ユーロを超える（金融資産を含む）純資産に対する０・５－１・５パーセントの累進課税だったＩＳＦは、２０１８年にマクロン大統領によって廃止され、代わりに同額以上の不動産資産のみを課税対象とする不動産富裕税（ＩＦＩ）が導入された。

＊4　２０１６年1月1日より「就業手当」および「就業者向けの生活保護」が統合されて創設された、若年の低賃金労働者の支援を目的とする制度。

# アンソニー・B・アトキンソンの死　2017年1月3日

2017年1月1日の朝、アンソニー・B・アトキンソンは、長い闘病生活の末に72歳でこの世を去った。彼の死で、大きな穴がぽっかりと開いてしまったようだ。

アンソニー〝トニー〟・アトキンソンは、経済学者のなかでも特別な存在である。半世紀にわたり、何度も逆風を受けながらも格差の問題をアプローチの中心に据え、経済学が何よりも社会的で道徳的な科学であることを実証してきた研究者だからだ。トニーは1944年生まれで、1969年に最初の著書が出版された。1969年から2016年までに約50冊の著書と350本以上の学術論文[1]を発表し、富の分配、格差、貧困に関する国際的な研究に抜本的な変革をもたらした。また、1970年代以降、重要な理論についての論文を発表している。なかでも最適課税の理論に関するものが有名だ。

しかし、アトキンソンの最も重要で最も徹底した研究は、格差の歴史的・実証的な分析である。それはもちろん、理論モデルと関連づけられてはいるが、彼は完璧にマスターしているそれらのモデルを慎重に節度をもって用いている。その歴史的・実証的・理論的なアプローチときわめて厳格で誠実な姿勢、さらには、社会科学者としての、また英国、ヨーロッパ、世界の市民としての調和のとれた倫理観によって、アトキンソンは、何十年もの間、あらゆる世代の学生や若い研究者の模範となってきた。そして、サイモン・クズネッツとともに、社会科学と政治経済学のなかに「所得と富の分配の歴史的動学の研究」という新しい分野を誕生させるのに大きな役割を果たした。

もちろん、トマス・マルサス、デビッド・リカード、カール・マルクスをはじめとする経済学者たちによって、分配と長期的動向の問題は、すでに19世紀の政治経済学の中心に据えられていた。しかし、彼らが使えるデータは限られていたため、しばしば純粋に理論的な推測にとどまらざるを得なかった。実際に史料に基づく分析が行なわれるようになったのは、20世紀後半にクズネッツやアトキンソンの研究が登場してからだ。クズネッツは、1953年に発表した代表作『所得と貯蓄における所得上位層のシェア』〔原題は *Shares of Upper Income Groups in Income and Savings*〕において、自身もその確立に貢献した米国の最初の国民経済計算と（長い政治的論争の末に1913年に創設された）連邦所得税のデータを組み合わせ、所得の分配に関して初めて歴史的時系列データを構築した。またその過程で、「格差は縮小した」という朗報をもたらした。

1978年、アトキンソンは、重要な著書『英国における個人資産分布』〔原題は *Distribution of Personal Wealth in Britain*〕（アラン・ハリソンとの共著）のなかで、クズネッツの研究の延長として、クズネッツを超える研究成果を発表した。1910年代から1970年代までの英国の相続記録を体系的に利用し、経済的・社会的・政治的なそれぞれの力の視点から、この歴史上他に類を見ない激動の時代に特に顕著に見られる資産分布の変化について見事な分析を行なったのだ。クズネッツの著書は、そのほとんどが統計という手段の確立に終始していたが、それに対してアトキンソンの著書はそこからさらに一歩踏み込み、歴史的・理論的・統計的分析をより包括的に統合している。

所得と資産の格差の歴史的動学に関するその後の研究はすべて、なんらかの形でこのクズネッツとアトキンソンによる画期的な研究を引き継いだものだ。これは、トニー・アトキンソンが共同設立者兼共同ディレクターを務めた「世界の富と所得のデータベース(2)〔現・世界不平等データベース〕」（WID.world）に集約された研究について、特に言えることである。

個人的な話になるが、ロンドン・スクール・オブ・エコノミクスの若い学生だった1991年の秋、私はこのトニーに出会うというとてつもない幸運に恵まれた。常に卓越した熱心さと優しさで惜しみなく与えてくれた彼の助言は、私の研究キャリアにとって決定的なものになった。2001年に『格差と再分配――20世紀フランスの資本』（邦訳は早川書房、2016年）を出版した直後から、幸運にもトニーは、熱烈に私を支持してくれた。フランスにおける格差の歴史研究に関する私の論文の最初の読者になってくれたのだ。そしてすぐに、（過去の所得データがまだ利用されていなかった）英国についての研究に、その後は他の多くの国についての研究にも取りかかった。私たちは、2007年と2010年に出版された2冊の分厚い書物のためにともに編纂作業を行なったが、それらは合計20カ国以上を対象にしたものだ。そのときの研究は、WID.worldデータベースの基礎となり、そこから、2013年に拙著『21世紀の資本』を刊行することができた。同書は、トニー・アトキンソンの変わらぬ協力がなければ世に出なかっただろう。

アトキンソンは、その先駆的な歴史研究に加え、現代社会における格差と貧困の計測に関する比較調査の世界的な第一人者であり、これらの問題に関する国際協力を精力的に推進してきた。最近の著書『21世紀の不平等』（邦訳は東洋経済新報社、2015年）は、それまでの著書よりも個人的な内容で、完全に行動に焦点を当て、新しいラディカルな改革主義の輪郭を示している。同書には、第二次世界大戦後の先進諸国の社会保障政策に多大な影響を与えた、「福祉国家の父」と呼ばれるベヴァリッジの思想が息づいている。読者はそのことを大いに楽しむべきである。慎重さで有名だったアトキンソンという学者が、常に代替案が存在し、社会の進歩と平等のための闘いを今ここで再開しなければならないと示すために、鎧を脱ぎ捨て、論争に身を投じ、具体的で革新的で説得力のある提案の一覧を提示してくれる。面白くて、洗練されていて、奥深いこの書は、英国の政治経済学と進歩主義がもたらしうるものを最高の形で組み合わせている。もちろん、読むべき一冊だ。

アトキンソンは、かぎりなく寛大で厳格な研究者であり、私たちの誰にとってもインスピレーションの源だった。彼の優しさは広く知られていた。晩年には長い闘病生活を送っていたが、精力的な活動ぶりに変わりはなく、最後の数週間は同僚や友人たちと意見を分かち合いながら大規模なプロジェクトの仕事を続けていた。アトキンソンが亡くなったのは、まさに格差の拡大が社会の大きな課題となっているさなかだった。彼の生涯は、格差を計測し、分析し、それに向き合うための道具の開発に捧げられた。彼の研究は、格差との闘いのなかで生きつづけるだろう。そして、アトキンソンの死は、彼以外の誰にも埋めることのできない空白を生み出したのである。

# 民主的なユーロ圏政府の実現に向けて　2017年2月1日

ユーロ圏には、ひとつの経済政府が必要だ。すなわち、共通の予算、共通の税制、借入および投資の能力、成長戦略、そして持続可能で公正な発展モデルが必要なのだ。しかし、それらがいつの日か可能になるためには、何よりもユーロ圏が共同で意思決定を行なうことができる民主的な制度を設ける必要がある。ユーロ圏の政府がどの民主的な決定機関に対して責任を負うのか？　そこに言及しないのなら、そんな政府について語ったところで意味がない。

現在、ユーロ圏の主な意思決定機関といえば、財務相理事会だ*。問題は、この理事会がほとんどの場合、何も決定できないことにある。ユーロ圏では何年も前から、支持できないと誰もがわかっているギリシャの債務再編についての見解を表明することになっていたが、その決定は常に先延ばしされている。

別の例もある。何年も前から、法人税に関するスキャンダルが増えつづけている。多国籍企業が大規模に法人税逃れをし、多くの場合、実効税率がとんでもなく低いものになっていることは、いまや誰もが知っている。それでも、ユーロ圏はいまだに最低限の決定すら下せていない。まだ共通の課税ベースの設定について話し合っている段階で、共通の最低法人税率の問題には相変わらず真剣に取り組めていないのだ。各国がゼロに等しい法人税率を設定して企業の本社を好きなだけ誘致できるのであれば、共通の課税ベースについて合意することになんの意味があるのだろう?

このような無策の理由は、財務相理事会がたいていの場合、全会一致の原則で運営されていることにある。たとえば、税制に関してルクセンブルクが拒否権を行使するだけで、何もかもが前に進まなくなるのだ。また、原則的には多数決で行なえるはずの数少ない決定についても、実際には大国が拒否権を有している。たとえば、ドイツとその財務大臣は、ギリシャが今後何十年にもわたってGDP比3・5パーセントという巨額な基礎的財政収支の黒字を出しつづけなければならないというばかげた考えに固執していて、その考えがあらゆる決定を妨げている。

問題は財務相理事会の構造そのものにある。財務相理事会は、各国の利益(あるいは誤ってそのように認識されているもの)を互いにぶつけ合い、惰性を生み出す装置のようなものだ。人口が8000万人の国(ドイツ)や6500万人の国(フランス)を代表するひとりの人間が、少数派という立場を心穏やかに受け入れることなど、ほとんど不可能である。このままでは、平和的な多数決はおろか、公開討議すらできそうにない。

だとすれば、財務相理事会の代わりにユーロ圏の真の議会を創設すべきである。その議会には、各国の人口に応じて国の議会から、さらにはさまざまな政治集団から一定数の議員が代表として参加する。たとえば、ドイツ連邦議会から30名、フランス国民議会から25名、いずれも全政党から議員が参加するといった具合だ。そうすれば、たとえばギリシャの債務や法人税に関しても、ドイツをはじめとする各国内には多様な意見があることにすぐに気づくだろう。そして、国同士の対立を超えて先に進むことができるような多数決をとることが可能になるだろう。またその過程で、ユーロ圏の人口全体に占めている割合はフランスとイタリアとスペインが合わせて51パーセント、ベルギーとギリシャとポルトガルなどが合わせて25パーセントであるのに対し、ドイツが24パーセントであるという事実も思い起こすことになるだろう。

代替案として、欧州議会のユーロ圏下部組織を創設し、これに頼ることを提案したい。私には、ユーロ圏議会を各国の議会に基づかせるほうが明らかに好ましいように思える。というのも、各国の議会はその国の納税者を引き込むために必要な民主的正当性を備えているからだ。一方で、こうした大きな民主的改革によって、「ユーロを通貨としない国も多数含む」ＥＵ全体の中に、より統合された、独自の制度を持つ中核グループを確立することが不可欠だからだ。

いずれにしても、次の選挙の候補者たちが、ユーロ圏の民主的政府の実現に向けてなんらかの具体的な提案をすることが肝要だ。そうしなければ、欧州の再生や経済政府に関するあらゆる言説《ディスクール》は、すべてはかない夢のままで終わってしまうだろう。

＊　ＥＵ加盟国から1名ずつの閣僚で構成されるＥＵ理事会である経済・財務理事会（ＥＣＯＦＩＮ）。

# 中国における格差　2017年2月14日

トランプの米国大統領就任とブレグジット、すなわち英国のEU離脱によって、西洋の民主主義モデルは痛手を負い、中国メディアは大喜びで騒ぎ立てている。公式日刊紙『グローバルタイムズ』[*1]は、欧米が世界に押しつけようとしている自由選挙と「すばらしい政治制度」が行き着くところである、ナショナリズム、外国人嫌い、分離主義[*2]にリアリティ番組と卑俗さと拝金主義を加えた危険なカクテルを糾弾する記事を掲載しつづけている。「説教はもうたくさん！」というわけだ。

中国当局は、このほど「グローバル経済ガバナンスにおける政党の役割」をテーマにした国際シンポジウムを開催した。そこで中国共産党が発信したメッセージは明快だった。すなわち、中国共産党（党員数は9000万人で、成人人口の約10パーセントに当たるが、この割合は米国やフランスの予備選挙への投票率と同程度である）のような強固な中間団体に頼ることで討議と意思決定を組織化し、アイデンティティの欲動や、候補者が乱立するスーパーマーケットさながらの選挙がもたらす遠心力から守られ、安定して調和がとれ、熟慮された発展モデルを設計することが可能になる、というのだ。

しかし、このようなやり方では、中国の政権は自信過剰に陥って過ちを犯す可能性が高いだろう。透明性の完全な欠如や体制の不透明さを非難する人々への激しい弾圧をはじめ、このモデルの限界はよく知られている。

公式統計によると、中国は格差が小さく、経済成長の果実が公平に分配される国でありつづけているという。しかし、リー・ヤンとガブリエル・ズックマンが行なった最近の研究結果が示しているように[1]、実態はむしろ逆だ。私たちの研究によれば、特に税金や資産のデータと国民経済計算や全国調査を突き合わせながら未公開の情報源を組み合わせてみると、公式データは、中国の格差のレベルとその推移を大幅に過小評価していることがわかる。

1978年から2015年までに、中国が経済成長によって貧困から抜け出したことは異論の余地がない。世界のGDPに占める同国の割合は1978年にはわずか4パーセントだったが、2015年には18パーセントにまで上昇した（一方、世界の人口に占める中国人の割合は22から19パーセントへとわずかに減少している）。2015年の購買力平価を用いてユーロ換算した一人当たりの国民所得は、1978年には月にかろうじて150ユーロであったのに対して、2015年には月に1000ユーロ近くになっている。中国の平均所得は欧米に比べてまだ3～4分の1と低いが、中国の最富裕層10パーセントに属する1億3000万人は、富裕国と同等の平均所得を得ている。

問題は、中国の最貧層50パーセントが平均の半分の成長しか享受していないことにある。中国における格差の下限とみなすべき私たちの推計によると、1978年から2015年までに中国の国民所得に占める最貧層50パーセントの割合は28パーセントから15パーセントに減少したのに対し、最富裕層10パーセントの割合は26パーセントから41パーセントに増加した。中国の社会的不平等のレベルは明らかにヨーロッパのレベルを超え、米国のレベルに急速に近づいていて、その現象の規模には目を見張るものがある。

私有財産の集中については、さらに劇的に同じような傾向が認められる。1995年から2015年までに最上位10パーセントの富裕層が保有する個人資産の割合は、41パーセントから67パーセントに上昇した。この20年間で、スウェーデンを下回るレベルから米国に近いレベルにまで達したことになる。これは、(この期間にほぼ完全に民営化された)不動産へのアクセスに関する大きな不平等と、非常に不透明な状態でわずかな人たちだけに開かれた企業の部分的民営化のプロセスを反映している。このままでは、中国においては資本主義国以上に私有財産が集中し、そのすべてが共産党のみに掌握されるという、一種の「金権共産主義」の様相を呈する危険性がある。

ただし、中国と欧米とでは大きな違いがあることに注目しなければならない。中国では、国家が国民資本(不動産、企業、土地、インフラ、設備)に占めるシェアは、大幅に縮小はしたものの、依然として非常に大きい。私たちの推計によると、国家のシェアは1978年には国民資本の70パーセントを占めていたが、2006年以降は30パーセント前後で安定し、2008年の世界金融危機以降は国有企業の立て直しを反映してわずかな増加も見られた。

資本主義国では、混合経済体制が広く取り入れられていた時代(1950–1980年)には、国民資本に占める公的資本のシェアは20から30パーセント程度だった。しかし1980年以降、公的資産が民営化されて公的債務が増大したため、このシェアは急激に落ち込んだ。2007年には、公的資本がマイナス(公的債務が公的資産を上回る状態)だったのはイタリアだけだったが、2015年には、米国、英国、そして日本の公的資本がマイナスとなった(フランスとドイツはかろうじてプラスだった）。つまり、民間所有者が国民資本全体を手にしているだけでなく、将来の税収の「引出権」をも握っているのだ。この状況は、政府の規制能力を著しく損なうものである。

この意味では、中国当局が置かれている状況にはまだ希望が持てる。ただし、それはあくまで、当局がその規制能力をできるだけ多くの人々の利益のために使うことができると示せれば、の話である。中国人たちは、もはや欧米から教訓を得ようとは思っていない。しかし、彼らが自国の最高指導者たちの教えにこの先も長いこと耐えられるのかどうかはわからない。

＊1　中国共産党機関紙『環球時報』の英語版。
＊2　民族的・宗教的・人種的な少数派が中央からの分離独立を目指すこと。

# 公的資本、民間資本　2017年3月14日

現在の経済論議は、互いに結びつけることを忘れがちな二つの現実によって多元的に巻き起こっている。二つの現実とは、「公的債務の急増」と「民間資産の繁栄」だ。公的債務の数字はよく知られているが、1970年代には国民所得のわずか30パーセントだった公的債務は、ほとんどの国で100パーセント（GDPの約1年分）またはそれ以上に達している。私は、この問題の規模の大きさを過小評価するつもりは毛頭ない。というのも、これは第二次世界大戦以降、最も高い水準の公的債務であり、これほどの債務を通常の手段で削減するのが難しいことは歴史的経験からも明らかだからだ。それでも、問題点や代替案を理解するために、この現実を所有構造の全体的な推移と関連づけて見てみることがとても重要である。

要点をまとめてみよう。一国で保有されているものの全体、すなわち「国民資本」は、公的資産（国や地方自治体といったさまざまな形の公的機関が保有する建物、土地、インフラ、金融ポートフォリオ、企業の株式など）と公的債務との差である「公的資本」と、さらに民間の世帯の資産と負債との差である「民間資本」とに分けられる。

「栄光の30年」の間、公的資産は非常に大きく（戦後の国有化によって公共部門が非常に幅広くなった

ために、国民所得の100－150パーセント程度）、公的債務をはるかに上回っていた（公的債務は、1945－1955年のインフレ、債務の帳消し、民間資本への例外的な課税などにより、国民所得の30パーセント以下という歴史的に低い水準にあった）。全体として、公的資産から公的債務を差し引いた公的資本は大幅にプラスになっていて、国民所得の約100パーセントだった。

1970年代以降、状況は一変した。1980年頃から始まった民営化の動きにより、不動産や株式の価格が上昇したにもかかわらず、公的資産は国民所得の100パーセント前後で停滞したのだ。同時に、公的債務は国民所得の100パーセントに近づき、公的資本は実質的にほとんどゼロになってしまった。2008年の世界金融危機の前夜、イタリアでは公的資本がすでにマイナスになっていた。最新の2015－2016年のデータでは、米国、日本、そして英国でも公的資本が実質的にマイナスになっている。これらの国では、すべての公的資産を売却したとしても、それだけでは公的債務を返済できない。フランスとドイツでは、公的資本はかろうじてプラスである(1)。

しかしこれは、豊かな国が貧しくなったということではない。貧しくなったのは豊かな国の政府であり、まったく別の話なのだ。事実、同時期に負債を差し引いた民間資産、すなわち民間資本は、著しく増大している。1970年代には国民所得の300パーセントだったのが、2015年にはすべての富裕国で600パーセント近く、あるいはそれ以上になっている。

このような民間資産の繁栄にはさまざまな要因が考えられる。たとえば、不動産価格の上昇（大都市への人口集中の影響）、高齢化と成長率の低下（これにより、現在の所得と比較して過去に蓄積された貯蓄が自動的に増大し、資産価格が押し上げられる）、そしてもちろん、公的資産の民営化と公的債務の増

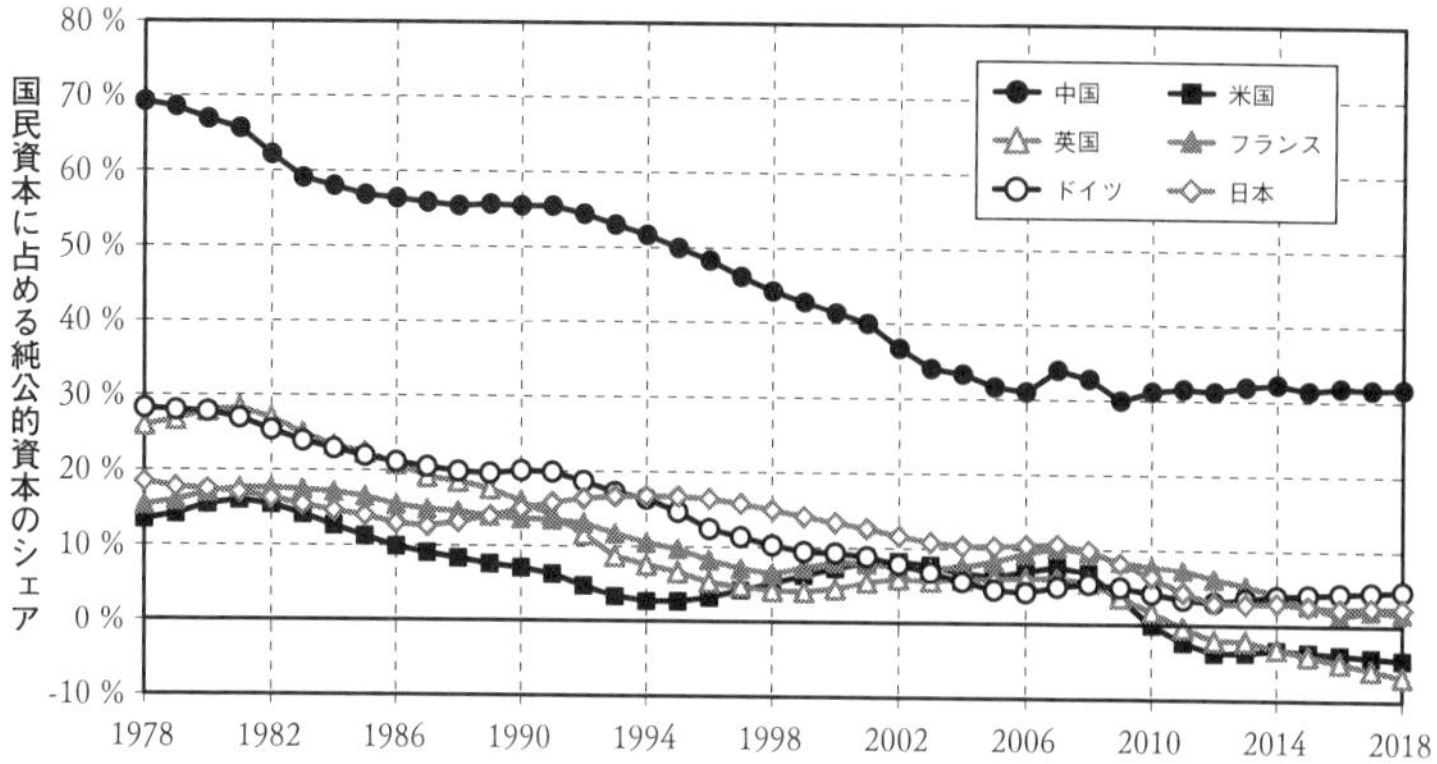


**図1　公的資本のシェアの縮小　1978-2018年**

解釈：国民資本（すなわち、公的資本と民間資本を合わせたもの）に占める公的資本（公的資産、すなわち、すべての公共団体、および企業・建物・土地・投資・金融資産といったすべての資産を合わせたものから、負債を差し引いた純公的資産）の割合は、1978年の中国でおおむね70%で、2000年代半ば以降は30%前後に落ち着いている。資本主義諸国では、1970年代の終わり頃には15%〜30%前後だったものが、2010年代にはほぼゼロかマイナスになった。

出所と時系列データ：piketty.pse.ens.fr/ideology を参照。Thomas Piketty, *Capital et idéologie*, 前掲書 p. 706〔邦訳ピケティ『資本とイデオロギー』図12-6〕

加などだ（公債は銀行を介してなんらかの形で民間所有者が保有している）。これに加えて、最高レベルの金融資産（構造的に世界経済の規模を上回る速度で増大している）から得られる収益が非常に高いことや、世界的に法制度が（知的財産と同様に不動産に関しても）民間所有者にとって非常に有利な形に変えられてきたことが挙げられる。

いずれにせよ、民間資本の増大の幅は公的資本の減少の幅よりもはるかに大きく、富裕国の民間所有者たちは、自分たちの国の富、さらにはそれをやや上回るものを手にしている（合計すると、富裕国の民間所有者たちが保有している世界の他の地域の金融資産は、世界の他の国々の民間所有者たちが富裕国に保有している金融資産より多い）。

このような民間の繁栄を前にしながら、なぜこれほどまでに悲観的になるのだろうか？　それは、イデオロギー的および政治的な力関係によって、政府がグローバル化の主な受益者に公平な負担をさせられないからである。公平な課税は不可能だという諦めが、政府を債務に走らせている。そうした無力感は、かつてない規模の金融と資産の相互浸透によってさらに強まっている。特にヨーロッパでは、各国の富が隣国の民間所有者たちに保有されているため、深刻な制御不能感に陥っているのだ。

歴史を振り返ると、所有権の構造の大きな変化は、しばしば徹底した政治的変動とともに起きている。たとえば、フランス革命、アメリカ南北戦争、20世紀における二つの世界大戦、そして、パリ解放といった大変動である。今日働いているナショナリズムの力は、社会を暴力的に緊張させ、政治的対立を民族間の対立に帰することと引き換えに、自国通貨とインフレの復活をもたらしかねない。そうなれば、多かれ少なかれ無秩序な再分配が促されるだろう。現状がはらんでいるこの致命的な危険性を前に、解決策はひとつしかない。法治国家の枠組みのなかで行き詰まりを打破し、必要な再分配を行なうための民主的な道を切り開かなければならないのだ。

# 第Ⅱ部

## フランスのためにはどんな改革をすべきか？

２０１７－２０１８

# フランスの格差　２０１７年4月18日

根強い伝説によれば、フランスは徹底して平等主義的な国であり、他の国で見られるような格差の急拡大を奇跡的に免れているという。では、今回の大統領選挙戦で強く表明されている、グローバル化や欧州統合への懸念をどのように説明すればいいのだろうか？　こうした懸念が生まれるのは、第一にフランスは例外的に平等な国であるという偉大な国家的神話が非常に誇張されたものだからであり、第二には、この神話がフランス本土の偽善を正当化するために、支配的な階層によってあまりにも頻繁に利用されているからだ。

これは今に始まったことではない。フランスの累進所得税は、戦争の資金調達のために１９１４年7月15日付の法令が僅差で可決された際に設けられた。ドイツ、英国、スウェーデン、米国、あるいは日本ではすでに何十年も前からこの税が学校や公共サービスの資金調達のために導入されていたことを考えると、フランスの累進所得税の制定はとても遅かったといえよう。１９１４年まで、第三共和政の政治的・経済的エリートは、略奪的かつ介入的性格の強い税は周辺国の国民にこそ適用すべきで、革命のおかげですでに平等になっているわが国にはまったく必要ないと言って、累進所得税の導入などの改革を頑なに拒否していた。しかし実際には、相続記録を見ると、当時のフランスでは他のヨーロッパ社会とまったく同じように資産と所得の極端な集中が進んでいたのである（その度合いは米国よりも強かった）。

同様の偽善は、今日のフランスの教育制度における大きな格差の問題にも見られる。フランスでは、共和政の「良心」に基づき、選抜課程の学生に与える公的資源を、社会的により恵まれない立場の若者が多く集まる大学課程の学生に与える公的資源より3倍多くするという選択が行なわれている。（世間では「知識経済」やイノベーションなどの話題でもちきりであるにもかかわらず）こうしたエリート主義的で緊縮的な傾向は、すでに2007年から2017年までに学生一人当たりの支出の10パーセント減をもたらしている。いくつかの政策を見るかぎり、今後5年間でさらにこの傾向が強まる危険性が高い。またフランスは、私立の小中学校がほぼ税金で賄われている唯一の国である。一方で、それらの学校は自分たちにふさわしい生徒を選ぶ権利を有しているため、耐えがたいレベルの社会的分離が生まれている。そこでもまた、残念ながら現状維持が続いている。

所得格差の推移に関しては、私がベルトラン・ガルバンティとジョナタン・グピーユ゠ルブレとともに行なった新たな研究(1)で、フランスの平等神話の限界が明らかになった。たしかに、国民所得に占める最貧層50パーセントの割合が文字どおり崩壊した米国に比べれば、フランスにおける格差は爆発的に増えてはいない。それでも、フランスの格差は大幅に拡大している。1983年から2015年までの最上位1パーセントの富裕層の平均所得の増加率は（インフレ率を差し引いても）100パーセント、最上位0・1パーセントの富裕層の平均所得の増加率は150パーセントだったが、それ以外の人々の平均所得の増加率はわずか25パーセントだった（つまり、年率1パーセント未満）。所得の増

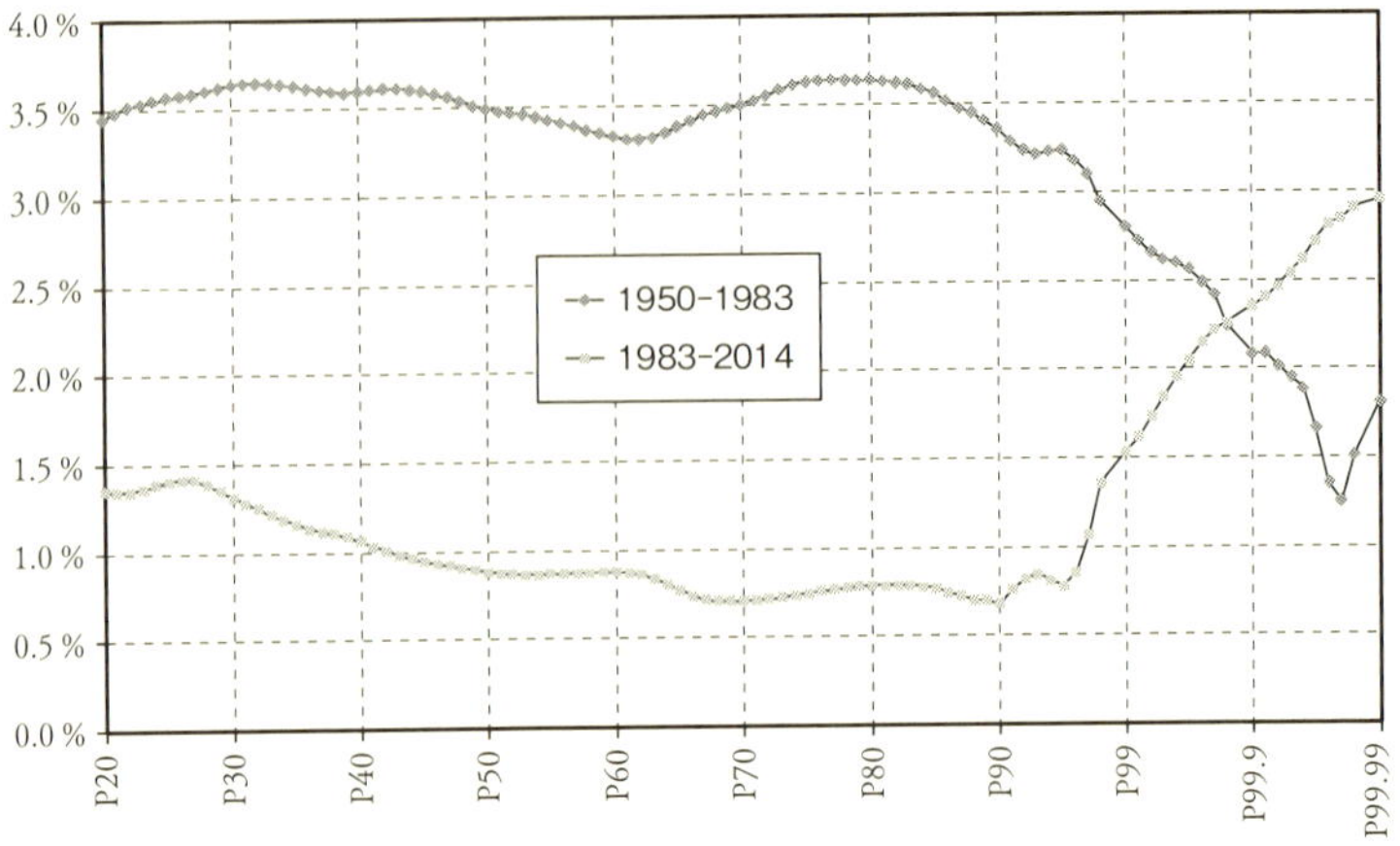


**図1　「栄光の30年」が終わっていない人たちもいる**

解釈：成人1人当たりの課税前所得の年平均実質成長率（％）。個人データ（夫婦の収入を2で割ったもの）。
出 所：Bertrand Garbinti, Jonathan Goupille-Lebret and Thomas Piketty, "Income Inequality in France, 1900–2014 Evidence from Distributional National Accounts（DINA）," WID.world, Working Paper Series n° 2017/4参照。

加全体に占める割合は、上位1パーセントの最富裕層だけで21パーセントであるのに対し、下位50パーセントの貧困層は20パーセントにすぎない。「栄光の30年」の時代からの断絶ぶりは驚くほどだ。1950年から1983年まで、大多数の人の所得は年率4パーセント近く増加し、年率1パーセントの増加に甘んじなければならなかったのは逆に最高所得者の方だったのだ。「栄光の30年」が終わっていない人たちもいるという事実を確認するには、役員報酬や長者番付を掲載している雑誌を見るだけで十分だ。

先ほど言及した研究では、評価額が1000万ユーロを超え、90パーセントが金融ポートフォリオである最高資産の増大率は、1980－1990年代以降、GDPをはるかに上回るペースであるだけでなく、平均資産（それ自体が不動産によって引き上げられている）をも上回る増大を見せていることもわかった。この繁栄は、

ＩＳＦに毎年申告される資産の総数と総評価額に反映されている。つまり、フランスからの「資産の大量流出」は起きておらず、逆にＩＳＦが非常にダイナミックな財政基盤であることがわかる。

このような状況において、金融資産を対象とするＩＳＦを廃止したり、金融所得に対して労働所得よりも軽い税を課したりすることが時宜にかなっていると考える候補者*がいることは、理解に苦しむ。流動性を促進するためには、住宅を所有するために負債を抱えた世帯の固定資産税（資産に対する税としては圧倒的に重要であり、ＩＳＦによる税収が50億ユーロであるのに対し、３００億ユーロの税収をもたらしている）を軽減するほうが妥当だろう。

政治資金に関連して、富裕層優遇措置は政治資金の出資額に見合ったお返しをしているとみなす者もいる。また、このような税制の選択には、人々や地域間の競争が一般化すればおのずとすべての人にとって社会的調和と繁栄が生まれるという、誠実ではあるが誤ったイデオロギーの影響も見ることができる。社会のなかで最も弱い立場に置かれた人々が見捨てられたと感じ、外国人嫌いの誘惑にますます駆られていくなかで、グローバル化の勝者を優先してフランスに逆進課税への新たな情熱を生み出すのが危険であることだけは確かだ。フランスの格差を否認することを、いますぐやめなければならない。

＊　コラム掲載時は大統領選挙期間中であり、明らかにエマニュエル・マクロン候補（当時）を念頭に置いていると考えられる。

## フランスのためにはどんな改革をすべきか？　２０１７年５月16日

エマニュエル・マクロンが大統領に選出されたことによって、フランスと欧州は立て直しを図れるのだろうか？　そう思いたいところだが、確かなことは何もない。新大統領は勘に優れているところもあるが、政策全体は一貫性に欠け、日和見的である。

最も有望な政策は、社会保障の近代化と統一だろう。フランスの社会保障制度は、他国と比べて重層的であることから、非常に複雑でわかりにくいからだ。

最も極端な例が年金制度だ。年金への財源は十分あるというのに、制度や規則が複雑すぎて、自分の将来の権利について誰も何も理解できていないのが現状だ。全体を統一することが不可欠であり、特に若い世代では、職歴が公共部門、民間部門、起業家と複数にまたがることが多いため、どれもが同じ権利につながるようにする必要がある。新しい共通ルールや、派遣労働などの断続的キャリアや肉体労働などの仕事についてはどうするのかといった点も、これから合意していかなければならない。きっと一筋縄ではいかないだろう。ほとんど何もないところから始めるのだから、なおさらである（マクロン大統領の政策のなかで年金制度の統一はたった一行でまとめられてしまっている）。

もうひとつの重要な政策は失業保険だ。ただし、ここでも誰のための改革なのかを間違えなければ、の話である。求職者に課せられるルールを厳格化することで、莫大な（とはいえ、当てにはならない）税金の節約につながるとされており、自主退職者や非賃金労働者への権利の拡大についてはあまり考えられていない。公共部門はこれまで、とんでもなく偽善的に、失業保険の対象から完全に除外されている超不安定な立場の人たちが増えることを放置してきた。その公共部門に対しても失業保険制度を適用することこそが、本来なすべきことである。

労働法に関しては、バランスのとれた改革の条件はよく知られている。無期雇用が標準となり、有期契約（CDD）が慣例化しないように制限されないかぎり、無期契約（CDI）を破棄する条件の明確化と緩和を考えることはできない。また、賃金交渉の「超地方分権化」[*1]はドイツの莫大な黒字の一因となっているとはいえ、これは欧州のバランスのとれた発展のための適切な方策ではない。

教育に関しては、マクロン大統領の政策はなかなかよいところを突いている。すなわち、恵まれない子供たちが通う学校に対して、これまではただレッテルを貼るにとどまっていたが、ようやく現実的な追加資金を投入するというのだ。ただし、提案された対策は小学校低学年に対象を絞りすぎているように思う（機会の不平等の是正は少なくとも中学校まで行なうべきだ）。また、このような対策は、対象とならない他の学校で1クラスの人数を大幅に増やすなどしないかぎり、発表された予算削減とは両立できないだろう。さらに、他国では例を見ない学校週4日制[*2]という問題の多い制度に戻そうという計画もまた、「改革主義をひとつまみに保守主義をひとすくい」といったマクロン主義の曖昧さを示している。

要するに、教育への現実的な投資戦略の全体像が見えてこないのだ。しかし、これは本来、非常に重要な課題のはずだ。フランスは現在、世界で最も生産性の高い労働力を有しているが（ドイツと同程度であり、米国よりもはるかに平等主義的なモデルを採用している）、この状況はまったく保証されているわけではない。フランスは10年間の不況から脱却しつつあるものの、２０１７年の一人当たりのＧＤＰは２００７年に比べて5パーセント減り、高等教育への学生一人当たりの投資額は10パーセント近く減少しているという惨憺たるありさまだ。忘れてならないのは、フランスの人口は（ドイツと違って）増えつづけており、学生の数もそれを上回るペースで増えているという点だ。もちろん、そのこと自体は、適切な資源を投入しさえすれば、すばらしいことだ。

社会保障の資金調達や税制に関して、マクロン大統領は恐ろしく保守的である。彼は一般社会拠出金（ＣＳＧ）の増額にすべてを賭けているのだが、緊急に実施すべきことは所得税（ＩＲ）の源泉徴収である。所得税の源泉徴収は、フランスでは他の国々から遅れること半世紀、ようやく２０１８年1月に実施することが準備されているにもかかわらず、マクロン大統領はそれを延期しようとしている。彼が謳っているフランスの近代化はどこに行ってしまったのだろう！　もしこの改革が実行されれば、賃金労働者にとっても年金受給者やその他の所得者にとっても、所得税と一般社会拠出金（現在のような比例的なものではなく累進的なものにならなければならない）がようやく関連づけられることになるのだ。

マクロン大統領の累進課税の考え方そのものが、明らかに問題である。というのも、彼は最高金融所得に対する税率の上限を30パーセント（同等の高額労働所得については55パーセントとしているにもかかわらず）とし、金融ポートフォリオに対する税の撤廃を提案しているからだ（マクロンは、奇妙な理由から、金融投資は必然的に不動産投資より生産性が高いと思い込んでいる）。

最後に、ヨーロッパの改革を思い出そう。中心的課題は、将来の危機に対処するための強固な民主的機構をユーロ圏に創設することだ。金利が再び上昇したとき、あるいは国債の返済期間延長に関する難しい決定を下すために強力な民主的正当性が必要になったときには、国家元首や財務大臣の非公開会議では問題を解決できないだろう。公開審議と各国内に存在する多様な意見に基づいて、つまり、各国の国会議員と欧州議会議員で構成される通貨同盟議会によって決定が下されなければならない。

強力な民主的機構の欠如は、ヨーロッパが直面している最も深刻な危機である。残念ながら、今年[*3]のフランスとドイツの選挙によって、この危機を乗り越えられる兆しはない。

＊1　政府が全国一律の最低賃金の設定をせず、企業が労働コストを抑えるために地域間、あるいはEU加盟国間の賃金格差を利用すること。

＊2　フランスでは、1991年から年間総授業数の枠内で水・土・日を休みとする週4日制の採用が可能となった。2008年にサルコジ政権は週4日制を採用。2013年のオランド政権では水曜を半日とする週4日半制となった。

＊3　翌月（2017年6月）のフランス議会総選挙および9月のドイツ連邦議会選挙を指している。

## トランプはレーガンのパワーアップ版だ　2017年6月13日

トランプは、米国史における「未確認飛行物体」なのか？　それとも、米国の長期的傾向の延長上にあると見るべきなのだろうか？　「ドナルド」の特殊性、とりわけ誰にも真似できない彼のツイート術の特殊性を否定するつもりはないが、長期的傾向の延長線上にあると見る方が妥当ではないだろうか。

その理由のひとつとして、たとえば彼が議会に提出したばかりの税制改革案が挙げられる。その改革案には二つの柱がある。一つ目は連邦法人税率の35パーセントから15パーセントへの引き下げ（トランプはこの税率を自分自身のような個人起業家の所得にも適用したいと考えている）、二つ目は相続税、すなわち連邦遺産税の完全撤廃である。これは明らかに、１９８０年代にレーガンが打ち出した累進課税解体計画のまさしく延長線上にあるものだ。

時代をさかのぼってみよう。格差の拡大と過度な富の集中（これは当時、米国の民主主義精神に反すると考えられていた）を阻止するため、また、「古きヨーロッパ」（19世紀および１８９０年頃から１９１4年までの「ベル・エポック」と呼ばれる時代、米国で、ヨーロッパは貴族的で寡頭的だと考えられていたのには、それなりの理由があった）のようにならないために、米国は１９１０年から１９２０年代まで、史上かつてないレベルで税の累進性を導入した。この格差縮小のための大きな動きは、所得税（1930年から1980年まで、最高所得に適用された税率は平均82パーセントだった）と相続税（最高額の遺産を受け継ぐ際の税率は70パーセントに達した）の両方に及んだ。

1980年にレーガンが大統領に選ばれると、すべてが一変した。1986年の改革では最高所得税率は28パーセントに引き下げられ、ルーズベルトのニューディール政策から始まった社会政策は背を向けられた。そんな社会政策は米国を骨抜きにし、敗戦国の追撃を助長するとして非難されたのだ。しかしレーガンは、高い法人税と累進性の高い相続税をそのまま残した。そしてレーガンの30年後、息子ブッシュによる相続税廃止の最初の試みから10年後の2017年、トランプは、大企業と富裕層に新たな贈りものをしはじめている。しかも、オバマケアを廃したあとにだ。

トランプにとって幸運なことに、議会はそれを追認するのだろう。共和党は、輸出額を課税所得から控除することを認めて逆に輸入額の控除を禁止する、いわゆる「国境調整税」[*1]と呼ばれる措置を必ず加えようとするだろう（有名なライアン案）。法人税とヨーロッパ風の付加価値税（VAT）のこうした前代未聞の混合は、すでに世界貿易機関（WTO）の不興を買っている（トランプにとっては望むところだろうが）。それだけでなく、輸入業者（スーパーマーケットのウォルマートなど）も反発しており、こちらはより厄介だ。理屈の上ではこの措置はドルの値上がりによって相殺される可能性はあるものの、実際には、為替レートは他の多くの要因によって決定されるために、リスクを取りたがる人はいない。

おそらく、（民主党は自由貿易主義者という裏の顔を持ち、メキシコ人をはじめ米国を羨ましがっている周辺国の人々にいつでもすべてを与える用意があることから、米国の産業をきちんと保護するのは自分たち共和党のほうだということを単に印象づけるためだけに）特定の輸出入に対象を絞った措置を講じるにとどまるだろう。[*2] 相続税撤廃案や法人税率の大幅な引き下げについても、妥協点（おそらく15－20パーセント程度）を見出すことになるだろう。[*3] 法人税率の大幅な引き下げは、ヨーロッパや世界で課税ダンピングを復活させる危険性がある。

1980年にも2016年にも、いったいどのようにして、このようなあからさまな金持ち優遇の反社会的政策が米国人の大多数に受け入れられたのだろう？　この疑問への従来の答えは、グローバル化と地域間競争の激化によって「自分さえよければいい」という自己中心的な考え方が優勢になっているというものだろう。しかし、その説明だけでは不十分である。ナショナリスト的なレトリックを使い、ある種の反知性主義を育て、何よりも民族的・文化的・宗教的な対立を悪化させて労働者階級を分裂させるという共和党の巧妙さを、そこに付け加えるべきだろう。

1960年代以降、共和党は、公民権運動や、黒人を優遇しすぎていると非難される社会政策に不満を抱いた白人や南部の労働者階級の票の一部が次第に民主党から移ってくることで、利益を得るようになった。この長期にわたる深い動きは、1972年のニクソン（対する民主党のマクガバン候補は、ルーズベルト的政策の最高潮ともいえる相続税の新たな増税で財源を賄う連邦レベルの普遍的最低所得《ユニバーサル・ベーシックインカム》の導入を訴えていた）、1980年のレーガン、そして2016年のトランプへと続いている（トランプは、オバマケアに関連して、ニクソンやレーガンと同様に人種的な烙印を押すことを躊躇しなかった）。

一方、民主党支持者は、ますます高学歴者やマイノリティに集中し、ある意味では19世紀末の共和党支持者（優遇された白人と解放された黒人）と似ているのが現状だ。あたかも歴史が一巡して振り出しに戻ってしまい、人種の壁を越えて労働者階級をひとつにしたルーズベルト的な連携は、結局は歴史における余談に過ぎなかったかのようである。

労働者階級の人々が進歩的と称する政党より反移民勢力が自分たちを守ってくれると信じているために、ある側面では同じような展開が危惧される欧州が、アメリカの例から学ぶことを期待しよう。そして、今から予測できるトランプ主義の社会的失敗が、過去の多くの指導者たちのように、「ドナルド」をナショナリズムと戦争に向かって突き進ませることがないよう、願っている。

＊1　日本の消費税のようなもので、ＥＵやアジアなどの国で、物やサービスの購買時に課せられる間接税のこと。
＊2　結局、7月27日にホワイトハウスと上下両院の共和党指導部が国境調整税の棚上げを発表した。
＊3　結局、相続税は撤廃しないものの課税対象の閾値を５６０万ドルから１１２０万ドルへと大幅に引き上げ、法人税率は35パーセントから21パーセントに引き下げることで決着した。

## 「資本法」を再考する　2017年9月12日

政府が擁護している労働法改革をどのように考えるべきだろうか？　最も批判されている主な措置は、不当解雇に対する補償の上限を勤続年数1年につき給与1カ月分（勤続10年を超えると0・5カ月分）とすることだ。言い換えれば、雇用主は10年間勤務した従業員を、「重大な現実的理由」をまったく示さずに自由に解雇することができるようになり、裁判官はそれに対して給与10カ月分を超える賠償金を課すことができなくなる。また、勤続30年の社員についての賠償額は給与20カ月分が上限となる。

問題は、失業手当や再就職斡旋などのために、解雇による社会的コストのほうがはるかに高くつく場合が多いことだ。この実質的な「解雇許可証」は、雇用のインセンティブを高めると言われている。だが、何より雇用者の恣意的な力を強化させるとともに長期的な投資がほとんどできなくなることで従業員の警戒心を高め、さらにハラスメントや差別に関する苦情件数（こちらに上限設定はない）を増大させる危険性がある。フランスのとんでもなく遅い司法手続きを迅速化させたほうが有益だったのではないだろうか。

残念なのは、政府がこの機会に従業員のコーポレートガバナンスへの関与を強化しようという姿勢さえ見せなかったことだ。フランス民主労働連盟（CFDT）が求めていた取締役会における従業員の議席数の大幅な増加が同時に決定されていれば、よりバランスのとれた改革になっていただろう。そうなれば、経済民主主義の真の欧州モデルを推進することも可能だったかもしれない。

時代をさかのぼってみよう。会社における株主と従業員の権限はそれぞれの持ち株数によって定義されるというルールは、19世紀に明確に定められたものだと思い込んでいる人がいるが、まったくそうではない。1950年代には早くも、ドイツ語圏や北欧諸国では、このバランスを根本的に変える法律が制定された。その目的は「労使共同決定」、すなわち資本家と労働者の間での権力の真の共有を促進することであった。こうしたルールは、その後数十年かけて強化された。その結果、現在、大企業の取締役会における従業員代表は、資本参加の有無とは一切関係なく、ドイツでは半数、スウェーデンでは3分の1の議席を占めている。このルールはまた、ドイツとスウェーデンの企業の戦略への従業員の関与を高め、つきつめれば経済的・社会的効率の向上に寄与している。その点については非常に幅広いコンセンサスが得られているといえるだろう。

残念なことに、最近まで、この民主化運動は予想されていたほど他の国には広がらなかった。特にフランス、英国、米国の企業では、従業員の役割は長い間、純粋な相談役にとどまってきた。2014年のフランスの法律で初めて、取締役会に意思決定権を持つ従業員代表の議席が導入された（12議席中1議席で、まだ非常に低い数字だが）。英国では労働党によってだけでなく一部の保守党によっても議論が進められ、それが活発化してきている一方、米国と英国では依然として株主がすべての議席を占めている。

このような状況のなか、フランス政府が従業員の議席を相当数（たとえば、ドイツ・北欧の基準に合わせて3分の1から2分の1としよう）導入することでこの民主化の動きを広げようと決心するのであれば、大きな前進となるだろう。それは、会社法に関する新たなグローバルスタンダードを促進する。そしてより一般的には、経済・社会分野における真の欧州ドクトリンを定義するのに役立つだろう。この新しい欧州ドクトリンは、これまでEUを特徴づけてきた「自由で歪みのない競争」という原則をほとんど宗教のように神聖化することより、はるかに興味深く、はるかに想像力に富んだものとなるにちがいない。

また、ヨーロッパの学者による最近の研究では、ドイツ・北欧の共同決定権モデルについての考察はまだまったく十分とはいえず、そのモデル自体がまだまだ改良の余地があると結論されている。エワン・マクゴーギーは、株主から選ばれた取締役と従業員から選ばれた取締役を対立させてしまうような、ときに不毛なロールプレイから脱却するために、株主と従業員の混合会議で取締役のメンバーを選出することを提案した。そうすれば、取締役はさまざまな要望を組み合わせたアクションプログラムを擁護できるようになるだろう。イザベル・フェレラスは、企業における真の二院制という考え方を擁護し、株主総会と従業員総会は同じ戦略決定や文書に対して同意や採択をする義務を負うとした。ジュリア・カジェ*は、大株主の議決権に上限を設け、逆に小株主やその他の「クラウドファンダー」の議決権をその分増加させるべきだと提案した。出資と議決権の非比例関係に基づくこのモデルは、当初は非営利目的のメディア企業を対象として考えられたものだが、他のセクターにも拡大できるものだ。これらすべての研究には共通点がある。それは、ソ連での大失敗によって一時期消滅したと思われていた「権力と資本所有」に関する考察が、実はまだ始まったばかりであることを示している点だ。この考察において、欧州とフランスは然るべき役割を果たさなければならないのだ。

＊　フランスの経済学者で、国家経済委員会のメンバー。

## ＩＳＦの廃止は歴史的誤り　２０１７年10月10日

まず言っておこう。ＩＳＦの廃止は、[*] 道徳的、経済的、歴史的に重大な誤りである。この決定は、グローバル化によって提起されている格差の問題への理解が著しく欠如していることを示している。

時代をさかのぼってみよう。１８７０年から１９１４年にかけて見られた最初のグローバル化の波では、国際的に大きな動きが生じ、新しいタイプの再分配と課税を推進する運動に発展した。この新しいモデルは、所得、資産、相続財産に対する累進課税を基礎として、経済成長で得られた利益をより適切に分配し、所有権や経済力の集中を構造的に緩和することを目的としていた。さらにこのモデルは、１９２０年代から１９７０年代にかけて、劇的な歴史的出来事に押された側面もあったが、知的で政治的な長いプロセスのおかげで首尾よく実施されてきた。今日また、同じような動きの予兆が見られる。格差が拡大するなかで人々の意識はますます高まっている。文化的アイデンティティを基盤にした孤立主義を支持する人たちは、たしかに労働者階級が見捨てられているという感情を利用しようとしており、ときにそれは成功している。しかし、民主主義、平等、再分配を求める新たな声も増えている。このため、英国は今後数年のうちに急激に左に振れる可能性があり、米国も、予備選への出馬を準備している民主党の候補者らを見るかぎり、２０２０年にはおそらく左に向かうだろう。

そんななかで、レーガンやサッチャーの時代から40年近く経った今、フランスのＩＳＦ撤廃は、的外れとしか言いようがない。ここ数十年ですでに非常に繁栄している高齢層と富裕層に対して税の贈りものをするなど、まったくもって無意味である。それによる税収の損失がわずかなものではないだけになおさらだ。さらに、配当金や利子（給与や自営業所得には55パーセントの最高税率が適用されるのに対し、配当金や利子には今後最大で30パーセントの税率しか適用されない）をめぐる贈りもの〔「フラット・タックス」〕を加えると、総額50億ユーロ以上の損失になる。これは、大学・高等教育に割り当てられる予算総額の40パーセントに相当する。大学・高等教育予算は、２０１８年には１３４億ユーロにとどまる見込みだが、入学者数が増えつづけていることを考えても、教育への投資が優先されるべきである。今後数カ月以内に政府が、学生一人当たりの高等教育予算の削減に加えて大学入学者選抜を導入しようとすれば、学生たちは必ずやこのことを思い出すだろう。

政府はＩＳＦが税の流出を招くと主張している。しかし問題は、この主張がまったくの誤りであるという点だ。国民経済計算、所得と資産の申告、資産調査といった入手可能なすべてのデータを冷静かつ客観的に検討すれば、結論は明らかだ。フランスでは最高資産は健在であり、国外への流出はまったく起きていない。

これまでの主な出来事を思い出してみよう（詳細はすべてWID.worldに掲載されている[1]）。１９８０年から２０１６年までに、成人一人当たりの平均国民所得を２０１６年のユーロに換算すると、２万５０００ユーロから３万３０００ユーロ強へと約30パーセント増加した。一方、成人一人当たりの平均資産は、特に不動産が牽引して、９万ユーロから19万ユーロへと倍増している。さらに注目すべきは、

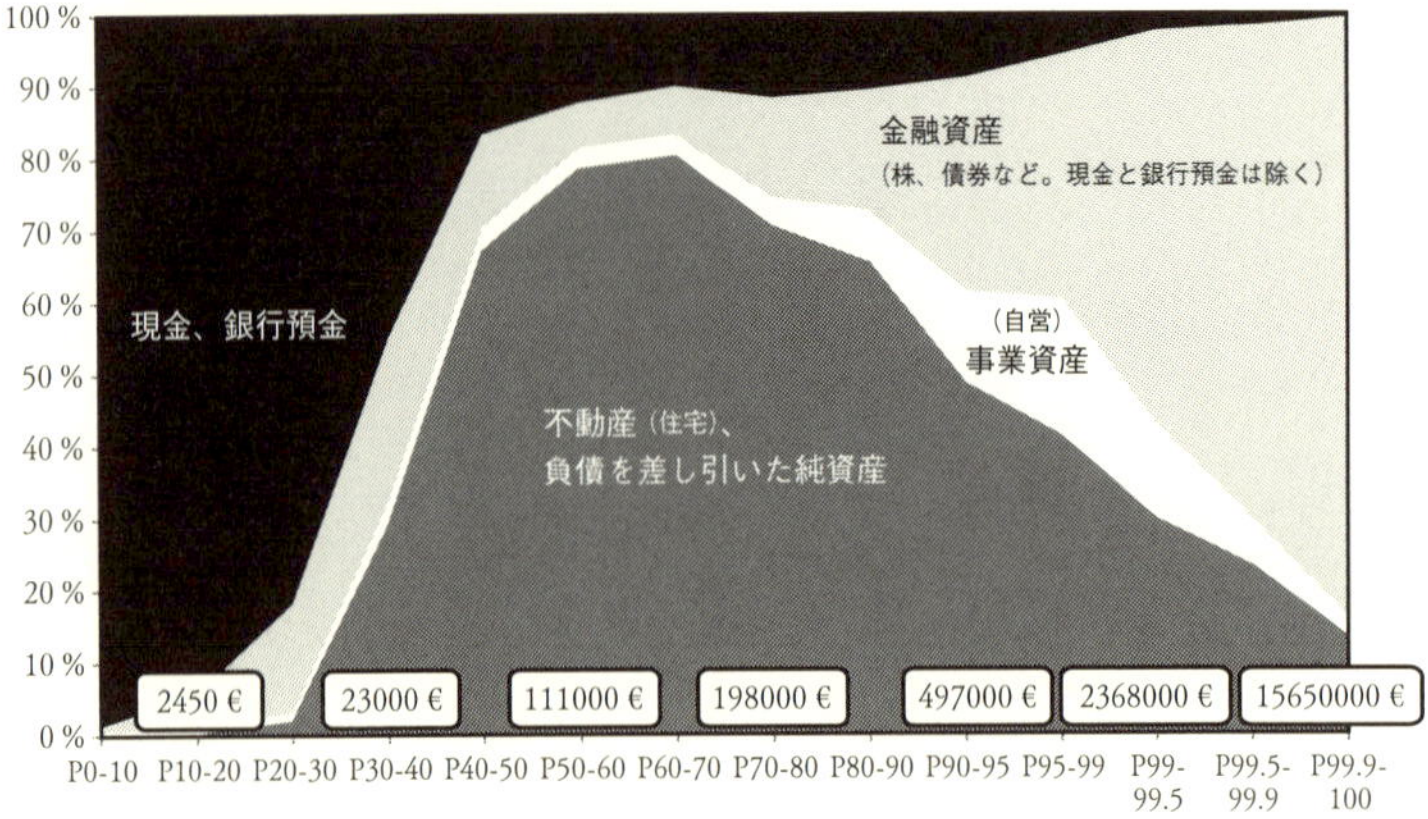


**図1　フランスの財産構成　2015年**

解釈：2015年のフランスでは（データが入手可能なすべての国と同様に）、小規模財産は主に現金と銀行預金、中規模財産は主に不動産、大規模財産は主に金融資産（特に株）で構成されていた。

注：ここで示されている分布は、成人1人当たりのものである（夫婦の財産は2で割ってある）。

出所と時系列データ：piketty.pse.ens.fr/ideology を参照。Thomas Piketty, *Capital et idéologie*, 前掲書 p. 647〔邦訳ピケティ『資本とイデオロギー』図11-17〕

金融資産の70パーセント以上を占める最上位1パーセントの富裕層の資産が140万ユーロから450万ユーロへと3倍以上に増加したことだ。資産の90パーセントを金融資産が占め、ISF廃止の主な受益者である最上位0・1パーセントの富裕層については、その資産は400万ユーロから2000万ユーロへと5倍になっている。このように最高金融資産は不動産資産よりも急速に増大しているが、もし税の流出が起きていれば、逆の現象となるはずである。

　さらに、他のすべての国と同じくフランスの長者番付でも、これと同じ結果が見られる。フォーブス誌によると、ほぼ金融資産のみで構成される世界の最高額資産は、1980年代以降、（インフレとは別に）年率6－7パーセントで増加している、すなわち、GDPや世界の一人当たりの富の増加率の3、4倍のスピードである。これは、起業家の有益なダイナミズムを示す救世主的な兆候だと考える人もいる。しかし実際には、多くの相続財産（最近、相続人が行方不明になったロレアルの財産など）についても同じような増加が見られる。このような推移は、ヨーロッパや米国、ロシア、メキシコ、インド、中国において、特にエネルギー、通信、新たなテクノロジーの分野で、有利な民営化や、特に利益の大きい独占が見られたことにも起因している。いずれにしても、これらのさまざまな要因の重要性についての意見がどうであれ、1・5パーセントや2パーセント（あるいはそれ以上）という従来より高い税率で富裕税を課したとしても、こうした速さで成長している税収基盤に対する深刻な脅威になどならない。したがって、最も好調な人々に贈りものをする以外の優先事項があることには同意できるはずだ。

ISFをいきなり完全撤廃するのを避けるために、ISFを不動産富裕税（IFI）に置き換えるという政治的な策略については、ただただ言葉を失う。家やビルに資産を投資している人が、金融ポートフォリオやヨットなどの動産に投資している人より多くの税金を支払わなければならないことについて、筋の通った理由など見つからない。国会議員たちは、このような茶番に手を貸すために選ばれたわけではないことを忘れないでほしい。

＊　本コラム掲載当時、マクロン政権は税制改革で富裕税（ISF）を廃止し、代わりに課税対象から金融資産等を除外した不動産富裕税（IFI）を導入する方針を示し、翌年の2018年に実施された。

# 2018年予算、若者が犠牲に　2017年10月12日

2018年予算の議論では、これまで最富裕層への優遇措置に焦点を当ててきた。実際、ISFの廃止や、配当金や利息に対する優遇措置によって、フランスの国家予算は50億ユーロ以上の損失を被ることになる。しかし、コインの裏側、つまり2018年予算について損失を被る人たち、特に高等教育の学生一人当たりの支出の減少の犠牲になった若者たちにも目を向けることが重要である。またそうすることで、前回のコラム(1)に関連してインターネットユーザーから寄せられたいくつかの指摘をここで紹介することもできるだろう。

公式には、政府が提出したばかりの2018年予算案では、高等教育予算は若干増額されている。フランスの大学および高等教育機関に割り当てられる運営費および設備費のすべてをカバーする「高等教育および大学研究」プログラムの予算は、2017年の133億ユーロから、2018年には134億ユーロに増額されることになるからだ(2)。

2008年以降の、サルコジ政権とオランド政権によって示された国家予算の流れをたどってみると、同様のコミュニケーション戦略を見ることができる。高等教育に割り当てられる予算の増加は最低限であるにもかかわらず、たとえわずかであっても増額させていることで一般の目をごまかそうと

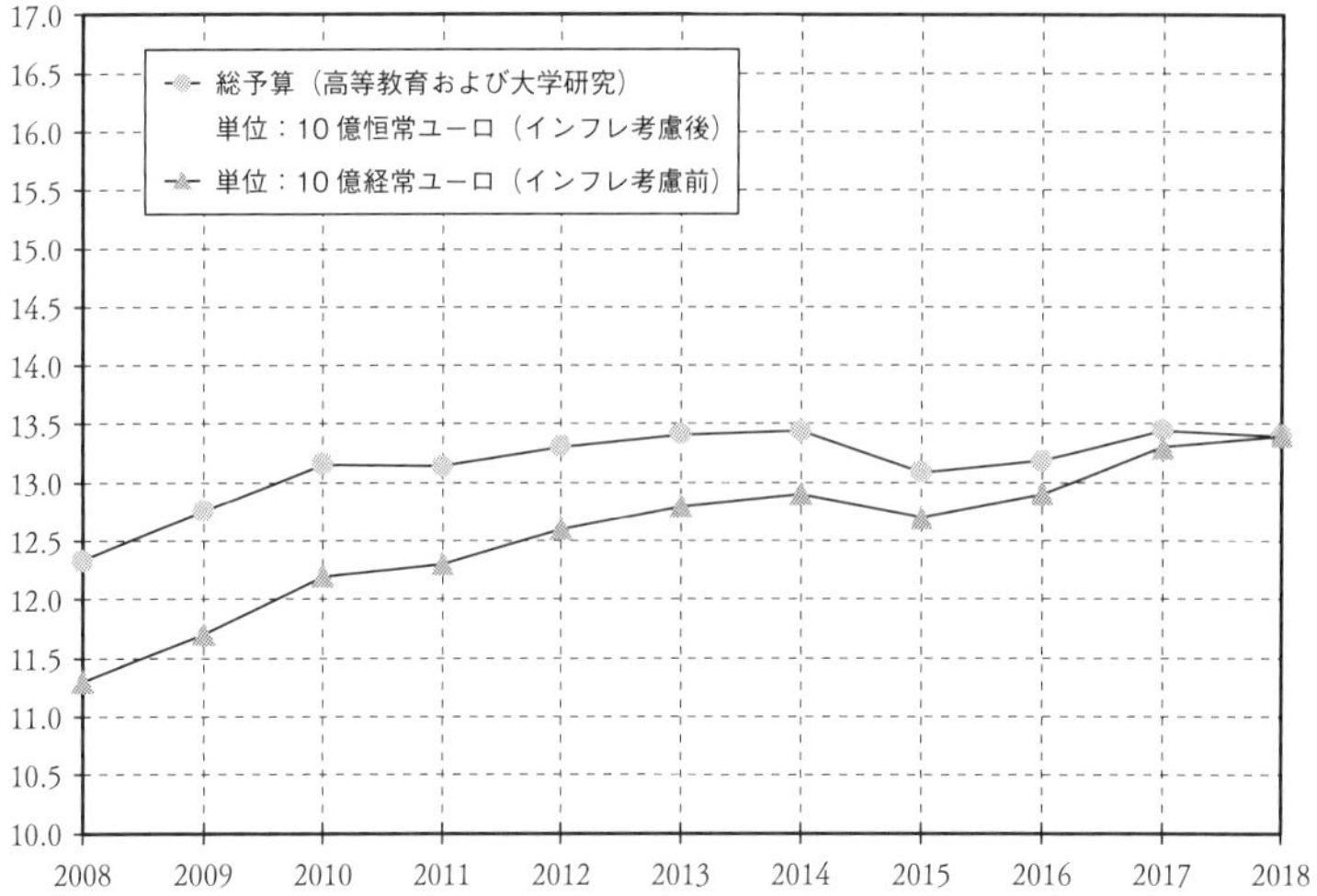


**図1　フランスの高等教育予算の推移**

出所：高等教育省の予算データから著者が計算。

する戦略だ。「高等教育・大学研究」の名目予算の総額は、2008年の113億ユーロから、2018年には134億ユーロになった。表向きの面目は保たれ、大学は守られたというわけだ！　しかし、これはとりわけお粗末な目くらましである。まず、物価の上昇を考慮しなければならない。たとえ毎年の物価上昇率は小さかったとしても（2017年は約1パーセント、2018年もおそらく同じくらいと考えられ、それだけですでに2018年に提案されている高等教育の名目予算の1億ユーロの増額分を上回っている）、10年間では10パーセント近くになり、2008年から2018年までの名目上昇分の半分強を吸収するのに十分である。恒常ユーロ換算で、すなわちインフレ率を考慮に入れて計算すると、高等教育予算は10年間で124億ユーロから134億ユーロに増加していることがわかる（図1参照）。

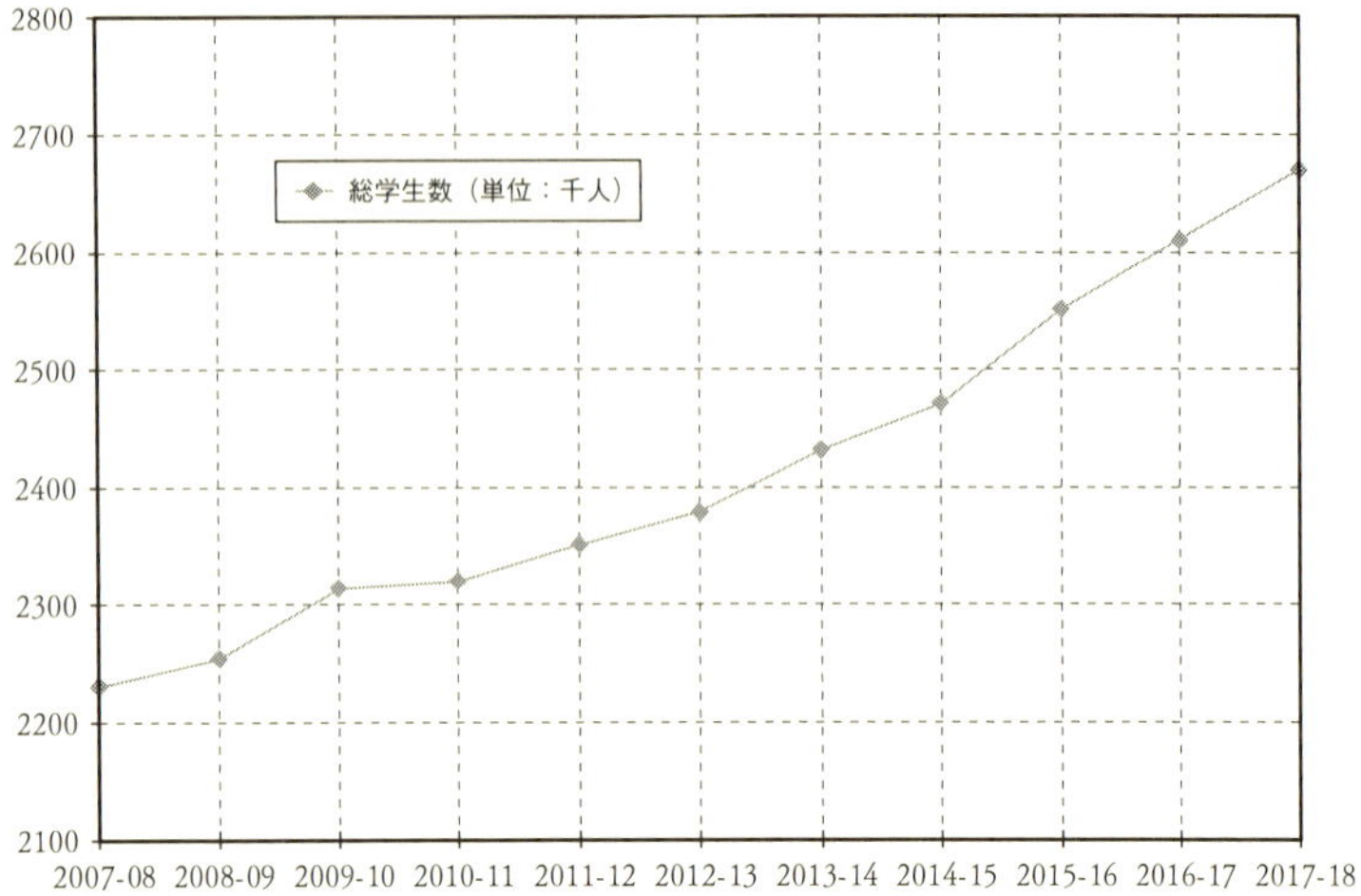


**図2　フランスの総学生数の推移**

出所：高等教育省の予算データから著者が計算。

何より、学生数がかなり増えていることを考慮しなければならない。２００８年には２２０万人強だった学生数は、２０１８年には２７０万人弱、つまり約20パーセント増加している（ここでは単純に政府が発表している学生数と２０１７－２０１８年の予測数を使用している）（図２参照）。

　高等教育予算の増加（恒常ユーロ換算で10パーセント程度）と学生数の増加（20パーセント程度）を突き合わせてみると、「２００８年から２０１８年までにフランスでは学生一人当たりの予算が10パーセント近く減少した」という無視できない結論が引き出される。

　はっきり言おう。このような教育予算の削減は、完全に時代錯誤と非難されて当然のものであり、さらにはＥＵの公式な言説と明らかに矛盾している。ＥＵは、優先目標は教育とイノベーションへの投資であると高らかに宣言してい

**図3　フランスの学生１人当たりの予算の減少（2008年の値を100とした場合）**

解釈：フランスでは、2008年から2018年にかけて学生数は20%増加したが、高等教育予算の増加率は10%未満（恒常ユーロ換算）だったため、学生１人当たりの支出は10%減少した。

出所：高等教育省の予算データから著者が計算。

るにもかかわらず、その目標を達成するための資金がきちんと投入されているかどうかについては、ほとんどチェックしていない。声高に叫んでおきながらこんなふうに沈黙する。これは、さまざまなＥＵ機関が、常日頃からあらゆる種類の改革について点数化しては教訓を垂れる力があるという事実とは、奇妙なぐらい対照的である。フランスの学生一人当たりの投資額を２００８年から２０１８年までに10パーセント削減することから始めて、どうやって今から２０２０年までに「世界で最も競争力のある知識ベース経済」（２０００年にリスボンでＥＵの指導者たちが宣言した目標で、当初は２０１０年を目標としていたが、その後定期的に変更されている）を実現するつもりなのだろう？

　さらに言いたいのは、明らかに、学生数が増えていること自体が問題なのではなく、むしろその逆だということだ。学生数の増加は、フランスの人口動態のダイナミズムを反映し、若者がより多くの教育を求めているという事実を示しており、それ自体はむしろすばらしいことである。高い教育水準があるからこそ、フランスは社会的および経済的に世界で最も生産性の高い国のひとつになっているのであり、今後もそれを継続していくべきだ。ただし、そのためには必要な資金を投じなければならない。現状ではそれがまったくできていないのだ。特に大学では、10年前の時点ですでに資金が非常に欠乏していて、その後、状況はさらに悪化している。こんな政策でフランスの将来をきちんと準備できると本当に思っているのだろうか？この悲しい状況については、もちろんこの10年間に相次いで発足した、サルコジ、オランド、マクロン政権が連帯責任を負うべきであり、その大部分は、ユーロ圏諸国による２００８年の危機管理の不手際[3]によって説明できる。この悲惨な危機管理が、高い失業率と将来への乏しい投資という、まぎれもない若者の犠牲につながったのだ。

もちろん、現政権が特別な責任を負っていることに変わりはない。いまや目標設定を修正し、２００８年以降の数々の過ちを認識することが急務だからだ。また、２０１８年予算案では、最富裕層の減税のためにはすぐに50億ユーロを充てる選択をしたのに、大学や高等教育へ充当するのはたったの1億ユーロだ（しかも、これはすぐにインフレで吸収されるだろう）。ＩＳＦの軽減とフラット・タックスについては賛否両論あるとしても（個人的な意見としては、高い金融資産がフランスで非常に好調であり、税の流出がまったく見られないことを考慮すると、これは絶対に不当であると思う[4]）、この二つの数字を比較すれば誰もが、そこに見られる現政権の奇妙な優先順位に驚かずにはいられないだろう。

政府がこの50億ユーロを高等教育に充てることを選択していたら、２０１８年の予算を40パーセント近く（正確には50億ユーロ／134億ユーロで37パーセント）増やすことができただろう。その半分を高等教育に充てるだけでも、高等教育予算を20パーセント近く増大させることができただろう。それだけで、2008年から2017年までの減少分を相殺するのに十分であり、2018年の学生一人当たりの予算を2008年よりも約10パーセント増額できる。またこの数字は、フランスの大学が相対的にとても貧しいという事実と他で投じられている資金を考えれば、10年かけての増額としては決して過剰なものではないはずだ。

まとめると、イデオロギーによって最富裕層（実際には最高齢層に属することが多い）にすべてを捧げることを選択したことで、教育や将来への投資を優先すべきであるにもかかわらず、2018年予算は若者に背を向けている。最も悲しいのは、フランスの高等教育制度に必要な根本的な改革が、あまりにも長いこと先送りされてきたことだ。すなわち、大学とグランゼコールの間の格差を是正し、バカロレア取得後の進学振り分け制度であるAPB*の運用に民主的な透明性を持たせなければならない(5)。しかし、このような改革を成功させるためには、まず大学への投資の減少に歯止めをかけることから始める必要がある。政府が高等教育予算削減に加えて大学入学者選抜を導入しようとするなら（これは「資力による選別」の別の形にすぎない）、いずれは深刻な事態に陥るだろう。

＊　2009年から2017年まで運用されていたWEBプラットフォームで、大学（3年）・短期課程（2年）・グランゼコール準備学級への入学を振り分けるもの。マクロン政権で2018年1月15日より導入された「高等教育入学者調整手続き」の前身。

## トランプとマクロン、似たもの同士　２０１７年12月12日

トランプとマクロンについては、外国人嫌いで気候変動に懐疑的なツイートをする下品な米国のビジネスマンと、異文化間の対話や持続可能な開発に関心を寄せている見識高い欧州精神の持ち主という対比をするのが通例となっている。この対比はまったくの嘘というわけでもなく、しかもフランス人の耳には非常に心地よい。しかし、二人の政策をよく見てみると、共通点が多いことに驚くはずだ。特に、トランプとマクロンはきわめて似かよった税制改革を可決したばかりで、どちらも富裕層や流動性が最も高い階層に有利な課税ダンピングを、なりふりかまわぬ勢いで進めている。

振り返ってみよう。米国では、上院がトランプの税制改革法案を大筋で承認した。連邦法人税率は35パーセントから20パーセントに引き下げられ（加えて、多国籍企業の米国本社への還流利益はほぼ完全に課税を免除される）、企業所有者の所得に対しては約25パーセントの軽減税率が適用され（最高額の給与に適用される最高所得税率40パーセントの代わりに）、最高額遺産の相続税は大幅に軽減される（下院で可決された法案では、完全撤廃するとしていた）。

フランスのマクロンはどうかというと、以下のようになる。法人税を33パーセントから25パーセントへと段階的に引き下げ、配当金と利子には（最高額の給与に適用される55パーセントの税率の代わり

に）30パーセントの軽減税率を設け、最高額の金融資産や事業資産を対象とした富裕税は撤廃する（一方で、富裕度の最も低い人々にとっては固定資産税の負担がかつてなく重くなっている）。

アンシャン・レジーム以来初めてのことだが、米仏両国で、最も恵まれた社会階層の所得区分や資産区分に対して、明らかに例外的な税制を導入することが決定されたのだ。流動性を持たない大多数の納税者たちにとっては富裕層を優遇する以外の選択肢がないというのが、反論の余地がないものとして毎回引き合いに出される論拠である。優遇しなければ富裕層はすぐに国を離れ、彼らからの恩恵（雇用、投資、その他の庶民には手の届かないすばらしいアイデア）を受けることができなくなってしまうというのだ。トランプは「ジョブ・クリエーター（雇用を創出する人たち）」、マクロンは「プルミエ・ドゥ・コルデ（ザイルパーティーの先頭）」と、大衆が大切にしなければならない新たな恩人を形容する言葉こそ違うが、その中身は同じである。

トランプもマクロンも、おそらく誠実なのだろう。しかしどちらも、グローバル化がもたらす格差の問題についてまったく理解していない。ふたりとも、自分たちが優遇している階層が、ここ数十年の成長のなかで並はずれたシェアを独り占めしてきた階層であるという、十分に裏付けのある事実を考慮に入れることを拒んでいる。彼らがこの現実を否定することで、私たちは大きく三つのリスクを負うことになるのだ。第一に、豊かな国では、労働者階級の「見捨てられ感」が、グローバル化、特に移民に対する拒絶的態度につながっていく。トランプは有権者の外国人嫌いに媚びることでどうにかごまかしているのに対して、マクロンはフランス世論の大半が寛容さと開かれた精神に執着することに賭け、自分の敵を反グローバリストとして拒絶することで政権を維持したいと考えている。しかし実際には、米国のオハイオ州やルイジアナ州だけでなくフランスやスウェーデンでも、移民に対する拒絶のこのような広がりは、将来への脅威をはらんでいるのだ。

第二に、格差に取り組もうとしないことが、気候変動問題の解決を著しく困難にしていく。ルカ・シャンセルが示したように[1]、地球温暖化によって必要となるライフスタイルの大幅な変更は、努力の公平な配分が保証されないかぎり受け入れられないかもしれない。最富裕層がSUV車やマルタ島籍のヨット（「パラダイス文書」で明らかになったように、付加価値税（VAT）を含むすべての税金が免除されている）で地球を汚染しつづけているというのに、最貧困層がどうして炭素税の必要な増税を受け入れられるだろう？

第三に、グローバル化による格差拡大の傾向を是正しようとしないことは、世界の貧困を減らすための私たちの力にきわめて悪い影響を与える。12月14日に発表される予定の「世界不平等報告書」[2]の画期的な予測によると、選択された政策や格差の推移次第で、今から2050年までに世界の最も恵まれない50パーセントの人々の生活状況がまったく違う道をたどることが明らかになっている。

最後に、楽観的な見方をしてみよう。マクロン大統領は机上では、トランプ大統領の単独行動主義よりも明らかに有望な、国際的および欧州内の協力関係へのアプローチを擁護している。問題は、いつになったら理論や偽善から抜け出せるのかだ。パリ協定の数カ月後に締結されたEUとカナダの間で交わされた自由貿易協定であるCETA（EU・カナダ包括的経済貿易協定）には、気候や税の公正さに関する拘束力のある措置はまったく含まれていない。いわゆるフランス流の欧州改革案は、フランス人の耳を誇らしさで震わせるものの、実際にはまったく曖昧なものである。ユーロ圏議会の構成やその権限もいまだにはっきりしない（もちろんこれは、マクロンにとっては重箱の隅なのだろうが）。

このように、すべてが空念仏に終わってしまう危険性が大きい。マクロンの夢がトランプの悪夢に行きつくことのないように、今こそつまらないナショナリズム的自己満足を捨て、事実に目を向けるべきである。

## 2018年、欧州の年　2018年1月16日

1929年以来の最も深刻な世界不況をもたらした2008年の危機は、過剰な規制緩和、格差の爆発的な拡大、最貧層の負債など、明らかに米国システムの弱点が目立ってきたことに端を発している。より平等で包括的な発展モデルを持つ欧州は、この機会をとらえて、グローバル資本主義のためのよりよい規制システムを推進することもできたはずだ。ところが残念なことに、加盟国間の信頼関係の欠如や、硬直したルールにとらわれて時宜にかなわないルールを適用してしまったことによって、EUは2011年から2013年にかけて新たな不況を引き起こした。今ようやくそこから回復しつつある。(1)

2017年にトランプが政権に就いたことで、米国モデルのさらなる欠点が露呈した。そのうえ代替モデル（中国、ロシア）の推移がほとんど安心できないものであることから、再び欧州モデルへの期待が高まっている。

ただし、その期待に応えるためには、欧州はいくつもの課題を克服しなければならないだろう。第一に、一般的な課題として、グローバル化による格差の流れがある。米国やブラジルよりは欧州のほうがましだと説明したところで、欧州市民を安心させることはできない。格差はすべての国で拡大し

ている。格差は、欧州が継続的に煽っている、最も流動性の高い人々を利する税率引き下げ競争の激化によって助長されているのだ。文化的アイデンティティを基盤とする孤立主義やスケープゴート化、つまり特定の人種や民族への責任転嫁の危険性を克服するには、労働者階級や若い世代に対して、格差を縮小して未来に投資するための真の戦略を提示することが必要だ。

二つ目の課題は、ユーロ圏内で劇的に深まっている南北の溝である。これはいくつかの出来事に対する相容れない二つの解釈の仕方から発している。ドイツやフランスは、ギリシャ人が金融市場で支払わなければならない金利よりは低いが、同じ市場で自分たちが借りる際の金利よりは高い金利でお金を貸したことから、自分たちがギリシャ人を助けたと考えつづけている。一方、ギリシャの見方はまったく違い、あれは北側にとってのおいしい儲け話だったととらえている。実際、カタルーニャ州がスペインからの分離独立を宣言するという劇的な結果をもたらした、EUの南欧諸国に対する緊縮策の押しつけは、ドイツとフランスの近視眼的な利己主義の直接的な結果である。

三つ目の課題は、東西の溝だ。パリでも、ベルリンでも、ブリュッセルでも、人々は巨額の公的移転の恩恵を受けた国々の忘恩ぶりが理解できない。しかし、ワルシャワやプラハでは見方が異なる。西欧諸国からの民間投資の収益率は非常に高く、今日、企業所有者に支払われている利益の流れは、EUからの公的移転という逆向きの流れをはるかに上回っている点が引き合いに出されるのだ。

実際、数字を見るなら、彼らの言い分には一理ある。共産主義の崩壊後、西側諸国（特にドイツ）の投資家は、旧東側諸国の資本のかなりの部分を段階的に所有するようになった。資本ストック全体（不動産を含む）を考えれば約4分の1、企業の所有権だけを考えれば半分以上（大企業ではさらに多い）を西側の投資家が所有しているのだ。フィリップ・ノボクメットの研究[2]によれば、ロシアや米国に比べて東欧では格差の拡大がそれほど見られないのは、単に東欧の資本から得られた高額所得の大半が外国に支払われているからだという（そもそもこれは、資本の所有者がすでにドイツ人やフランス人、ときにはオーストリア人やオスマン人だった、共産主義以前の状況にも似ている）。２０１０年から２０１６年の間に、利益などの資本所得の年間流出（流入分との差し引き後）は、ポーランドでは国内総生産（ＧＤＰ）の平均４・７パーセント、ハンガリーでは７・２パーセント、チェコでは７・６パーセント、スロバキアでは４・２パーセントを占めており、これらの国の国民所得はそれに応じて減少している。一方、同時期におけるＥＵからの純移転額、つまりＥＵ予算からの総支出額とＥＵ予算への拠出額の差は、ポーランドではＧＤＰの２・７パーセント、ハンガリーでは４・０パーセント、チェコでは１・９パーセント、スロバキアでは２・２パーセントと大幅に低くなっている（ちなみに、フランス、ドイツ、英国は、ＧＤＰの０・３－０・４％程度をＥＵ予算に掛け値なしに拠出している）。

西側の投資は対象となった経済の生産性を向上させ、すべての人に利益をもたらしたではないかと反論する人もきっといるだろう。しかし、東欧の指導者たちは、投資家が強者の立場を乱用して賃金を低く抑えて過剰な利幅を維持している点を、あらゆる機会をとらえて指摘している[3]。逆に、主要な経済大国のほうは、ギリシャに対してと同じように、格差を当然のこととみなす傾向がある。彼らは、市場と「自由競争」は富の公正な分配をもたらすという原理から出発し、この「自然な」均衡から行なわれた移転はシステムの勝者側の寛大な行為だと考えるのである。実際には、所有権の関係性は常に複雑であり、特にＥＵのような大規模な政治的共同体においては、市場の見えざる手だけで調節で

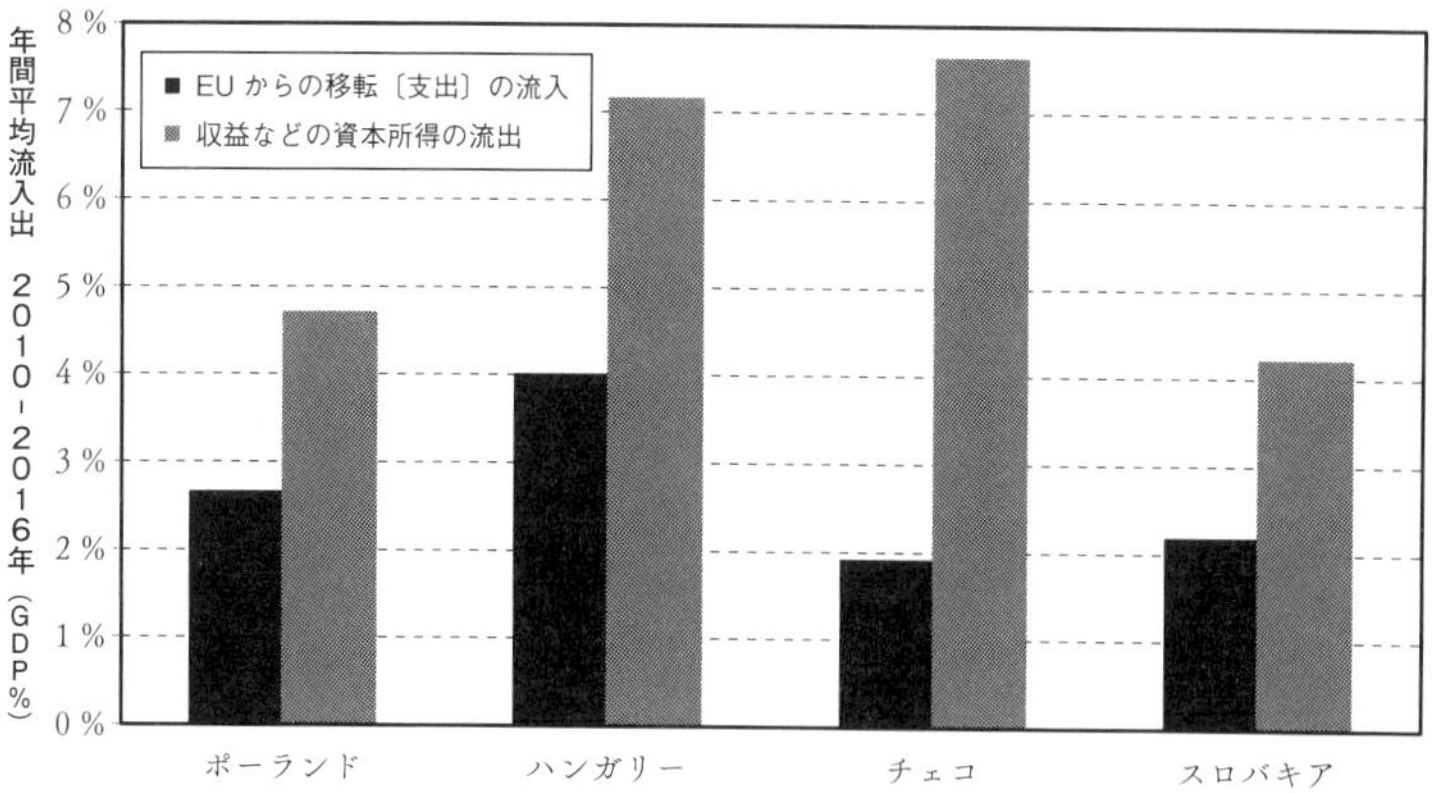


**図1　東欧諸国の流出入**

解釈：2010-2016年、EUからの純移転の年間流入（EU予算からの総支出額とEU予算への拠出額の差）は、平均するとポーランドでGDP比2.7％だったが、同期間の利益などの資本所得の流出（対応する流入分差し引き後）はGDP比4.7％にのぼった。ハンガリーでは、これらはそれぞれ4.0％と7.2％だった。

出所と時系列データ：piketty.pse.ens.fr/ideology を参照。Thomas Piketty, *Capital et idéologie*, 前掲書 p. 743〔邦訳ピケティ『資本とイデオロギー』図12-10〕

きるものではない。
　知的および政治的な大規模な改革と、EU機関の真の民主化なくしては、このような矛盾は克服できないだろう(4)。2018年が、その年となることを期待しよう。

## ロシアの資本　2018年4月10日

来月、カール・マルクスは200歳になる。ソ連時代、一貫して「マルクス・レーニン主義」を主張してきたロシアの悲しい現状を彼はどう思っているのだろうか？　おそらく、彼の死後かなり経ってから誕生した政権に対する責任はいっさい負わないと言うことだろう。マルクスが育ったのは、検閲によって抑圧され、私有財産が神聖化されていた世界であり、奴隷所有者であっても財産を侵害された場合には手厚く補償されることになっていた世界だ（トクヴィルのような「自由主義者」にとっては、これは当たり前のことだった）。マルクスには、20世紀における社会民主主義や社会国家の成功を見越すことは難しかった。マルクスは、1848年からヨーロッパで起こり、ウィーン体制の崩壊を招いた革命の時には30歳で、ケインズが生まれた1883年に亡くなった。ふたりとも時代の鋭い記述者ではあったが、彼らを未来の完成された理論家とみなしたのはおそらく間違いだった。

とにかく、1917年に権力を握ったボリシェヴィキの行動計画は、マルクス主義が「科学的社会主義」と呼ばれているのとは裏腹に、彼らが主張するような「科学的」なものではなかった。私有財産が廃止される――それはよしとしよう。しかし、生産関係はどのように組織され、誰が新たな支配者となるのか？　国家と計画経済の巨大な機構のなかで、どのようなメカニズムで意思決定がなされ、富が分配されるのか？　解決策がないなかで権力は超私物化され、結果が出ないなかですぐにスケープゴートが見つけ出されて監禁され、粛清がエスカレートしていった。スターリンが没した1953年には、ソ連の人口の4パーセントが投獄されていたが、その半分以上は「社会主義財産の窃盗」など、日常生活を改善するためのちょっとした盗みだった。これは、ジュリエット・カディオが描いた「泥棒社会」であり、民衆の解放者となるはずだった体制の劇的な破綻を示している。これほどの規模の収監の上を行く例は、今日の米国の黒人男性の例くらいだろう（米国では黒人の成人男性の5パーセントが刑務所に入っている）。

ソ連政府はインフラ、教育、医療に投資したことによって、たしかにある程度の立て直しを図ることができた。というのも、革命前の一人当たりの国民所得は、西欧諸国の30‐40パーセント程度で停滞していたが、1950年代には60パーセント以上にまで伸びたからだ。しかし、1960年代から1970年代にかけて西欧諸国との差は再び大きくなり、平均寿命も短くなる（これは平時としては異例の現象である）。政権は崩壊寸前だった。

ソ連とその生産機構の解体は、1992年から1995年にかけて生活水準の低下をもたらした。一人当たりの所得は2000年から再び増加しはじめ、2018年には購買力平価で西欧の水準の約70パーセントとなっている（ただし、ルーブル安を考慮して現在の為替レートを用いると、その半分になる）。残念ながら、格差は公式統計データが見せかけているよりもはるかに急速に拡大している。(1)

より一般的に言えば、ソ連時代の大失敗によって、ロシアは再分配に関するあらゆる野心を放棄してしまった。2001年からは、所得が1000ルーブルだろうが1000億ルーブルだろうが、所得税は13パーセントである。レーガンやトランプですら、累進課税の解体をそこまでは進めなかった。ロシアには、中国と同じく相続税は存在しない。アジアで心安らかに財産を残したいのであれば、旧共産圏の国で死ぬほうがいい。特に台湾や韓国、あるいは最近相続税が50パーセントから55パーセントに引き上げられた日本などの資本主義国で死ぬのは、絶対に避けたいところだ。

しかし、中国が資本の流出と民間財産の蓄積に対する一定のコントロールを維持できているのに対し、プーチンのロシアは際限のない野放しの泥棒政治《クレプトクラシー》*を特徴としている。1993年から2018年まで、ロシアは年平均でGDP比約10パーセント、25年間の通算でGDP比250パーセント（GDPの2年半分）という巨額の貿易黒字を計上してきた。原則的には、それで同じぐらいの留保金の蓄えが可能になるはずだった。これは、有権者の監視の下で蓄積されてきたノルウェーの政府系ファンドとほぼ同等の規模である。しかし、ロシアの外貨準備高はその10分の1で、GDPの25パーセントにすぎない。

では、お金はどこへ行ってしまったのだろうか。私たちの推計によると、ロシアの富豪たちが保有するオフショア資産だけでもGDPの1年分を超え、ロシアの世帯が保有する公式の金融資産合計とほぼ同じ額である。言い換えれば、この国の天然資源（ついでに言わせてもらえば、これは地球温暖化防止のためには地中に残しておいたほうがよかったと思う）が大量に輸出され、少数の人たちがロシアや世界の莫大な金融資産を保有することを可能にしている不透明な構造を支える資金源となっているのだ。このようなロシア人の富豪たちは、ロンドンやモナコやモスクワを行き来しているが、なかにはロシアから一歩も出たことがなく、オフショア法人を介して自分たちの国の富を保有している人もいる。また、数多くの仲介業者や欧米企業もこの過程で大きなおこぼれにあずかっており、今もスポーツやメディアの分野で同じことが続けられている（これを「慈善」と呼ぶこともあるようだ）。その横領の規模は歴史上類を見ない。

欧州は、貿易制裁を科すよりもむしろ、こうした資産を非難してロシア世論に訴えるほうがいいのではないだろうか。ポスト共産主義は今日、ハイパー資本主義の最悪の味方となり果てている。マルクスはこれを皮肉な結果だと思うだろうが、だからといって、この状況を黙って受け入れていいわけではない。

＊　官僚や政治家などの支配階級が民衆の資金を横領して個人の富と権力を増大させる腐敗した政治体制。

# 五月革命と格差　2018年5月8日

1968年の五月革命[*1]は、葬り去るべきなのだろうか？　否定派によれば、五月革命の精神が個人主義、さらには超自由主義を蔓延させたのだという。実際には、そのような主張は検討に堪えうるものではない。それどころか、この五月革命運動が皮切りとなって、フランスの社会的不平等が大きく是正されていく歴史的な時期が始まったのだ（この格差是正の動きは、その後まったく別の理由で失速してしまったが）。冒頭の質問は重要である。なぜなら、その答えが未来を決めるからだ。

時代をさかのぼってみよう。1945年から1967年にかけて、フランスでは大きな経済成長が見られたが、その一方で、国民所得に占める利潤、つまり資本所得の割合（資本分配率）が急増すると同時に、賃金階層が再構成されるなど、格差の再拡大が見られた。1945年には31パーセントそこそこだった所得上位10パーセントが総所得に占める割合は、徐々に増大して1967年には38パーセントになった。当時、国全体が復興に集中しており、特に戦争（破壊、インフレ）やパリ解放の政治的混乱（社会保障、国有化、給与体系の厳格化）の後に格差が大幅に縮小したことを誰もが実感していたことから、格差縮小は優先課題ではなかった。

こうした新しい状況のなかで、1950年代から1960年代にかけて、管理職や技術者の賃金は低賃金層や中間賃金層よりも構造的に速く伸びていったが、当初は誰もそのことを気にかけていないようだった。１９５０年に最低賃金が設定されたが、その後ほとんど再評価されなかったため、平均賃金の伸びとの差は大きく開いていく。１９６０年代の社会はかつてないほど父権的で、賃金総額の80パーセントが男性に支払われていた。女性には多くの仕事が与えられていたものの（特に子供の世話と工業時代に励ましと優しさをもたらすという使命）、財布の管理は明らかにその仕事には含まれていなかった。当時の社会には生産第一主義も深く浸透していた。１９３６年に約束された40時間労働は、依然として適用されていなかった。というのも、国の経済を回復させるために、労働組合が最大限の時間外労働を承諾していたからだ。

この流れが変わったのが１９６８年だった。危機を脱するため、ド・ゴール政権は、特に最低賃金の20パーセント引き上げを含むグルネル協定[*2]に署名した。部分的とはいえ公式に最低賃金を平均賃金に合わせてスライドさせるようになったのは、１９７０年のことだ。だが何よりも１９６８年から１９８３年までの歴代政府は、社会的・政治的状況が騒然としているなかで、ほぼ毎年、最低賃金を大幅に引き上げざるを得なかった。１９６８年から１９８３年にかけて、最低賃金購買力は合計で１３０パーセント以上も上昇したが、平均賃金は約50パーセントしか上がらなかったため、賃金格差が非常に小さくなった。その前の時期との違いは、大きくはっきりしていた。というのも、１９５０年から１９６８年にかけては、平均賃金が2倍以上に上昇したのに対して、最低賃金購買力はわずか25パーセントしか上昇しなかったからだ。１９６８年から１９８３年には、最低賃金の急上昇に引っ張られ、賃金総額の上昇が生産高の上昇を大幅に上回り、国民所得に占める資本の比率（資本分配率）は急減した。これは、労働時間の短縮や有給休暇の延長などを通して実現した。

１９８２年から１９８３年にかけて、この流れが再び逆転する。１９８１年５月の選挙で誕生した社会党のミッテランによる新政権は、当然のことながら、それまで続いてきた傾向がいつまでも続くことを望んでいただろう。しかし、新政権にとっては不幸なことに、社会運動に押された右派政権が、議会制民主主義を出し抜く形で、すでに最低賃金の大幅な引き上げを行なっていた。不平等を是正する運動を継続させるためには別の施策を考える必要があったのだ。たとえば、企業における従業員への実権付与、教育への大規模な投資と平等、国民皆保険の確立や年金制度の統一、社会的および税務的に統一された欧州の発展などである。しかしそうする代わりに、政府は１９８３年に緊縮財政政策に転換するにあたって、賃金凍結とは何の関係もない欧州をスケープゴートとして利用した。だが、経済が開かれていようが閉じていようが、最低賃金はいつまでも生産高の３倍の速さで上昇することなどできない。

さらに悪いことに、１９８８年以降、フランス政府は法人税に関する欧州の課税ダンピングの動きに大きく寄与し、１９９２年のマーストリヒト条約では、共通の予算も税制もなく、政治的ガバナンスもない状態で、徹底した通貨・貿易連合として、EUを設立した。国家なき、民主主義なき、主権なき通貨。２００８年の危機の後、私たちはこのモデルがいかに脆弱であるかを目の当たりにし、それが10年に及ぶ不況の原因となり、今ようやくそこから抜け出そうとしている。

今日、社会民主主義は欧州全域で危機に瀕している。これは何よりも、国際主義が頓挫した結果である。20世紀、特に１９５０年代から１９８０年代にかけて、資本と労働の間の新たな妥協点は、それぞれの国民国家のなかで考えられ、実現された。それは紛れもない成功を収めたが、同時に非常に脆弱なものだった。各国の政策は、激化していった国家間競争のなかで身動きがとれなくなってしまったからだ。解決策は、五月革命の精神や社会運動に背を向けることではない。逆に、格差を是正するための新たな国際主義的プログラムを開発するために、その精神を土台にしなければならないのだ。(1)

＊1　1968年5月にパリで起きた、ゼネストを主体とした学生主導の労働者・大衆の一斉蜂起とそれに伴う政府の政策転換。
＊2　1968年5月27日に政労使が労働条件の改善に合意して結んだ協定。

# 欧州、移民、貿易　２０１８年７月10日

欧州の指導者たちがＥＵへの加盟条件を厳しくしようとしている今、移民の現状、そして一般的に、グローバル化における欧州の位置づけをより明確にしようとすることは無駄ではないだろう。利用可能なデータは不完全ではあるが、おおよその大きさを測るには十分だ。最もよくそろっているデータは、各国から提供された人口統計をもとに国連人口部が根気よく均質化処理を行なって作成したものだ。[1]世界のさまざまな国における移民の流入や流出の推移に関する情報を提供してくれるこれらの情報には、今後数十年の見通しを示す精巧な「世界人口推計」も含まれている。最新のデータを見ると二つの事実がはっきりと見えてくる。

まず、豊かな国への移民流入数（流出を差し引いた数）は、２０１０年以降減少している。１９９０年から１９９５年は年間２０００万人前後、１９９５年から２０００年は２５００万人で、その後２０００年から２０１０年には３０００万人以上に増加しているが、２０１０年から２０１８年には２０００万人前後に減少しており、国連の予測によれば今後数年間はこのレベルで推移するという。豊かな国の人口は約10億人（ＥＵで5億人、米国・カナダで3億５０００万人、日本・オセアニアで1億５０００万人）なので、移民の流入は１９９０年代には年間０・２パーセント以下、２０００年から２０１０

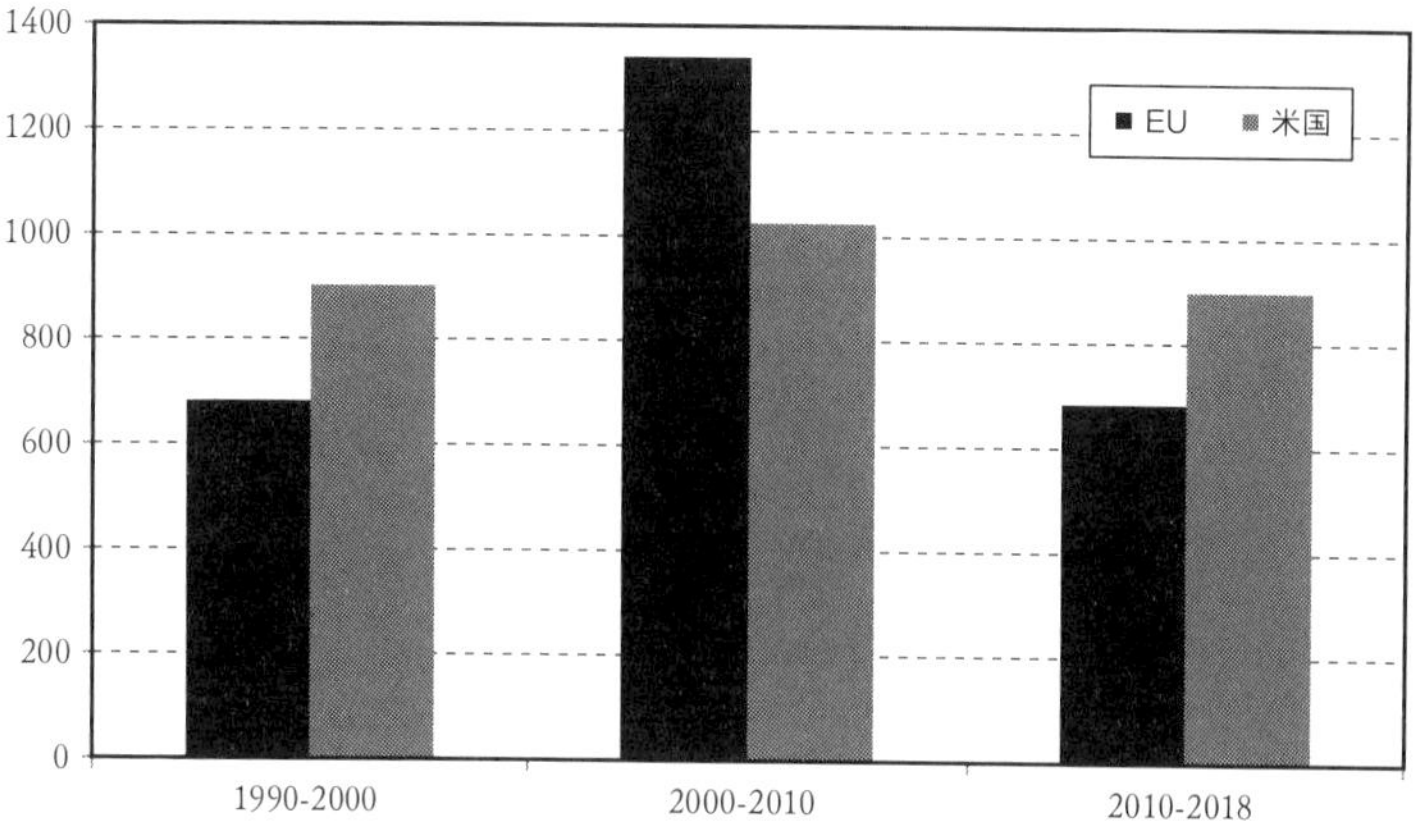


**図1　EU および米国への移民流入（流出分差し引き後）（単位：千人／年）**

解釈：EU への移民流入（流出分差し引き後）は、2000–2010年までは平均で年間140万人だったが、2010–2018年には約70万人だった。
出所：国連「世界人口推計」（2018年版）

年にかけては０・３パーセント近くにまで上昇したが、２０１０年以降は再び０・２パーセント以下に下がったことになる。このような移民の流れはわずかなものに思えるかもしれない。ある意味ではたしかにそうである。１９９０年から２０１８年にかけてのグローバル化は、まずは金融と商業を中心としたもので、１８７０年から１９１４年に見られたような移民のレベルにはまったく達していない。

ただし、過去のグローバル化と異なる点がある。新しい移民の流れがより多くの文化の混合をもたらしている点（かつては主に北大西洋地域の内部で起こっていた）、さらに、人口統計学的に停滞しているという背景で起こっている点である。多くの豊かな国では、年間出生数が人口の１パーセント未満となっている。つまり、年間０・２パーセントまたは０・３パーセントの移民の流入は、いずれ人口構成に変化をもたらすことになる。このこと自体はもちろん問題ではないが、最近の経験に照らすと、特に必要な雇用創出や住宅・インフラ整備を促進するための適切な政策が進められない場合、不幸にもアイデンティティを基盤とした政治的搾取の傾向が強まる恐れがある。

国連のデータから得られる二つ目の興味深い結論は、移民の流れの減少が主に欧州で起きていることだ。EUへの移民流入数（流出を差し引いた数）は、2000年から2010年にかけては年間140万人ほどだったが、2015年に難民流入がピークに達したにもかかわらず、2010年から2018年は年間70万人以下と半減しているのだ。2008年の不況からの回復が欧州よりも容易だった米国では、移民流入数はさほど変わっていない（2000年から2010年までは年間100万人、2010年から2018年までは90万人）。

三つ目の事実は、最初の二つの事実と関連づけて考えるべきだろう。欧州中央銀行（ECB）の最新データによると、2017年のユーロ圏の貿易黒字は5300億ユーロで、同圏のGDP（11・2兆ユーロ）のほぼ5パーセントに相当し、2018年も同様の傾向にある。(2) 別の言い方をすると、ユーロ圏諸国で生産された財やサービス100単位に対して、圏内で消費されたり投資されたりするのは95単位ということだ。その差は小さいように見えても、毎年繰り返されることによって実際にはかなりの差となる。経済の歴史のなかで、少なくとも貿易統計が始まって以来（つまり19世紀初頭以降）、これほどの規模の経済でこれだけ巨額の黒字を出した例はない。産油国のなかにはGDPの5パーセントあるいは10パーセントを超える黒字を計上している国もあるが、それでも世界経済と比較するとはるかに小さな経済規模であり、人口も少ない国が多い（その結果、幸運にも資源を保有している人々は海外でお金を貯めこむ以外にどうしていいのかわからずにいる)。このきわめて異常な、いずれにせよまったく前例のない状況は、主にドイツが牽引している。だが、これはドイツに限った話ではない。たとえば、イタリアは2015年以降、GDPの3パーセントを超える貿易黒字を計上している。「全知全能でいつでも効率的な市場」を信奉する人々にとって、この状況は高齢化の合理的な結果ということになるのだろう。つまり、今後の労働力や生産量の乏しさ、さらにはその消滅を見越して、欧州は単に「自分たちの老後」に備えているだけというわけだ。しかし実際には、政治的に無策のまま競争が激化し、賃金があまりに低く抑えられた結果、経済成長が阻まれ、貿易黒字が膨らんだと見るべきだろう。

また、ユーロ圏では現在、納税者が払う税金による税収が歳出を上回る基礎的財政収支の黒字が続いており、収支差の対GDP比は1パーセントを超えていることも忘れてはならない。トランプ大統領の財政赤字が米国の貿易赤字を悪化させているように、欧州の財政黒字は貿易黒字をさらに膨らませている。歯車がいつか再び統合に向けて動き出すためには、欧州はまず、投資と消費について学び直すべきだろう。

## 社会的排外主義というイタリアの悪夢　２０１８年９月11日

２０１８年春以降、イタリアでは、ベーシックインカムの創設を主軸とする反体制・反エリート政党であり、通常の左右の類型では分類できない〈五つ星運動〉[*1]と、地域主義・反税運動であり、現在は外国人狩りに特化したナショナリスト政党に再転換している〈同盟〉[*2]が手を組んだ、奇妙な社会的排外主義の連立政権が国を治めている。この驚くべき組み合わせをイタリアの異国趣味のせいにするのは間違いだ。実際、欧州のすべての国の政府は、絶望的で支離滅裂なこの種の連立政権の出現に責任を負っている。気をつけないと、社会的排外主義というイタリアの悪夢は、第一にはその欧州への影響によって、第二には同じような連合がいつかフランスを含む他の国に広がる可能性がないとは言えないという理由で、あっという間に私たちに大きな影響を与えることになるだろう。

要点をまとめてみよう。〈五つ星運動〉は、イタリア南部の労働者階級と無党派層の間で最も支持を広げた。社会問題や見捨てられた地域の開発に関する公約が、どの政党にも失望した人たちを魅了したのだ。一方、〈同盟〉は、特に北部で反移民の労働者票を集めたが、この地域には反税意識の強い経営者や管理職による基盤もある。当初は〈五つ星運動〉と民主党（かつての左派政党を再編成したもので、現在は中道左派と中道右派の中間に位置するが、その立ち位置ははっきりしない）の連立が構想さ

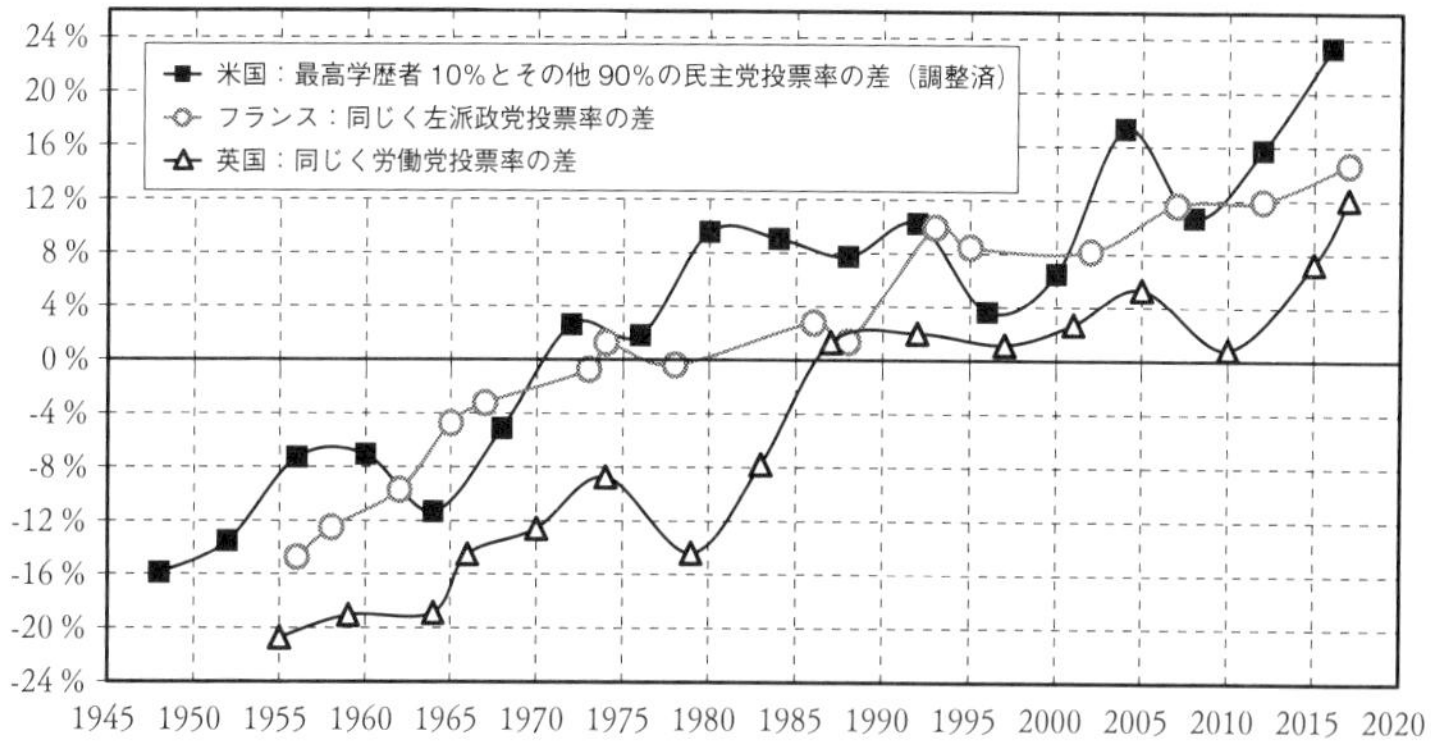


**図1　ヨーロッパ諸国と米国の左派投票者　1945–2020年**

解釈：1950–1970年には、米国の民主党投票者、フランスの左派政党（社会党、共産党、急進党、緑の党）投票者、英国の労働党投票者は、学歴が最も低い有権者だった。1990–2010年には、それが学歴が最も高い有権者となった。

出所と時系列データ：piketty.pse.ens.fr/ideology を参照。*Thomas Piketty, Capital et idéologie,* 前掲書 p. 844〔邦訳　ピケティ『資本とイデオロギー』図14–2〕

れていたが、民主党はポピュリスト、つまり〈五つ星運動〉の失敗に賭けることを選び、最終的には連立を断わった。

その後、〈五つ星運動〉と〈同盟〉は、前者が提唱するベーシックインカム（フランスの積極的連帯所得手当（RSA）に似ているかもしれない）と、後者が擁護するフラット・タックス、すなわちすべての所得レベルに対して同じ税率で課される税の導入を基本とした政策に合意した。これは、（高所得者ほど税率が高くなる）累進課税制度の完全な解体を意味し、税収が大幅に減少することになる。〈五つ星運動〉と〈同盟〉の連立はまた、何よりも乱暴な反難民政策に基づいている。〈同盟〉の党首であるサルビニ内相は、夏の間、あらゆるルールに反して、難民を乗せた救助船の接岸を阻止したが、そのおかげで世論調査では支持率が急上昇した。両党は、このほかにも、「知ったかぶりのエリート」や「強欲な製薬会社」に関連づけてワクチンに反対するなど、いくつかの突飛な措置で合意している。

このようなイデオロギーのカクテルをいったいどうしたら長持ちさせられるのだろうか？　フランスの状況を見ると、フランスの急進左派政党〈不服従のフランス〉は、今日、このような連合からは距離を置いていることがよくわかる。〈不服従のフランス〉の価値観の中心にあるのは、移民との連帯、そして累進課税の擁護だ（たとえ、メランション[*3]が最近、源泉徴収は「悪魔的な考え」であるとプジャード主義的な発言〔「プチブル」の反動的で偏狭な権利主張〕をしたとしてもだ）。〈五つ星運動〉が〈同盟〉の主張する「フラット・タックス」に同意したことは、彼らの政策に中心軸が欠けていること、また（１９９２年に戦後の政党システムが崩壊して以来進行している）イタリアの緩やかな政治的解体の有害な影響、さらには（「最も裕福な人たちが税金を逃れ、誰もそれについて何もできないのだから、いっそのこと公然と全員の税金を下げてしまおう」という）数十年来の反税のレトリックと課税ダンピングがもたらした被害を雄弁に物語るものである。

しかし、このようなカクテルがうまくいくとしたら、それは何よりもイタリアの指導者たちが、糾弾することに長けているからである。たとえば、自らは港や国境を閉鎖しながら難民についてイタリアに教訓を与えるフランス政府のエゴイズムや、より一般的には、イタリアに厳格な予算ルールを課すことで、イタリアが投資したり２００８年の危機とその後押しつけられた緊縮財政から立ち直ったたりするのを妨げている欧州の偽善に対して、その能力は発揮される。ハンガリーのオルバン首相とサルビニの会談で特に印象的だったのは、反移民の連帯が示されたことだ。「われわれは移民を陸路で止められることを証明したが、（サルビニは）海路で止められることを証明している」とオルバンは語った。サルビニの言葉にも注目すべきだろう。彼は、「欧州のエリートたちが私たちに拒んでいる、仕事、健康、安全を得る権利を第一に考えるために、今日ここにともに歩む旅路が始まり、これから数カ月の間に多くの段階が踏まれることになるだろう」と語った。

サルビニをそこまで危険な存在にしているのは、まさしく彼が排外的で社会的な言説と移民に関する言説、さらにそこに債務に関する言説を組み合わせる能力を持ち、しかも、それらをすべてエリートたちに共通する偽善の糾弾のなかにまとめてしまうためである。「欧州中央銀行（ECB）は銀行を救うために何十億ものユーロを刷ったのだから、債務の支払期限を延長してイタリアを助けてくれてもいいではないか？」。この真っ当に見えるレトリックは、EUがより優れた物語に置き換えないかぎり、魅惑的でありつづけるだろう。ポーランドやハンガリーでは、非自由主義政権もまた、親ヨーロッパ派の政府が拒否した家族手当や年金などの社会的措置の財源を確保することで世論に気を遣っている。

もちろん、「イタリア世論は、EUと最終的に対立することやリラとインフレへの回帰を今後も望まない」というほうに賭けることもできる。また、EUにとっては、経済回復と税の公正を実現する政策を実施することで、EUこそが労働者階級を守る最も高い能力をもっていると示すべきときが来ているとも考えられる。あちこちの中道派が一様に反社会的な自由主義政策を実施するかぎり、社会的排外主義は今後も勢力を拡大しつづけるだろう。

＊1　貧しい南部を支持基盤とする左派ポピュリスト政党。ベーシックインカム導入を公約として掲げた。
＊2　豊かな北部を支持基盤とする右派ポピュリスト政党。旧称〈北部同盟〉。
＊3　〈不服従のフランス〉の党首。

# ブラジル、脅かされる第一共和国　2018年10月16日

米国では、1960年代半ばになってようやく、元奴隷の人々が白人と同じバスに乗ったり同じ学校に通ったりできるようになり、同時に選挙権も獲得した。ブラジルでは、貧困層の選挙権は1988年の憲法から始まった。南アフリカで1994年に初の多民族選挙が行なわれたわずか数年前のことだ。

この比較は衝撃的だ。というのも、ブラジルは米国と南アフリカに比べてはるかに「混血」が進んでいる国だからだ。2010年に行なわれた前回の国勢調査では、人口の48パーセントが「白人」、43パーセントが「混血」、8パーセントが「黒人」、1パーセントが「アジア人」または「先住民」であると申告している。実際には、ブラジル人の90パーセント以上の血統は混血であると言われている。それでもなお、社会的分断と人種的分断とがいまだに密接に結びつき、ブラジルは、人種問題のない国である代わりに「心からの人種差別」の国だと言われることもある。この国では、民主主義は誕生したばかりでまだ脆弱なため、現在、非常に深刻な危機に直面している。

ブラジルでは1888年に奴隷制度が廃止されたが、当時は北東部のサトウキビ栽培地帯を中心に奴隷が人口の30パーセントを占めていた地域もあった。この国では、奴隷制という極端な関係性が解

消されたあとも、長い間、特に地主と土地を持たない農業労働者や小作人との間できわめて厳しい労働関係が続いていた。政治的に見てみると、1891年に制定された憲法では非識字者には投票権がないと明記されており、このルールは1934年と1946年の憲法にも引き継がれている。これにより、1890年には成人人口の70パーセントが、1950年には50パーセント以上、1980年には約20パーセントが選挙に参加することができなかった。実際には、元奴隷だけでなく、より一般的な貧困層が、1世紀にわたって政治から排除されていたのだ。それに比べてインドでは、過去から続いている非常に大きな社会的・身分的分断が存在し、深刻な貧困を抱えていたにもかかわらず、1947年には迷わず真の普通選挙を導入した。

ブラジル政府は、非識字者が政治的に排除されているからといって、積極的な教育政策を実施するというわけでもなかった。この国にこれほどの格差が存在しつづけているのは、主に財産を所有する階級が重い歴史的遺産を真に覆そうとしなかったからである。公共サービスや多くの人々に開かれた学校の質は、長きにわたってきわめて低く、現在も不十分なままだ。

教育の有無にかかわらず、すべての人に選挙権が与えられるようになったのは、軍事独裁政権（1964－1985年）が終わり、1988年に憲法が制定されてからだ。1989年に初めて普通選挙による大統領選挙が行なわれ、元旋盤工のルーラことルイス・イナシオ・ルーラ・ダ・シルヴァが決選投票にまで進み、〔僅差で敗北したものの〕47パーセントの票を獲得した。教育を受けていないことをあれほどばかにされ、海外に対して国の代表とするにはふさわしくないといわれていたルーラが、2002年の決選投票で61パーセントの票を得て勝利し、2006年にも同じ得票率で再選されたことは、まさしくブラジルが普通選挙の時代に入ったことの象徴といえよう。逆に言えば、（2010年は56パーセント、2014年は52パーセントの得票率で）労働者党（PT）とジルマ・ルセフ[*1]が新たな勝利をつかんだ後で、もし〔今度の選挙で〕ボルソナロが当選してしまったら、この国にとっておぞましい後退となり、通常の政権交代ではすまないだろう。有権者は社会的・人種的・地理的にますます分断されていくことだろう[(1)]。

このリオデジャネイロ州を代表する連邦議会下院議員は、軍国主義者で男尊女卑、同性愛者嫌いで、超自由主義的な経済政策に見られるように、反社会かつ反貧困層でもある。また、「白人」が多数派ではなくなったこの国（2000年の国勢調査ではそれでもまだ54パーセントであるが）で、白人の秩序を懐かしがる風潮を利用してもいる。2016年にルセフが罷免され、2018年にルーラの大統領選出馬が妨害された胡散臭い状況を考えると、今回の選挙はひどい痕跡を残すことになりそうだ。

とはいえ、PTは政権与党としてそれなりの成果を上げている。最低賃金の引き上げや新しい家族手当制度（ボルサ・ファミリア）のおかげで経済は成長し、貧困はかつてないほど減少した。PTはまた、労働者階級や黒人・混血の人たちが大学に優先的に入学できる仕組みを導入している。しかし、選挙制度を改革しなかったことから、同国の構造的な逆進課税（間接税は電気料金に対して30パーセントで課される一方で、高額財産の相続にかかる税率は4パーセントだ）に取り組むことはできなかった。そのため、格差の是正は、最富裕層ではなく中間層を犠牲にして行なわれる結果となった[(2)]。

革新勢力が20世紀に格差を縮小できたのは、税制改革や社会改革だけでなく、政治改革も行ない、野心的な平等主義のアジェンダを掲げて闘ったからだ。米国では、連邦所得税と相続税を創設するために1913年に憲法を改正しなければならなかったが、この税は史上最も革新的な税となり、ニューディール政策の財源となった。英国やフランスでは上院の拒否権を廃止しなければならなかった。それなしには、1945年の社会改革は実現しなかっただろう。[*2] 今日、革新陣営は、米国、欧州、ブラジルの体制の民主化に関するいかなる野心的な議論も拒んでいる。しかし、過去との決別を排外主義者や反動主義者の専売特許にしていては、平等と民主主義を守ることなどできない。

＊1　2011年1月から2016年8月までブラジル初の女性大統領として政権に就いていた。

＊2　1945年、英国では初の労働党単独内閣によりベヴァリッジ報告に基づく体系的な社会保障制度が実施され、フランスではラロックによる社会保障政策が発表された。

# ル・モンド紙と億万長者　2018年11月13日

ル・モンド紙の株主構成が変わろうとしている。フランス人投資銀行家が、自分の株をチェコの億万長者に売却するというのだ。この億万長者は、炭鉱で財を成し、しばしばタックス・ヘイブンを利用してきた人物である。この状況に甘んじなければならないのだろうか？　あるいは、メディアのモデルを見直すことができるような法制や税制を考えるときが来ているのではないだろうか？　はっきりさせておこう。ジャーナリストや新聞社の経営陣に疑いの目を向けるべきだと言っているのではまったくない。ル・モンド紙でも他の日刊紙でも、彼らは勇気と誠実さをもって、株主からできるかぎり独立性の保証を手に入れようと闘いつづけている。とはいえ、今後このような事態を避けるために、法律を改正することを考えてみてもいいのではないだろうか。そう考えることが禁じられているわけではないのだ。

まず、フランスには他の国と同様、メディアの所有権が集中することを制限するルールが存在している。しかし、これらの法律は、不十分であるうえにほとんど適用されておらず、デジタル時代に合わせて更新されてもいない。それればかりか、そうした法律によって報道機関の法的形態を再定義しようとしたことも一度もない。私たちは、通常のメディア組織が「1ユーロ1票」の原則に基づく株式会社であることを前提としつづけている。つまり、10億ユーロ拠出した人は、いつでも1ユーロ拠出した人の10億倍の議決権を持つということだ。しかし、多くの部門では、まったく異なる組織形態がとられている。たとえば、教育・文化・医療部門を合わせるとメディアや自動車産業とは比較にならないほど多くの雇用を提供しているが、これらの部門では、民間機関の形態をとる場合、その主体は一般的に、米国をはじめとする世界の大規模な大学の多くと同じように、社団や財団である。現行の法律では、小中学校や高校が株式会社の形をとることは一般的に禁止されている。大学では認められているが、そのいくつかの実例では（「トランプ大学」のように）悲惨な状態になってしまったため、あとに続く大学はほとんどない。

ハーバード大学の例を見てみよう。370億ドルの基金は、卒業生や億万長者からの寄付、そしてとりわけ、過去の寄付金に対する金融収益によるものである。そのうえ、研究プログラムの多くは公的資金で賄われ、大学全体が公共のインフラや公立学校によって支えられている。それはそれとして、寛大なる寄付者がハーバード大学に資金を提供すると、もちろん何らかの見返りを得ることができる。たとえば、理事会のメンバーに任命されたり、場合によっては成績が悪くても自分の子供を入学させてもらえたりするかもしれない。このような見返りは、もちろん厳しく排除されるべきものだ。入学手続きや大学のガバナンスにおいて、公的権力がより大きな役割を果たすのは当たり前のことだろう。過去にはそうだったし、将来またそうなるかもしれない。すべては立法府次第だ。それでもやはり、この寛大なる寄付者は、株主よりもはるかに不安定な立場に置かれている。理事会が際限なくその寄付者をメンバーとして再任してくれる保証はないし、寄付金を返してもらうぞと脅すこともできないからだ。寄付金は大学の基金に組み入れられて永遠に戻ってはこない。それがわかっていながら、その人は寄付をしたのである。

かたやメディア企業の寛大なる「寄付者株主」は、今回のル・モンド紙で起きたように、いつでも事業から撤退して株を売ると脅すことができ、このことこそがメディアの弱点となっている。メディアの場合、組織を絶え間なく刷新する必要があるため、いちばんの解決策はおそらく財団と株式会社の中間的な形態をとることだろう。たとえば、ジュリア・カジェが提案した非営利目的のメディア会社では、(1) ジャーナリストと読者と寄付者の出資金は、その規模に応じて違った扱いを受ける。一定の基準以下の場合、議決権は割増しされ、出資金は最終的に償還される（利潤はなし）。この基準を超えると、恒久的な寄付と同様の扱い（ハーバード大学と同様に返金不可）となり、上限付きの議決権をもたらす（この点はハーバード大学よりも有利といえる）。たとえば、資本金の10パーセント以上を占める出資者には出資額の3分の1だけが議決権をもたらすこととし、より小規模な出資者の議決権をその分増やすといったことが考えられる。現在メディアに群がっている億万長者たちが、彼らの言葉どおり私利私欲のためにそうしているのでないなら、自分たちよりも裕福でないジャーナリストや読者や寄付者と権力を共有することになんら問題はないはずだ。

現在の多数派がこのような改革を取り入れるのを躊躇している理由はなんなのか？　おそらく、億万長者の機嫌を損ねるのを恐れているから、そして何より、そのために必要な資金を投じなければならなくなるからだろう。というのも、返金不可の寄付に関するかぎり、教育部門や医療部門への寄付に適用される減税措置をメディアにも適用しなければ筋が通らないが、それはこれまで拒否されてきたからだ。しかし、メディアへの寄付に対する減税措置によって減少する税収は有益な投資に回るお金であり、このようなお金は金融資産へのＩＳＦを再導入すれば簡単に工面できるはずだ。ＩＳＦの廃止というそもそもの間違いにまでさかのぼって改めないかぎり、政府が税の公正やポピュリズムとの闘いに真摯に取り組んでいると国民に納得させるのは難しいだろう。

# 第Ⅲ部　欧州を愛することは欧州を変えること

2018―2021

# 欧州の民主化のためのマニフェスト　2018年12月10日

このマニフェストは、知識人と研究者のグループ（マノン・ブジュ、ルカ・シャンセル、アンヌ＝ロール・ドゥラット、ステファニー・エネット、トマ・ピケティ、ギヨーム・サクリスト、アントワーヌ・ヴォシエ）が作成し、10万人以上の欧州市民が賛同の署名をしているものである（www.tdem.eu）。

私たちは、さまざまな背景や国から集まった欧州市民として、本日、欧州の制度や政策の抜本的な変革を求める呼びかけを開始する。このマニフェストには、民主化条約の草案や予算の草案をはじめとする具体的な提案が含まれている。これらの提案は希望する国々がそのまま採用して実施でき、前進することを願っている国をいかなる国も妨害できるものではない。このマニフェストに賛同するすべての欧州市民は、オンラインで署名することができる(1)。また、どんな政治運動によっても、マニフェストを修正したり改良したりすることが可能である。

ブレグジットや、いくつかの加盟国での反欧州政権の選出を経て、これまでと同じことを続けるのはもはや不可能である。現在の欧州を根本的には何も変えないままに、次の離脱や次の解体を待っているわけにはいかない。

私たちの大陸は、一方では、外国人や難民の排斥を唯一の政策とし、今まさにそれを実施しはじめた政治運動と、もう一方では、親欧州派を自称しながら心の底では徹底的な自由主義とあらゆるレベル（国、企業、領土、個人）での一般競争だけで政策を定義できると思い込みつづけ、社会的野心の欠如こそが、人々に「自分は見捨てられている」とますます感じさせているのだと気づくことができない諸政党との板挟みになっている。

いくつかの社会運動や政治運動が、欧州の政治的・社会的・環境的基盤の再構築によって、この致命的な対話を終わらせようと試みている。というのも、危機の10年を経た今、欧州では、特に教育・研究分野における構造的な公共投資の不足、社会的不平等の拡大、地球温暖化の加速、移民・難民受け入れの危機など、固有の緊急課題に事欠かないからだ。しかし、これらの運動は多くの場合、具体的な代替案を策定できていない。つまり、未来の欧州を、さらにその中での民主的な意思決定をどのように組織したいのかを具体的に説明することができていないのだ。

私たち欧州市民は、このマニフェスト、すなわちこの条約とこの予算とともに、公然と具体的な提案を行なう。それらの提案は不完全ではあるが、存在する価値があるものだ。誰もがこれを叩き台として、さらに改善することができるからだ。それらはまた、シンプルな信念に基づいている。「欧州は市民のために社会的で公平で、かつ持続可能な発展の独自のモデルを構築しなければならず、曖昧で観念的な約束から脱却することによってのみ、市民を納得させることができる」という信念である。欧州は、市民同士の連帯を確立し、今日欧州でひどく不足している公共財の資金調達に、グローバル化の勝者を公平に貢献させることができる具体的な証拠を示すことによってのみ、市民との和解を図ることができるだろう。つまり、中小企業よりも大企業に、最貧困層の納税者よりも最富裕層の納税者に多く負担させるということだ。しかし、現状はそうなっていない。

私たちの提案の骨子は、最高権限を有する欧州議会によって討議・採決される民主化予算の創設である。これによりついに欧州は、緊急事態に遅滞なく対処し、持続可能で連帯的な経済という枠組みのなかで、一連の公共財を生み出すことができる公権力を備えることができる。これによって私たちは、「生活条件と労働条件の向上における平等化」というローマ条約以来の約束にようやく意味をもたせることができるのだ。*

この予算は、欧州議会が望めば、欧州の連帯を示す4つの主要な税金によって賄われることになる。すなわち、大企業の利益、高額所得（年間20万ユーロ以上）、高額資産（100万ユーロ以上）、および二酸化炭素排出量に課せられる税（最低価格は1トン当たり30ユーロで、価格は毎年引き上げられる）である。この予算は、私たちが提案するようにGDPの4パーセントに設定されれば、研究、教育、欧州各国の大学、私たちの成長モデルを転換するための野心的な投資プログラム、移民の受け入れのための資金調達、そしてこの転換に取り組む人々への支援に充てることができる。それだけでなく、加盟国には、給与や消費に対する逆進的な課税を削減するために予算が操作できるという余裕が生まれる。

これは、「豊かな」国々からお金を取って、それほど豊かでない国々に与えようとする「移転の欧州」をつくりあげるという話ではない。民主化条約案では、(2)一国に対する支出とその国から得る収入の差を、その国のGDPの0・1パーセントという値に制限することで、それをはっきりと示している。この値は、合意が得られるのであれば上げることもできるが、真の課題は別のところにある。それは何より、各国内の格差を是正し、すべての欧州人の未来に投資することだ。もちろん、若い人たちから始められるべきだが、ある国を他の国より優遇することはない。この計算では、地球温暖化対策など、すべての国が等しく恩恵を受ける共通の利益という目的を達成するために、一国で行なわれた支出や投資は控除される。民主化予算は、すべての加盟国に同じように利益をもたらす欧州の公共財の資金調達を可能にすることから、事実上、ＥＵ加盟国間に結束をもたらす効果がある。

迅速な対応が必要であると同時に、欧州を技術家政治《テクノクラシー》の因習から抜け出させる必要があることから、私たちは、これらの新しい欧州税や民主化予算について協議し、採決することができる欧州議会を創設することを提案する。このような新たな議会は、欧州の各種条約を改正することなく、すぐに創設できる。

この欧州議会は、もちろん現在の意思決定機関（特にユーロ圏の財務大臣が毎月非公開で会合する「ユーログループ」）と対話しなければならないが、意見の相違がある場合、最終的な決定権を持つのはこの議会である。重要なのは、この議会が、政党や社会運動や非政府組織（ＮＧＯ）がついに発言力を取り戻すことができるような〈国家の枠組みを超えた新しい政治空間〉を生み出せることだ。さらに、問われているのは、この議会の実効性そのものでもある。なぜなら、欧州を政府間交渉の永遠の静止状態から引き離せるかどうかが課題だからだ。忘れてはならないのは、税制に関して現在ＥＵで採用されている全会一致のルールが、何年にもわたってあらゆる欧州税の導入を阻み、最も裕福で流動性の高い人々を優遇する課税ダンピングに向かって絶え間なく突き進むことを助長してきた点だ。

この欧州議会は、税を採択し、加盟国の民主的・税務的・社会契約の根幹に立ち戻る権限を持つため、各国の国会議員と欧州議会議員が集結することが重要である。前者を中心に据えることで、各国内の国会議員選挙を事実上、欧州議会の選挙に変えることができる。各国の国会議員は、もはや欧州議会に責任転嫁するだけではすまなくなり、欧州議会で擁護しようとしている法案や予算について有権者に説明せざるを得なくなるだろう。各国の国会議員と欧州議会議員が同じ議会に集まることで、現在は国家元首たちや財務大臣たちの間にしか存在しない共同統治《コガバナンス》の習慣が生まれるだろう。

だからこそ私たちは、民主化条約において、新たな欧州議会議員の80パーセントは条約加盟国の国会議員（国の人口と政治グループに比例）、20パーセントは現在の欧州議会議員（政治グループに比例）とすることを提案している。このような選択には幅広い議論が行なわれるべきだ。特に、私たちの案は、国会議員の割合をより低く（たとえば50パーセントに）しても実行可能だ。しかし、この割合を低くしすぎると、欧州議会は、すべての欧州市民を新たな社会的・税務的協定の策定に関与させるための正当性を失ってしまい、国内選挙と欧州選挙の間で民主的正当性の対立が生じて、本プロジェクトが急速に勢いを失ってしまう危険性がある。

今こそ、行動を起こす時だ。すべてのEU加盟国が本プロジェクトにすぐに参加することが望ましく、また、（ユーロ圏の人口とGDPの70パーセント以上を占める）ドイツ、フランス、イタリア、スペインの4大国がただちに本案を採用することが望ましいとしても、この提案全体は、希望するいかなる国の部分集合においても法的にも経済的にも採用でき、実施できるように考えられている。このことは重要である。なぜなら、それによって、希望する国や政治運動が、本案やその改良版を今すぐ採用して前進したいという具体的な意思を示すことができるからだ。私たちは、すべての人が自らの責任を引き受け、欧州の未来のための具体的で建設的な議論に参加するよう呼びかける。

＊　１９５７年３月にローマで調印された、欧州経済共同体（ＥＥＣ）条約と欧州原子力共同体（ＥＵＲＡＴＯＭ）条約のこと。ベルギー・ドイツ・フランス・イタリア・ルクセンブルク・オランダの６カ国が調印し、１９５８年１月に発効。現在もＥＵの基本条約としての効力を持つ。

## 「黄色いベスト運動」と税の公正　２０１８年12月11日

「黄色いベスト運動」の危機は、フランスと欧州(1)に中心的な問題、すなわち税の公正の問題を提起している。エマニュエル・マクロンは当選以来、「ザイルパーティーの先頭《プルミエ・ドゥ・コルデ》」を大切にする必要があり、ＩＳＦの廃止をはじめとする最富裕層に対する減税が最優先事項であると国民に説明することに時間を費やしてきた。これらはすべて、全能感とまったき良心をもって着々と行なわれた。ニコラ・サルコジでさえ、２００７年にはより慎重な姿勢で*1「租税の盾《ブクリエ・フィスカル》」を進めていたが、それにもかかわらず２０１２年には中止しなければならなかったのだ。必然的に、自分自身のことを「ザイルパーティーの先頭」とはみなしていないすべての人がマクロンの言説に、見捨てられた、あるいは屈辱的だと感じ、それが現在のフランス国民の状況につながっている。現政権は、事実関係や歴史的潮流の誤認、さらには政治的誤りを積み重ねてきた。そういったことは緊急に修正すべきだ。今からでも遅くはない。

マクロンはまず、ＩＳＦがフランス国外への富の流出を引き起こしているという考えによって、この税の廃止を正当化しようとした。問題は、この主張が事実ではなく、まったくの誤りである点だ。１９９０年以降、ＩＳＦに申告された資産の総数と総額には、目を見張るような増加が継続的に認め

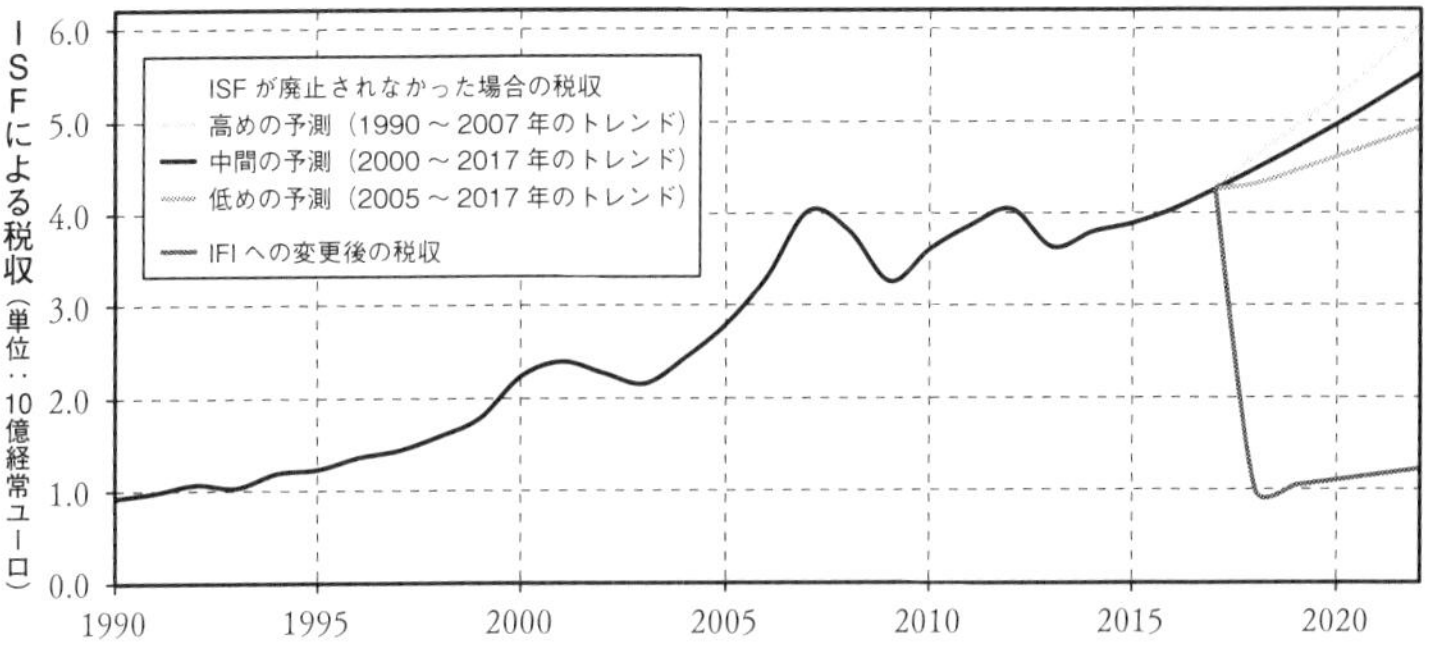


**図1　ISFによる税収（1990-2022年）：中断された高い伸び**

解釈：1990年から2017年の間に、フランスの名目GDPは2倍になったが、ISFからの税収は4倍以上（10億ユーロから42億ユーロ）になった。これは、ISFへの資産の申告数と総評価額が、すべての区分において非常に大きく伸びたことによるもので、特に高額金融資産が不動産資産を上回る勢いで増加している。さまざまな救済措置や上限措置（特に2007年には「租税の盾（ブクリエ・フィスカル）」）がとられ、課税対象となる基準額が1990年の60万ユーロから2012年以降130万ユーロへと段階的に引き上げられているにもかかわらず、ISFによる税収は大きく伸びている。2018-2022年の税収予測では、総世帯資産がこれまでのトレンド（3通りのバリエーション）と同じペースで成長し、ISFの各区分が平均資産の成長に応じてスライドされ、高額資産が平均と同様に成長すると仮定している。特にISFの租税管理は（事前記入式申告書の導入などにより）容易に改善できるため、これらは最も低く見積もった場合の予測だと言える。
出所と時系列データ：piketty.blog.lemonde.fr, 11-12-2018

られる。こうした推移はISFのすべての階層で認められ、とりわけ最上位階層では、金融資産の総申告数と総評価額が、不動産資産——それ自体が、GDPや賃金総額よりもはるかに速く増大している——よりさらに急速に増加している。2001年と2008年の株式市場の暴落によって、このような推移は一時的に緩慢にはなったものの、危機が去るとすぐに長期的なトレンドが再び現れた。

合計すると、ISFの税収は1990年から2017年までに10億ユーロから40億ユーロ以上と4倍以上になった。同時期の名目GDPはというと、2倍である。ISFの対象者には長年にわたってさまざまな軽減や免除措置や上限が認められてきたうえに、ISFの対象となる基準額が1990年には純資産60万ユーロから2012年以降は130万ユーロ（主たる住居の価値から30パーセント控除後）へと徐々に引き上げられていったにもかかわらずである。

おまけに、この税金の税務管理は常に不十分だった。たとえば、所得税については10年前から事前記入式の申告書が導入されているが、銀行が必要な情報をすべて税務当局に送信できるにもかかわらず、ISFでは一度も適用されていない。2012年には、300万ユーロ以下の資産については詳細な申告が廃止されたほどだ（それ以降は、資産総額を示すだけでよくなり、系統立てた管理がなされる可能性はまったくない）。よりよい管理がなされていれば、ISFは現在、100億ユーロ以上の税収をもたらしていただろう。そもそも、固定資産税で400億ユーロ以上の税収があり、資産（特に固定資産税の対象とならない金融資産）がきわめて集中していることを考えれば、まったく驚くことではない。(2)

ISFに関する法律や管理体制がこのような（欠点の多い）状態だったにもかかわらず、1990年から2017年までにISFからの税収は10億ユーロから40億ユーロに増加した。資産の推移を考慮すると、この税収は2022年には60億ユーロ近くに達していたはずだ。ISFの廃止と不動産富裕税（IFI）の導入により、税収は2018年には10億ユーロ強にまで落ち込んでいる。*2 30年前の税収に戻ってしまったため、今から2022年までに少なくとも毎年50億ユーロの損失が発生することになる。

政府の二つ目の過ちは、歴史的潮流の誤認である。時代を間違えているのだ。米国と英国が1980年代に税の累進性を解体するプロセスを開始したことは明白な事実であり、この動きは1990年代から2000年代初頭にかけて、ドイツやスウェーデンにおける富裕税の廃止（スウェーデンではそのうえ相続税まで廃止された）など、欧州でも部分的に踏襲された。だからといって、これらの政策が期待どおりの効果をもたらしたと確信をもって言えるだろうか？　2008年の危機以降、特にトランプの大統領選出やブレグジット、欧州全土での外国人排斥票の激増以降、格差の拡大や労働者階級が見捨てられたと感じることによる危険性が認識されるようになり、多くの人が資本主義に対する新たな社会的規制の必要性を理解している。こうした状況のなか、2018年に富裕層への優遇策を追加したことは、賢明とはまったく言いがたい。マクロンが1990年代ではなく2020年代の大統領になりたいのであれば、早く時代に適応すべきだろう。

最も悲しむべきことは、気候変動対策の前線におけるひどい混乱だ。炭素税を成功させるためには、その税収のすべてをエコロジーへの移行にともなう社会的負担に充てることが不可欠だ。ところが、政府が行なったことはまったく逆だった。2018年の燃料税増税で得られた40億ユーロと2019年に予定されている追加増税で見込まれる40億ユーロについて、それに付随する措置には10パーセントしか充てず、残りは事実上ISFの廃止と資本所得に対するフラット・タックスの財源となったのだ。

マクロン大統領が5年の任期を守りたいのであれば、ISFをただちに復活させ、その税収を、炭素税の増税――これは再開されなければならない――によって最も打撃を受ける人たちへの補償に充てなければならない。そうしないのであれば、彼は、地球温暖化対策を犠牲にして富裕層の味方になるという、時代遅れのイデオロギーを選択したことになる。

＊1　2007年に大統領に就任したサルコジが選挙時に公約に掲げた税制度で、所得税や富裕税などの直接税の課税率の上限を60パーセントから50パーセントに引き下げる減税策。

＊2　ISFの代わりに導入された税で、富裕税の対象を全資産ではなく不動産のみとしたもの。

# フランス革命前夜を彷彿させる債務危機　2019年1月15日

「黄色いベスト運動」では、公的債務の帳消しの是非を問う国民投票を実施すべきだとの声が高まった。イタリアでもすでに聞かれたこの種の発言は、「ポピュリズム」が広がる危険性を示していると言う人たちもいる。「借金を返さないなんて考えられない」というわけだ。実際には、歴史を見れば、債務が現状のようなレベルに達したときには例外的な解決策に頼るのが普通である。とはいえ、国民投票はこのような複雑な問題に対する答えを出すものではない。債務を帳消しにする方法はいろいろあり、それぞれ社会的な影響も大きく異なる。こうした判断を他の人や将来の危機に任せてしまうのではなく、まずは議論する必要があるのではないだろうか。

一人ひとりが自分の意見を持つことができるように、ここで二つの情報を提供しようと思う。一つ目は現在の欧州のルール、二つ目は、こういった規模の債務が歴史的にはどのように処理されてきたかということだ。

まずは、あまり知られておらず、混乱の原因となっている欧州のルールから説明しよう。多くの人がいまだに「3パーセントルール」[*1]を基準としており、GDP比2・5パーセントの赤字を想定していながら結局は2パーセントで妥協したイタリアがなぜ問題視されているのかを理解していない。これは、マーストリヒト条約（1992年）が、2012年に採択された新予算条約によって改正されたためだ。「安定、協調および統治に関する条約」[1]（TSCG）と呼ばれるこの条約では、赤字がGDP比0・5パーセントを超えてはならないと規定されている（第3条）[*2]。ただし、債務残高が「GDP比60パーセントを大幅に下回る」国は例外で、その場合は赤字が1パーセントになることも許される。「例外的な状況」を除き、これらの規則に従わない場合は自動的に罰則が科せられる。

ここで注意してほしいのは、目標とされている赤字は、常に二次的な赤字、つまり国債の利払い後の赤字であるということだ[2]。ある国がGDPの100パーセントに相当する債務を抱えていて金利が4パーセントであれば、利子はGDP比4パーセントになる。したがって、二次的な赤字を0・5パーセントに抑えるためには、GDP比3・5パーセントという基礎的財政収支の黒字を達成する必要がある。言い換えれば、納税者は享受する支出よりも多くの税金を払わなければならず、GDP比3・5パーセントのギャップが数十年にわたって続く可能性がある。

TSCGのアプローチは非論理的なものではない。というのも、債務帳消しが拒否され、インフレ率がほぼゼロで経済成長が限られる場合、基礎的財政収支の膨大な黒字だけがGDP比100パーセント前後の債務を削減することができるからだ。ただし、こうした選択がもたらす社会的および政治的な影響を測らなければならない。

ユーロ圏では現在、いつまでも続くわけではない異例の低金利によって軽減されてはいるものの、利子はGDP比2パーセントである（平均赤字額は1パーセント、基礎的財政収支の黒字は1パーセント）。すなわち年間2000億ユーロ以上となり、たとえばエラスムス計画[*3]への投資額が不幸にも年間たったの20億ユーロであることと比較すれば、その規模感がわかるだろう。これは可能な選択ではあるが、それが本当に将来に備えるための最善の選択だと確信できるのだろうか？　こうした金額が教育や研究に充てられれば、欧州は米国をしのぎ、世界第一のイノベーションの拠点となることができるだろう。イタリアでは、利子はGDPの3パーセントを占め、高等教育予算の6倍にもなる(3)。

確かなことは、歴史が示しているように、他の方法があるということだ(4)。よく引き合いに出されるのが、20世紀の巨大債務の例だ。ドイツ、フランス、英国は戦後、GDPの200パーセントから300パーセントの債務を抱えていたが、返済されることはまったくなかった。そうした債務は、単純な踏み倒し、インフレ、そして私有財産への例外的課税（インフレと同じだが、より文化的であるため、最富裕層はより多く課税され、中間層は維持される）の混合により、数年のうちに清算された。ドイツの対外債務は1953年のロンドン協定の際に凍結され、1991年に最終的に清算された。これにより、フランスもドイツも公的債務がなくなり、1950年代と1960年代の成長のための投資が可能となった。

しかし、最も適切なのは、1789年のフランス革命との比較である。アンシャン・レジームでは、特権階級の国民に税を課すことができず、国民所得の約1年分、官職の売却*4（国家が将来国民から徴収するはずの収入と引き換えに今すぐお金を調達する方法）を含めると1年半分の債務を抱えていた。1790年、議会で個人名が記された年金台帳が公開されたが、そこには廷臣の不労所得や旧高官への支払いが記載されており、その額が平均収入の10倍や20倍だったことからスキャンダルになった（公開討論委員会の委員長の給与と比較すると、その差は歴然としている）。その後、それまでよりはやや公正な税制によって、そして何よりも、「3分の2破産」[＊5]とアッシニア紙幣[＊6]の大インフレによって、債務は始末された。

それに比べて、現在の状況はより複雑である（各国が他国の公債の一部を保有している）とともに、より単純でもある。われわれには、欧州中央銀行（ＥＣＢ）という債務を凍結できる機関があり、最高権限を有する新たな欧州議会を最終的に設立すれば、より公平な欧州税制を採用することもできる。(5)しかし、それをせずに欧州の富裕層に課税することは不可能であり、流動性を持たない階層〔労働者層〕のみが税金を払うべきだと説明しつづけるなら、深刻な反乱が起こることは避けられないだろう。

＊1　財政赤字の上限をＧＤＰ比3パーセントとするマーストリヒト条約で定められたユーロ導入の条件となる財政規律。
＊2　ユーロ圏の財政規律と経済政策協調をさらに強化するために、財政均衡義務の国内法化を各国に義務づけた条約。
＊3　ＥＵ生涯学習計画（２００７－２０１３年）における主要事業で、ＥＵが主導する高等教育運営の枠組みとなっている。
＊4　フランス絶対王政期には、国王から個人へ官職の売却や個人間の官職売買が行なわれていた（売官制）。１７８９年8月に廃止。
＊5　発行済みの公債の3分の2が実質的に大規模なデフォルトを起こした。
＊6　国有化された教会土地財産を抵当とする紙幣。

# 米国の富裕税　2019年2月12日

もしも、エマニュエル・マクロン大統領にとどめを刺すのが「黄色いベスト運動」ではなく、マサチューセッツ州選出の上院議員であったとしたら？　エリザベス・ウォーレンは、ハーバード大学法学部の教授であり、チャベス主義＊や都市ゲリラ戦の信奉者などではない。その彼女が、2020年の民主党予備選への出馬を表明しており、次の大統領選挙戦で間違いなく重要な争点のひとつとなることを公表した。米国で初めて本格的な連邦富裕税を創設するという案である。エマニュエル・サエズとガブリエル・ズックマンが綿密に計算し、最高の憲法学者が支持しているウォーレン案(1)では、5000万ドルから10億ドルまでの資産に対して2パーセント、10億ドル以上の資産には3パーセントの税率を課すとしている。また、この提案には、国外に出て米国市民権を放棄することを選択した人に対して、資産の40パーセントに相当する出国税を課すことも含まれている。出国税はすべての資産に適用され、いかなる免除もなく、海外で保有する資産に関する適切な情報を提供しない個人や政府に対しては抑止的な罰則が科される。

議論はまだ始まったばかりで、提案されている規模を拡大し、より累進的なものにして、たとえば、数十億ドルの資産を持つ大富豪には年に5パーセントから10パーセントの税率を適用することも可能

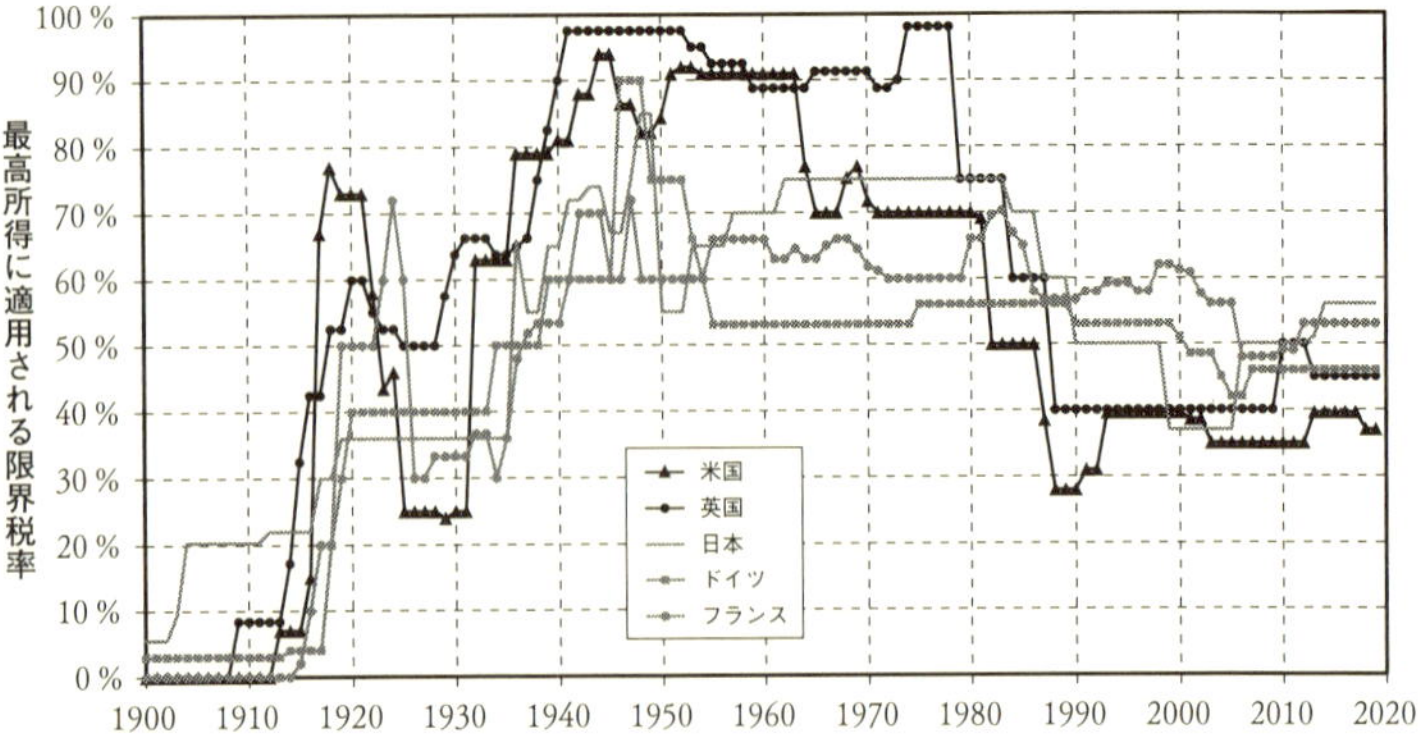


**図1　累進税の考案：最高所得税率　1900-2018年**

解釈：最高所得に適用される限界税率は、米国では1900-1932年に平均23％、1932-1980年に81％、1980-2018年に39％だった。同時期の各国の最高税率は、英国はそれぞれ30％・89％・46％、日本は26％・68％・53％、ドイツは18％・58％・50％、フランスは23％・60％・57％だった。税の累進性は世紀半ばで最大になり、それは特に米国と英国で顕著だった。

出所と時系列データ：piketty.pse.ens.fr/ideology を参照。Thomas Piketty, *Capital et idéologie*, 前掲書 p. 525〔邦訳ピケティ『資本とイデオロギー』図10-11〕

だ。確実なのは、２０２０年の大統領選挙では、税の公正が主要な争点になるということだ。ニューヨーク州選出のアレクサンドリア・オカシオ＝コルテスは、最高所得に対する70パーセントの税率を提案しており、バーニー・サンダースは、最高額の遺産に対する77パーセントの税率を擁護している。ウォーレンの提案は最も革新的なものだとしても、三人が提案するアプローチは互いに補完し合い、互いをより充実させるはずだ。

このことを理解するために、時代をさかのぼってみよう。１８８０年から１９１０年にかけて、米国では産業資産と金融資産の集中が加速し、旧ヨーロッパと同じぐらい不平等な状態になる恐れがあったため、分配の改善を求める強力な政治運動が展開された。その結果、１９１３年には連邦所得税が、１９１６年には連邦相続税が創設された。１９３０

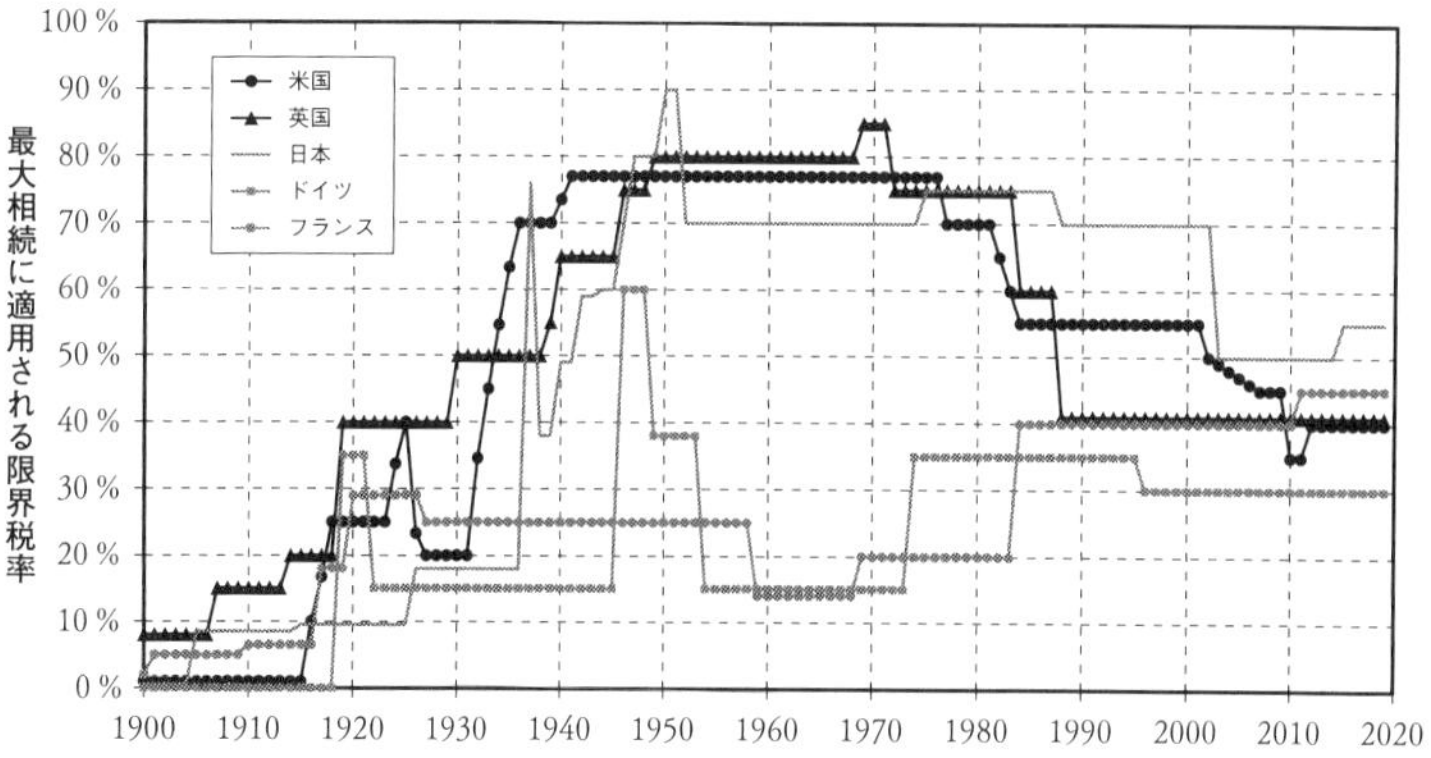


**図2　累進税の考案：最高相続税率　1900-2018年**

解釈：最大の相続財産に適用される限界税率は、米国では1900-1932年に平均12%、1932-1980年に75%、1980-2018年に50%だった。同時期の各国の最高税率は、英国はそれぞれ25%・72%・46%、日本は9%・64%・63%、ドイツは8%・23%・32%、フランスは15%・22%・39%だった。税の累進性は世紀半ばで最大になり、それは特に米国と英国で顕著だった。

出所と時系列データ：piketty.pse.ens.fr/ideology を参照。Thomas Piketty, *Capital et idéologie*, 前掲書 p. 525〔邦訳ピケティ『資本とイデオロギー』図10-12〕

年から１９８０年までに米国の最高所得に適用された税率は平均81パーセント、最高額の遺産に適用された税率は74パーセントだった。こうした課税は、明らかに米国の資本主義を破壊するものとはならなかった。むしろその反対だ。米国を繁栄させたのは、所有権や不平等の宗教ではなく、教育の進歩と教育への投資だということを忘れていなかった時代に、このような課税によって資本主義がより平等で生産性の高いものとなったのだ。

レーガン、ブッシュ、そしてトランプは、このレガシーを破壊しようとした。米国の平等主義的起源に背を向け、国民が歴史を忘れてくれることを当てにして、アイデンティティの分裂を煽った。今日、私たちが目の当たりにしている後退を考えると、この政策の総収支が悲惨な結果となることは明らかである。１９８０年から２０２０年までの一人当たりの国民所得の伸びは、1930年から1980年の時期に比べて半減した。ほんのわずかな成長を富裕層が取り込んだことによって、最貧層50パーセントの所得は完全に停滞してしまったのだ。そう考えていくと、今日、累進課税とより大きな正義への回帰の動きが現れているのは当然といえる。むしろ遅すぎるくらいだ。

目新しいのは、所得税や相続税に加えて、累進的な年次資産税（富裕税）を創設する話が出てきたことだ。これは、正義と効率の観点からきわめて重要な革新である。二度の世界大戦後、日本、ドイツ、イタリア、フランス、そして他の多くのヨーロッパ諸国は、公的債務を清算するために、不動産、事業、金融資産に対していくつもの例外的な税を課すことに成功している。最高額の個人資産に対して適用された税率は、一回だけの課税の場合、40－50パーセント、あるいはそれ以上になることが多かった。恒久的な税務基準額に基づき適用されるように設計されている年次資産税では、税率は必然的に制限される。ただし、実質的な富の流動性を可能にするためには、この税率は十分に高くなければならない。また、この観点からすると、相続税だけを課すのではあまりに遅すぎる。ベゾスやザッカーバーグが税金を払いはじめるのに彼らが90歳になるまで待つわけにはいかないのだ。ウォーレンが提案している3パーセントの税率を適用すると、1000億ドルの静的資産は、30年でその共同体に還元される。これはスタート地点としてはよいが、最高額の金融資産の平均的な成長を考えるともっと高い税率（5－10パーセント以上）を目指すべきだろう。

また、富裕税で得られた収入のすべてを格差の縮小に充てることも重要だ。特に、米国やフランスの固定資産税は、現在、最も貧しい人々に重くのしかかっている。問題は、この二つの由緒ある資産税が、18世紀以降一度も真剣に見直されていないことである。これらの税は、ときに耳にする話とは違って、住宅の所有に対して（収入とは無関係に）課税する（このことは、少なくとも最大規模の所有については誰もが難なく受け入れている）だけでなく、事業資産（事務所、土地、倉庫など）をも対象としている。今こそ、米国やフランスの固定資産税を、負債を差し引いた純資産に対する累進課税とし、負債を抱えて不動産を購入しようとしている世帯には大幅な軽減措置を講じるべきときだ。来るべき米国の選挙戦が、「黄色いベスト運動」をめぐるフランスの議論のように、最終的に富裕層への課税と「税の公正」についての根本的な議論の場となることを期待しよう。

＊　ウゴ・チャベスは元ベネズエラ大統領（1999－2013年在任）で、ブッシュ政権に対する反米路線で知られた。在任中の2013年に死去。

## 欧州を愛することは欧州を変えること　２０１９年３月12日

欧州を愛することは、欧州を変えたいと思うことだ。この10年間、仏独の政府は親欧州派を自称しているが、実際には欧州保守派だ。両政府は、自分たちの権力や、ＥＵにおける（幻にすぎない）独占的支配力を失うことを恐れて、現在の欧州の本質的な部分を何ひとつ変えようとはしない。このことが、両政府をして欧州の墓掘り人たらしめている。ブレグジットが決定されたこの期に及んでも、フランスもドイツも疑いを抱いていないように見える。

最新のエピソードとしては、1月に仏独エリゼ条約[*1]の再交渉が行なわれたが、ここでは防衛や会社法について両国の国会議員がともに議論できるよう、仏独合同議会の創設が提案されている。すばらしい取り組みだ……。ただし、この合同議会は純粋な協議の場であって実際の権限はない。とはいえ、この議会に、私たちが必要としている「税の公正」のための緊急措置について採決を託すことは十分にできるだろう。たとえば、二酸化炭素排出量については、大規模な排出者に対しては小規模な排出者よりも多く課税するといった一貫した税制の採択などだ。というのも、現状はその逆で、欧州のルールや競争の名のもとに、車で通勤している人にはめいっぱい課税する一方で、週末に飛行機に乗って出かける人には税を免除している。仏独のリーダーは、地球温暖化への懸念を訴えているが、こんなにばかげた税制政策をどうやって国民に受け入れてもらうつもりなのだろう？

より一般的に言えば、国家レベルで最富裕層に課税するのは不可能だと説明するのに時間を費やすばかりで、より高いレベルで調整するための具体的な提案をしないようでは、まったく意味がないのだ。そのような問題に関して、仏独合同議会は、大企業の利益や最高額所得・資産に対する共通税について採決することもできるだろう。これは単に常識の問題である。財・人・資本の自由な移動に関する協定で結ばれた大規模な連邦共同体では、最も再分配性の高い税について中央政府に重要な役割を与えることは理にかなっている。米国では、高額所得や相続に対する累進税は、法人税と同様に主に連邦レベルで管理されており、州レベルでは準比例税や間接税が財政基盤となっている。欧州では逆だ。ＥＵは付加価値税（ＶＡＴ）を規制している一方で、利益・所得・資産に課される税については、各国が引き下げ競争を激化させるがままにしている。このようにして、欧州は法人税率の世界的な引き下げ競争を先導し、低所得者に増税を集中させてきた。これらはすべて、ＥＵとその各機関が大きな市場を管理するために創設されたために、新しい課題に適応できなかったことから発している。

結果的に、税制は最も流動性の高い人々にますます有利になるという偏りを見せ、中間層や労働者層にとっては大企業や富裕層向けの税の引き下げ競争のツケがますます重くのしかかり、その負担は市場統合から得られる利益よりも大きくなる可能性がある。言い換えれば、欧州が何十年にもわたって最貧層に抱かせてきた不信感の高まりは、筋の通らない気まぐれや思いつきの類ではなく、むしろ根深い現実であり、すべてが爆発する前に早急に修正する必要のある、根本的な構想の誤りなのである。

ところで、実際にイタリア、スペイン、そして参加を希望するすべての国に対してすみやかに開かれ、「税の公正」のための強い措置を採択する権限を持つ議会として、仏独合同議会を創設することは夢物語ではない。今すぐにでも実現できる。このような議会があれば、最貧層の税負担を減らし、エコロジーへの移行のための資金を調達することが可能になる。欧州各地の弁護士や市民が作成した詳細な提案は、10万人以上の署名による支持を得ている。この提案は、改良できるし、改良されなければならない。最も重要なことは、各政府や政治運動が具体的な提案を公に擁護することであり、何もできないことを説明したり、他の人の弱腰な姿勢の背後に隠れたりするのをやめることだ。そして、もし当面EU加盟27カ国を説得することができないのであれば、思い切った手段をとって、少数の国のためにEUの機関を補完する別の政治機関を設立することを決意しなければならない。現在のEU機関は全会一致のルールに阻まれ、どんな小規模のものであったとしても共通の税制を採択できないことがいまや明らかになっている。したがって、新しい機関を創設する必要があるのだ。そのような機関の実効性が証明されれば、他の国も加わることになるだろう。

仏独両政府が欧州を変えようとしない理由のひとつは、結局のところ、大企業や富裕層向けの税の引き下げ競争のメリットがデメリットを上回っている、あるいは、このような大改革を正当化するだけの利点が十分にはない、といまだに信じて疑わないからだ。しかし、それは時代を読み誤った考えだ。彼らは、格差の強い拡大傾向をいまだに考慮していない。１９９０年代には、仏独政府のそうした立場も有効だった。ところが、２００８年の金融危機でユーロと欧州の脆弱性が明らかになってから10年が経ち、もはや通用しなくなった。欧州が「税の公正」を体現しないなら、最後にはナショナリストたちの勝利を許してしまうだろう。

＊1　2019年1月22日、ドイツ西部のアーヘンでドイツのメルケル首相とフランスのマクロン大統領が1963年のエリゼ条約を補完する「アーヘン条約」（正式名称は「フランスとドイツの協力と統合に関する条約」）に調印した。

＊2　コラム「仏独合同議会――欧州で税の公正を実現するための絶好の機会」（2020年2月21日）を参照。

＊3　コラム「欧州の民主化のためのマニフェスト」（2018年12月10日）を参照。

# インドのベーシックインカム　2019年4月16日

世界史上最大規模の投票がインドで始まった。有権者数は9億人を超える。インドは、英国から議会制民主主義の技術を学んだとよく言われる。これはあながち間違いではないが、次のように付け加える必要がある。すなわち、インドは、13億の人口を抱え、社会文化的にも言語的にも大きな分断がある政治共同体に議会制民主主義の技術を前例のない規模で導入しているため、英国よりもはるかに複雑な状況があることだ。

かたや英国は、イギリス諸島としての存続に苦慮している。20世紀初頭のアイルランドに続き、この21世紀初頭にスコットランドが英国とその議会から離脱する可能性もゼロではない。5億人の人口を抱えるEUでは、民主的なルールが確立されておらず、いまだにどんな小規模な共通税ですら採択できておらず、人口の0・1パーセントしか占めていない大公国（ルクセンブルク）にも拒否権を与えつづけている。欧州のリーダーたちは、この「美しいシステム」に変えられるところはどこにもないなどと偉そうに説明するのではなく、インドとその連邦制・議会制共和国を参考にすべきである。

もちろん、だからといって、この世界最大の民主主義国家ではすべてがバラ色というわけではない。この国の発展は、巨大な格差と、あまりにゆっくりとしか改善していない貧困に阻まれている。終盤を迎えている選挙戦[1]での新機軸のひとつは、インド国民会議[2]（INC）が提案しているベーシックインカム制度である「最低所得保障（NYAY）」の導入だ。発表された額は1世帯当たり月額6000ルピー〔約900円〕で、購買力平価で約250ユーロ（現在の為替レートでは3分の1）に相当するが、これは（1世帯当たりの所得の中央値が400ユーロを超えない）インドでは結構な額である。このシステムは、インドの最貧層20パーセントの人々を対象とする。コストは相当なものになるが（GDPの1パーセント強）、法外なものではない。

この種の提案の常として、ベーシックインカムを「奇跡の解決策」や「最終的な清算書」ととらえてそこで終わりにしてしまわないことが重要だ。富の公平な分配と、持続可能で公正な発展モデルを実現するためには、社会的・教育的・財政的なあらゆる措置に頼る必要があり、ベーシックインカムはそのひとつの要素にすぎない。ニティン・バーティとルカ・シャンセル(1)が示したように、2009－2013年から2014－2018年まで、医療分野への公的支出はGDPの1・3パーセントで停滞しており、教育への投資は3・1パーセントから2・6パーセントにまで減少している。インドが中国に追いつくためには、金銭的な貧困の削減とこうした社会的投資との間で複雑なバランスをとる必要がある。中国は、より多くの資源を投じて国民全体の教育と健康のレベルを高めている。

それでも、INCの提案には、再分配の問題に焦点を当て、一部の下層カーストの人々が大学や公共の仕事、公選職にアクセスすることをたしかに可能にしてきた優先枠《クオータ》や「留保制度」[3]のメカニズムをさらに超えていけるという利点があることに変わりはない。

この提案の最大の限界は、INCが財源についてはだんまりを決め込んでいることだ。残念でなら

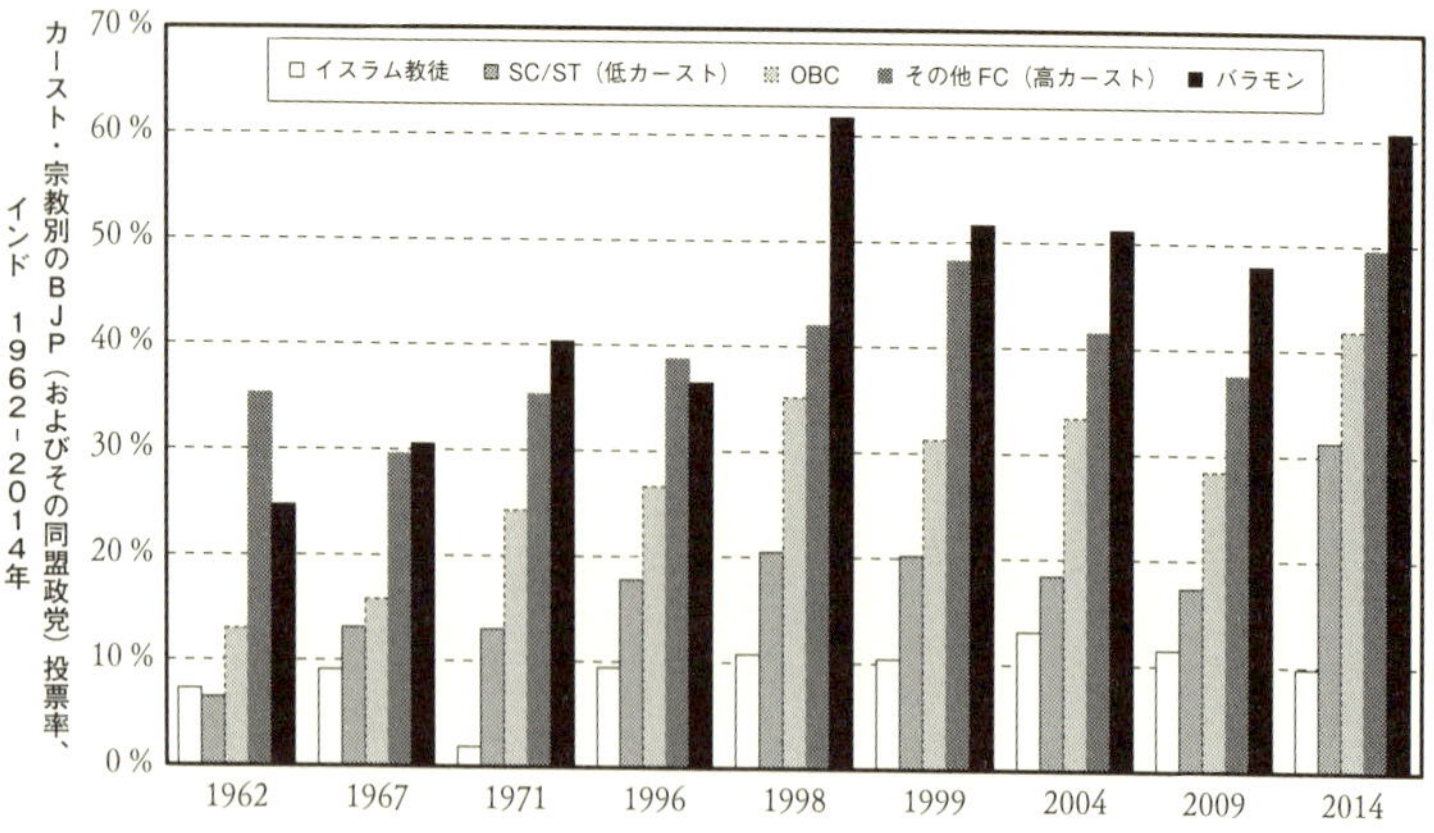


**図1　カースト・宗教別のBJP投票率、インド　1962-2014年**

解釈：2014年には、イスラム教有権者の10％がBJP（ヒンドゥー・ナショナリズム政党）とその同盟政党に投票した。同投票率は、SC/ST（指定カースト・指定部族。低カースト）では31％、OBC（その他後進諸階級。中間カースト）では42％、その他FC（先進階級。高カースト）では49％、バラモンでは61％だった。

出所と時系列データ：piketty.pse.ens.fr/ideology を参照。Thomas Piketty, *Capital et idéologie*, 前掲書 p. 1074〔邦訳ピケティ『資本とイデオロギー』図16-8〕

ない。というのも、累進課税の役割を復活させることで、１９８０年代から１９９０年代にかけての新自由主義的潮流を決定的に変える機会にできたはずだからだ。そうすれば、とりわけサマジワディ党〔社会党〕（ＳＰ）や大衆社会党（ＢＳＰ）との新たな連携に向けて、もっとはっきりと動き出すチャンスになっていただろう。ＳＰおよびＢＳＰは、２５００万ルピー〔約３７４０万円〕（購買力平価で１００万ユーロ）以上の資産に２パーセントの連邦税を課すことを提案しているが、これはＮＹＡＹに必要な額に相当し、連邦所得税の累進性を高めるものである。

　結局のところ、今回の選挙の真の課題は、インドに左派政党の連合体をつくりだすことである。平等主義的であると同時に多文化共生的な左派連合だけが、インド人民党（BJP）の親ビジネスおよび反イスラムのヒンドゥー・ナショナリズムを打ち破ることができるからだ。今回、これが十分にできているのかはわからない。というのも、BJPが賢明にもナレンドラ・モディという貧しい出自のリーダーを選出しているのに対し、中道派から生まれた政党であり、かつては与党だったINCは、いまだに非常に不人気なラーフル・ガンディー（ネルー・ガンディーの子孫）が率いているからだ。そのうえ、INCは、より左寄りの政党とのあからさまな連携に乗り出すとしたら、万一勝利できたとしても勢いに押されて政府内の主導権を失ってしまうのではないかと恐れている。さらに、モディはインドの大企業から資金提供を受けている。まったく言語道断だが、インドはこの領域での規制の欠如という点で際立っているのだ。また、モディは、ジャンムー・カシミール地方のプルワマ襲撃事件とそれに続く空爆を巧みに利用して反パキスタン感情を煽り、INCや左派の諸政党がイスラム原理主義者と共謀していると非難しており（このようなことはフランスだけで起きているわけではない）、これが選挙戦のターニングポイントとなる恐れがある。

　いずれにしても、蒔かれた種は、世界の他の地域で進行している政治的・思想的な変革と連動しながら、いずれ芽を出して成長していくだろう。インドでのベーシックインカム導入をめぐる議論と決定は、今後ますます私たち全員に関係してくる。その意味で、今回のインドの選挙は、まさに全世界にとって重要な選挙なのである。

＊1　2019年4月～5月の第17回下院議員総選挙。
＊2　1947年のインド・パキスタン分離独立以降、長期間政権を担った中道（左派）政党。社会民主主義を掲げる場合も

あるが、保守およびポピュリズムの傾向もあり、インドの財界・財閥とのつながりも強い。

＊3　大学入学や公務員の採用などの際に低カーストの人々を優遇する制度。

＊4　上位カーストに比べて社会進出や教育水準で遅れている「その他後進諸階級」の生まれであり、不可触民が属する「指定カースト」とともに公的雇用の「留保制度」の対象になっていた。

＊5　インド政界きっての名門一族、ネルー・ガンディー家の出身で、曾祖父が初代インド首相ネルー、祖母は元インド首相で１９８４年に暗殺されたインディラ・ガンディー、父は元インド首相で１９９１年に暗殺されたラジーブ・ガンディー、母はＩＮＣの元総裁ソニア・ガンディー。

＊6　２０１９年2月14日にインドのジャンムー・カシミール州、プルワマ県で発生した自爆テロ事件。カシミール地方は紛争地帯で、インド・パキスタンの両国がそれぞれ実効支配を行なってきている。

＊7　結局、5月23日の開票の結果、与党ＢＪＰが圧勝してモディ首相の続投が決まった。

# 欧州と階級分断　2019年5月14日

ブレグジットをめぐる国民投票から3年が経過し、次の欧州議会選挙を目前に控えた今、欧州懐疑主義は、特に最も恵まれない社会階層に属する人々のあいだで相変わらず根強い。この問題は根が深く、その起源は古い。この四半世紀の間に行なわれたすべての国民投票において、労働者階級は提案された欧州統合に同意しないことを組織的に表明した一方で、最も裕福で最も恵まれている階級は欧州統合を支持した。1992年にフランスで行なわれたマーストリヒト条約をめぐる国民投票では、所得や資産や学歴などが最も低い下位60パーセントの有権者が反対票を投じたのに対し、上位40パーセントの有権者は賛成票を投じ、結局、僅差（51パーセント）で賛成派が勝利した。同様の現象が、2005年の欧州憲法条約の批准に関する国民投票でも見られた。このときは上位20パーセントだけが賛成し、下位80パーセントが反対した結果、反対派が55パーセントと勝利する。さらに、2016年の英国でのブレグジット国民投票では、EU残留を熱心に支持したのは上位30パーセントだった。しかし、下位70パーセントが離脱を希望したため、離脱派が52パーセントで勝利した。

EUをめぐる投票が、いまだにこのような顕著な階級間の分断を特徴としていることをどう説明すればいいのだろう？　ずいぶん前から、各政党への投票構造は、社会的分断の三つの次元（学歴、所得、資産）が同じ方向を向いているような明確な階級的構造を示すことはなくなっていることを考えると、この結果を説明するのは難しい。1970年代から1980年代にかけて、フランスでも英国でも、高学歴者が明らかに左派政党に傾いたのに対し、高所得者や富裕層は、それら自体が再編成の過程にあった右派政党を強く支持しつづけていた。それとは対照的に、1992年、2005年、2016年のEU投票では、左右両陣営の知的・経済的エリートがEUの現状維持を支持し、左右の低所得者層がEUを拒否した。

この状況について、最も恵まれた階級に属する人々には都合のいい説明がある。すなわち、労働者階級はナショナリストで外国人嫌いであり、そのうえ考え方が時代遅れだというのである。だが、庶民がエリートよりも外国人嫌いになる理由などなく、それよりはるかにわかりやすい説明がある。過去数十年にわたって構築されてきたEUが、地域間の一般的な競争や、最も流動性が高い経済主体となる人々を優遇する課税ダンピングやソーシャルダンピングに支えられていて、客観的に見ても最も恵まれた人たちの利益のために機能しているという説明だ。EUが格差を是正するために、たとえば富裕層への共通税を設けて貧困層への課税を軽減するといった強力な象徴的措置をとらないかぎり、この状況は続くだろう。

EUに対するこのような考え方の対立は新しいものではなく、歴史的観点から見直すとさらに理解しやすくなる。1938年、英国では若い活動家たちが〈連邦同盟〉[1]を発足させた。すぐにベヴァリッジやロビンズといった名の知れた学者たちが加わり、1940年6月にはチャーチルが仏英連邦同盟の設立を提案したが、ボルドーに避難していたフランス政府はペタンに全権を委ねることを希望したため、これを却下した。興味深いのは、1940年4月に仏英の学者グループがパリに集まり、まずは仏英レベル、次に欧州レベルに拡大した連邦同盟がどのように機能しうるかを研究したものの、合意には至らなかった点だ。経済的に最も自由主義的な考えを持っていたのはハイエクで、彼は競争、自由貿易、通貨の安定という原則に基づく純粋な商業連合を望んでいた。ロビンズもそれに近い路線ではあったが、自由貿易や人の自由な移動だけでは繁栄が広がらず、格差も解消されない場合には、連邦予算、特に連邦相続税を導入する可能性を検討していた。また、社会保障を提唱したベヴァリッジをはじめ、最高税率60パーセントの連邦所得税と相続税、それに所得と相続の上限制度を提案していた社会学者のバーバラ・ウートンなど、民主社会主義にはるかに近い考えを持つグループもあった。この集まりに参加していた人たちは、検討していた連邦同盟の経済的・社会的な内容について意見がまとまらなかったことを確認して解散となった。こうした〈連邦同盟〉運動をめぐる議論は、ヨーロッパ全域に影響を与えた。たとえば、当時ムッソリーニ政権下で収監されていた共産主義活動家のアルティエーロ・スピネッリは、これらの議論からインスピレーションを得て、1941年に「自由で統一された欧州のためのマニフェスト」（収監されていた島の名前をとって「ヴェントテーネ宣言」と呼ばれた）を作成した。

とはいえ、現在の欧州がハイエクの考え方を植えつけられたままでいなければならない理由などどこにもない。欧州の旗は今日、自分たちの階級政治を押しつけようとする人たちに利用されている。しかし、約80年前にウートンやベヴァリッジ、あるいはロビンズがすでに考えていたように、欧州は別の形で組織化できることを思い出すかどうかは、私たち次第である。

＊　欧州統合の過程やＥＵの諸制度や諸機関に対して批判的な政治意識や態度。

# 中道派エコロジーの幻想　2019年6月11日

欧州の選挙結果を見ると、フランスや欧州の市民が地球温暖化への関心を高めていることがうかがえる。これは朗報だ。問題は、終わったばかりの選挙で根本的な議論が進まなかったことだ[*1]。具体的には、エコロジストはどのような政治勢力を使って、どのような行動プログラムで政権をとろうとしているのか。フランスでは、緑の党〔正式には「ヨーロッパ・エコロジー＝緑の党」（EELV）〕はたしかに栄えある13パーセントの得票率を達成した。しかし、1989年の欧州選挙ですでに11パーセント、1999年に10パーセント、2009年に16パーセントを獲得していたことを考えると、緑の党が単独で過半数をとることが簡単だとはとても思えない。欧州議会では、緑の党〔正式には「欧州緑グループ・欧州自由連盟」（Greens/EFA）〕はほぼ10パーセントの議席（751議席中74議席）を占めることになる。これは、7パーセント（51議席）にとどまった前回の2014年よりはましだが、いまや誰と手を組むのかをはっきりさせる必要がある。ところが、緑の党の幹部たちは、特にフランスでの成功に酔いしれて、左派と右派のどちらと組みたいのかを明言しようとしない。

しかしながら、あらゆるレベルの社会的不平等を是正する強力な運動がなければ、気候変動問題は解決できないことは、あらゆる側面からますます明らかになってきている。現在のような格差の広が

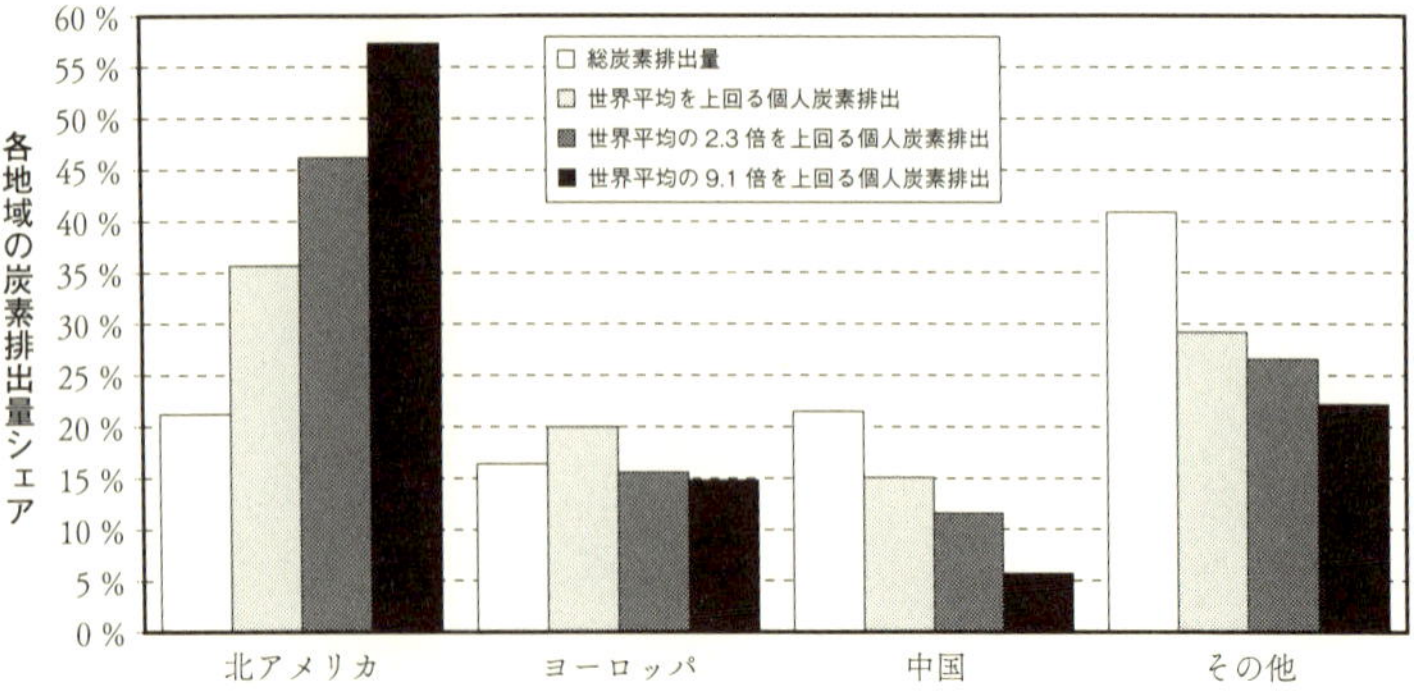


**図1　炭素排出の世界分布　2010-2018年**

解釈：2010-2018年、（直接排出および間接排出を合わせた）総炭素排出に占める北アメリカ地域（米国とカナダ）の割合は、平均21％だった。ところが、世界平均（年間CO2排出6.2トン）を上回る個人排出を見ると、北アメリカ地域のシェアは36％になり、世界平均の2.3倍を上回る個人排出（世界の排出者のトップ10％に相当し、総排出量の45％を占める。これに対し、底辺50％が総排出量に占める割合は13％）では、46％になる。世界平均の9.1倍を上回る個人排出（世界の排出者のトップ1％に相当し、総排出量の14％を占める）では、57％だ。

出所と時系列データ：piketty.pse.ens.fr/ideology を参照。Thomas Piketty, *Capital et idéologie*, 前掲書 p. 777〔邦訳ピケティ『資本とイデオロギー』図13-7〕

りがある限り、エネルギーの節減に向けた歩みは夢物語でしかないだろう。というのも、まず第一に、炭素排出量が富裕層に大きく集中しているからだ。世界レベルでは、上位10パーセントの富裕層が全排出量のほぼ半分に責任があり、上位1パーセントの富裕層だけでも地球上の最貧層の半分以上の二酸化炭素を排出している。したがって、最富裕層の購買力を大幅に低下させることは、それだけで世界の排出量削減に対して大きな効果がある。

さらに、富裕層も貢献しているという証拠がなければ、富裕国でも新興国でも、中間層や労働者層が生活様式を変えることを受け入れるとは思えない（しかし、これは必要不可欠なことなのである）。2017年から2019年にかけてフランスで見られた「富裕層を優遇する」一連の政治的な流れは、奇妙なことに選挙期間中には言及されなかったものだが、先に述べたような「公正さ」の必要性をドラマチックかつ象徴的に示している。２０１７年、フランスでは炭素税の原則が比較的受け入れられ、パリ協定の公約に沿って国が排出量を削減するために、２０３０年まで段階的に増税する計画だった。しかし、このような増税が受け入れられるためには、排出量が最も多い人々には排出量が最も少ない人々と少なくとも同じくらいの打撃を与え、税収の全額をエネルギー転換と最も大きな打撃を受ける世帯の支援に充てることが不可欠である。それなのに、マクロン政権はその逆を行なった。最貧層が支払う燃料税は、ＩＳＦや資本所得に対する累進課税の廃止をはじめとする、他の優先事項の資金のために使われているのだ。公共政策研究所（ＩＰＰ）[1]が示しているように、その結果、２０１７年から２０１９年までに、最富裕層１パーセントの購買力が６パーセント、最富裕層０・１パーセントの購買力が20パーセント上昇した。

社会的な不満を考慮して、政府は最富裕層への贈りものを中止し、気候変動や最貧層への補償に充てる決定をすることもできたはずだ。しかし、２００７年から２０１２年にかけて、当時大統領だったサルコジが納税額上限制度（「租税の盾《ブクリエ・フィスカル》」）に固執していたのと同様に、マクロンは最富裕層への贈りものに固執し、パリ協定を完全に無視して、炭素税増税を中止することを選んだ。いつ再開されるのかは誰にもわからない。ＩＳＦの廃止を政策の絶対的な柱としたことは、大統領の政党〈共和国前進〉が、まさに自由主義的な親ビジネス右派の後継者であることをはっきりと示している。２０１７年および２０１９年にこの政党を支持した、高所得者と高資産者が中心の有権者の社会学的構造からも、これは疑う余地がない。

このような状況下で、フランスやドイツの緑の党が、なぜ自由主義者や保守派と組もうと考えているのか、不思議でならない。権限を手にしたいという願望は人の性《さが》である。しかし、それが地球のためになると本気で思っているのだろうか？　フランスで左派とエコロジストが手を組んでいたら、自由主義者やナショナリストよりも大きな勢力となっていただろう。欧州議会で左派とエコロジストが団結すれば、圧倒的に大きなグループとなり、より大きな影響力を持つことができるだろう。そのように社会主義的・連邦主義的でエコロジカルな路線が生み出されるためには、さまざまな左派政党が多少なりともその道を歩まなくてはならないだろう。〈不服従のフランス〉やドイツの左翼党（Die Linke）は、現在の欧州を変えたいとか条約から抜け出したいと主張するだけではなく、どんな新しい条約を結びたいのかを説明しなければならない。社会主義者や社会民主主義者は、自らの権力の行使の仕方によって政治体制が崩壊したことに対して大きな責任があり、その再建に向けて中心的な役割を果たすべきである。また、彼らは過去の過ちを認めなければならない。現在の欧州の枠組みをつくりあげるのに大きく加担してきたからだ。[*2] とりわけ、共通の税制や規制なしに資本の自由な移動を組織したり、実際には具体的なロードマップを持っていないにもかかわらず、条約の再交渉を行なうと人々に信じ込ませたりした責任は重い。[*3] 欧州で公正で持続可能な開発モデルを構築することは可能だが、そのためには討議と難しい選択が必要だ。だからこそ、プライドのための無益な闘いをやめ、今すぐに仕事に取りかかるべきである。

＊1　２０１９年５月23日－26日にＥＵ全域で行なわれた欧州議会選挙。

＊2　ＥＵが設立された１９９３年、フランスはミッテラン社会党政権下だった。

＊3　２０１２年末、オランド大統領（社会党）は、財政規律の強化を求めるＥＵ財政協定を再交渉すると公約していたにもかかわらず、それを実現できないまま、これを批准した。

# 通貨創造は私たちを救うのか？　2019年7月9日

2007－2008年の危機以前には、欧州中央銀行（ECB）のバランスシートが保有するすべての証券とECBが行なった融資の総額は約1兆ユーロで、ユーロ圏のGDPのわずか10パーセントだった。これが、2019年には4・7兆ユーロに達し、この地域のGDPの40パーセントを占めるようになった。つまり、2008年から2018年までに、ECBはフランスのGDPの1年半分以上、ドイツのGDPの1年分以上、あるいはユーロ圏のGDPの30パーセント分以上に相当する通貨を創造した（すなわち、毎年GDPの3パーセント分の追加の通貨創造を10年間続けた）ことになる。[*1]この莫大な資金は、たとえば、同時期のEUの総予算の3倍に相当する。この総予算とは年間GDPの1パーセント、農業から地域基金、研究、さらにはエラスムス計画まですべての支出を合わせたものだ。この資金によって、ECBは金融市場に対して大規模な介入を行ない、公的および民間の債券を購入し、銀行部門の支払能力を保証するために融資を行なうことが可能になった。

おそらく、これらの政策によって、2008年の「大不況」が1929年から1935年のような「大恐慌」になるのを防ぐことができたのだろう。大恐慌が起きた当時の中央銀行は、不介入に基づく自由主義的な正統性に貫かれており、銀行の破綻が増えていくことを容認していた。それが、経済

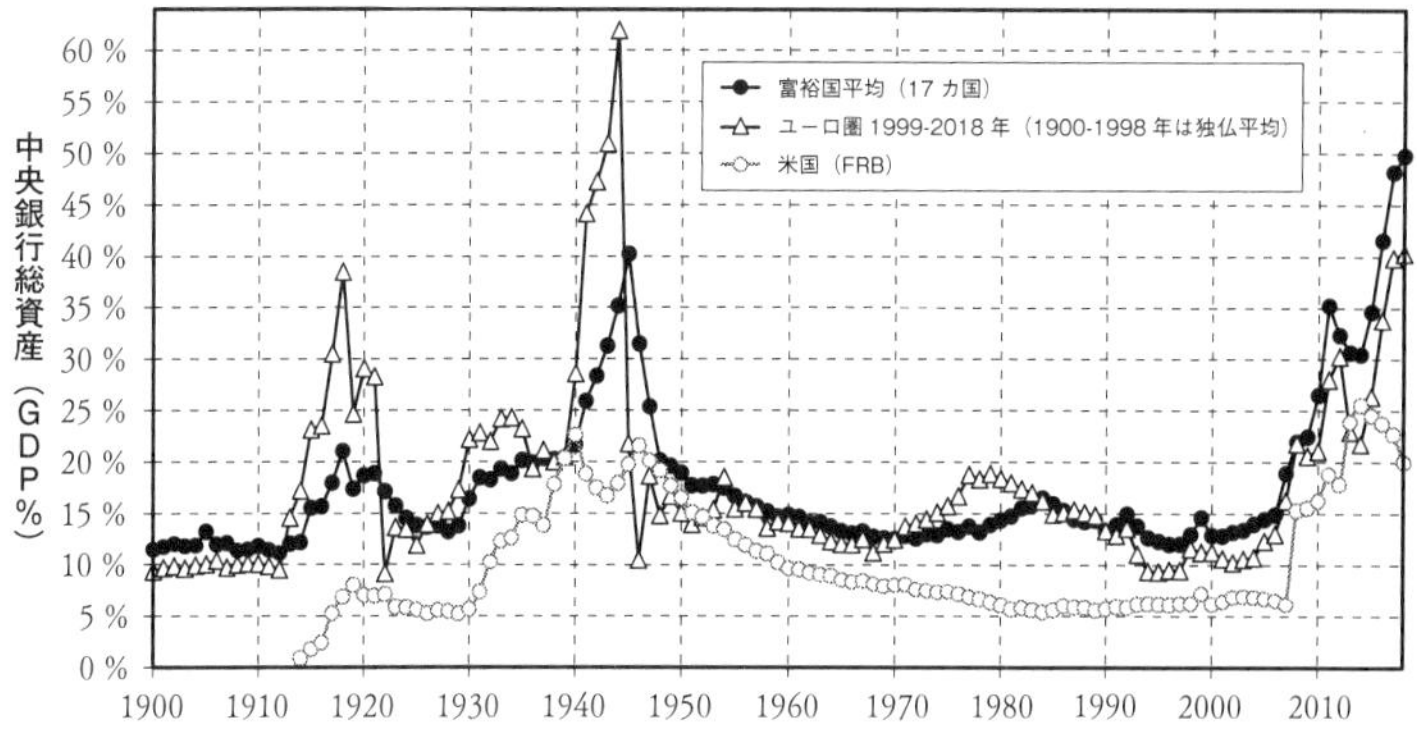


**図1　中央銀行バランスシートの規模　1900-2018年**

解釈：欧州中央銀行（ECB）の総資産は、2004年12月31日には対ユーロ圏GDP比11%だったが、2018年12月31日には41%に増加している。1900-1998年については、この曲線はドイツとフランスの中央銀行のバランスシートについて得られた平均を表している（1918年と1944年にピークがあり、それぞれ39%と62%だ）。米国FRB（1913年創設）の総資産は、2007年の対米国GDP比6%から、2014年末には26%に増加している。

注：富裕国平均とは、以下17カ国の相加平均である。ドイツ、オーストラリア、ベルギー、カナダ、デンマーク、スペイン、米国、フィンランド、フランス、イタリア、日本、ノルウェー、オランダ、ポルトガル、英国、スウェーデン、スイス。

出所と時系列データ：piketty.pse.ens.fr/ideology を参照。Thomas Piketty, *Capital et idéologie*, 前掲書 p. 812〔邦訳ピケティ『資本とイデオロギー』図13-13〕

の崩壊、失業の急増、ナチズムの台頭、さらには戦争へとつながっていったのである。少なくともこの点については歴史から学び、2008年にはこの「清算主義」[*2]の実験を繰り返すことを提案する人が（ほとんど）いなかったことは、もちろんよいことである。グローバル化した金融資本主義の極度の脆弱性に直面するなかで、実のところ中央銀行は、緊急時に破綻の連鎖を避けるために頼れる唯一の公的機関だったのだ。

　難しいのは、すべての問題が通貨創造と中央銀行の理事会によって解決されるわけではなく、さらに、2008年の危機を通貨の創造によって乗り切ったというエピソードが、通貨創造に対する世間一般の見方を深く混乱させつづけたことだ。2008年以前は、このような大規模な通貨創造は禁じられている（少なくとも推奨されていない）という見方が主流だった。この考え方は、1970年代の「スタグフレーション」（低成長と高インフレの混合状態）を経て、1980年代に重んじられるようになった。そうした状況のなかで、マーストリヒト条約（1992年）が構想され、1999年から2002年にかけてユーロが誕生したのである。2008年以降に行なわれた莫大な通貨創造はこのコンセンサスを打ち砕いた。ECBが、銀行を救済するためにマウスをクリックするだけでGDPの30パーセントに当たる通貨を創造して以来、今日の欧州では（たとえば気候資金協定の草案で）、エネルギー転換のための資金調達、格差の縮小、研究や教育への投資のために同じことをしようという声が高まっている。同様の要求は、米国をはじめとする世界各地でも表明されている。それらは自然で正当なものであり、いつまでも頭ごなしに否定しつづけることはできない。

ただし、いくつかの点を明確にしておく必要がある。来るべき金融危機に対処するために、あるいは単に民間金融機関のバランスシートの変化（1970年代にはGDPの300パーセントだったが、現在は1000パーセントを超えている）に追いつくために、中央銀行がバランスシートの規模（日本とスイスではすでにGDPの100パーセントを超えている[1]）をさらに拡大することは十分に考えられる。しかし、このような終わりのないイタチごっこの論理は決して安心材料にはならない。過度の金融化に歯止めをかけ、民間のバランスシートを縮小するために、必要な規制を導入すべきだろう。

さらに、成長が鈍化し、金利がゼロに近く、インフレが存在しない状況では、中央銀行の支援を受けて、公的機関が気候変動対策や教育への投資のために借入を重ねることが正当化される。豊かな国では、１９８０年代以降、初等・中等・高等教育への公的支出総額がGDPの5パーセント前後で停滞しているのに対して、高等教育を受ける年齢層の割合が20パーセント未満から50パーセント以上に上昇していることは、とりわけ逆説的だ。しかし、欧州の状況では、これには知的で政治的な土台の徹底した再構築が必要になる。投資・債務・通貨の問題は、自動的な予算割り当てのルール（このルールは絶えずかいくぐられているが）や従来どおりの非公開の協議ではなく、議会という場でオープンに議論されなければならない。これらの決定は、社会全体に影響を与えるものである以上、財務相理事会や中央銀行総裁に任せておくわけにはいかないのだ。

最後になったが、２００８年から２０１８年にかけての通貨膨張が、貨幣主義者《マネタリスト》の新しい形の幻想につながるようなことがあってはならない。私たちが直面している大きな課題（地球温暖化、格差の拡大）を解決するために求められているのは、適切な資金を投入できるようにすることだけではない。選挙によって選ばれた議会で、所得・資産・炭素排出量に関する累進税を導入し、金融資産の透明性を高めるための新しいシステムを構築することによって負担を公正に配分するという新たな規範を設けることも求められている。お金は助けになる。ただし、お金を崇拝の対象とするのではなく、税金と議会が中心的な役割を果たしつづけるべき集団的体制における道具という、然るべき役割に戻すことが必要なのである。

＊1　信用創造ともいう。銀行が貸し出しを繰り返すことによって、銀行全体として最初に受け入れた預金額の何倍もの預金通貨をつくりだすこと。

＊2　政府や中央銀行は不況下でも積極財政や金融緩和などの経済介入をすべきではなく、不況に任せて経済に蓄積した不良なものを清算することが必要だという経済政策。

# 循環型経済のために　2019年10月15日

循環型経済[*1]というと、廃棄物や材料をリサイクルしたり、天然資源の使用を控えたりすることを思い浮かべる人が多いだろう。しかし、持続可能で公平な新しい体制を出現させるためには、経済モデル全体を見直す必要がある。現在のような貧富の差があっては、どんな野心的な環境目標も実現は不可能だ。エネルギーの節減は、経済的および社会的な節減によってのみ可能であり、節度のない財産やライフスタイルからは得られない。民主的な討議を通して社会的、教育的、税務的、気候的公正の新しい規範が構築されなければならず、これらの規範は、現在の経済力の超一極集中に背を向けるものでなければならない。21世紀の経済は逆に、権力、富、知の恒常的な循環に基づいていなければならないのだ。

20世紀に社会と人間の進歩が現実のものとなったのは、私有財産と教育の普及のおかげである。社会的不平等を是正し、流動性を高めようとする強力な運動は、18世紀から19世紀にかけてすでに登場していたが、1900－1910年代から1970－1980年代には、教育への空前の投資、(特に北欧における) 株主の権利と従業員の権利のバランスの見直し、(特に米国における) 累進課税による所得と富の循環などのおかげで、加速していった。

こういった動きは、１９８０年代から１９９０年代には、ポスト共産主義の幻滅とレーガンの政策転換によって引き起こされた振り子の揺り戻しによって、中断された。ポスト共産主義は、少数派の利益のために天然資源を乱開発して民営化し、タックス・ヘイブンを通じて法制度を組織的に回避し、あらゆる形態の累進税を完全に廃止するなど、ハイパー資本主義の最良の味方となった。プーチン率いるロシアでは、所得が１０００ルーブルでも10億ルーブルでも、所得税は13パーセントだ。中国でも同じように、政府に近い人たちが帝国を築き、相続税をまったく課せられないまま子孫に受け継がせている。香港は、共産主義とされる政権の支配下に置かれたことでさらに格差が拡大した驚くべき例である。

そこまで急進的ではなかったものの、１９８０年代にレーガンが行なった政策転換では、最富裕層に適用される税率が70パーセントから30パーセントに引き下げられた。レーガンは、米国は共産主義の脅威に対抗するためにニューディール政策に端を発する再分配と平等主義を推し進めすぎたのだとし、そのせいで米国は弱体化したと糾弾して、これに終止符を打とうとした。そして、起業家のエネルギーを解放することで、空前の経済成長期が訪れることを約束した。たしかに格差は拡大し、億万長者はより強い権力を持つようになるかもしれないが、すべての人が利益を得られるようなイノベーションをも大衆にもたらすというわけだ。実際、米国経済における億万長者の影響力は１９８０年代以降大幅に拡大し、米国における財産の集中度は、20世紀初頭のヨーロッパ並みの高さに迫っている。問題は、経済成長率が上昇しなかった点だ。一人当たりの国民所得の増加率は半減した（１９５０－１９９０年は年率２・２パーセントだったが、１９９０－２０２０年は１・１パーセント）。賃金は低迷

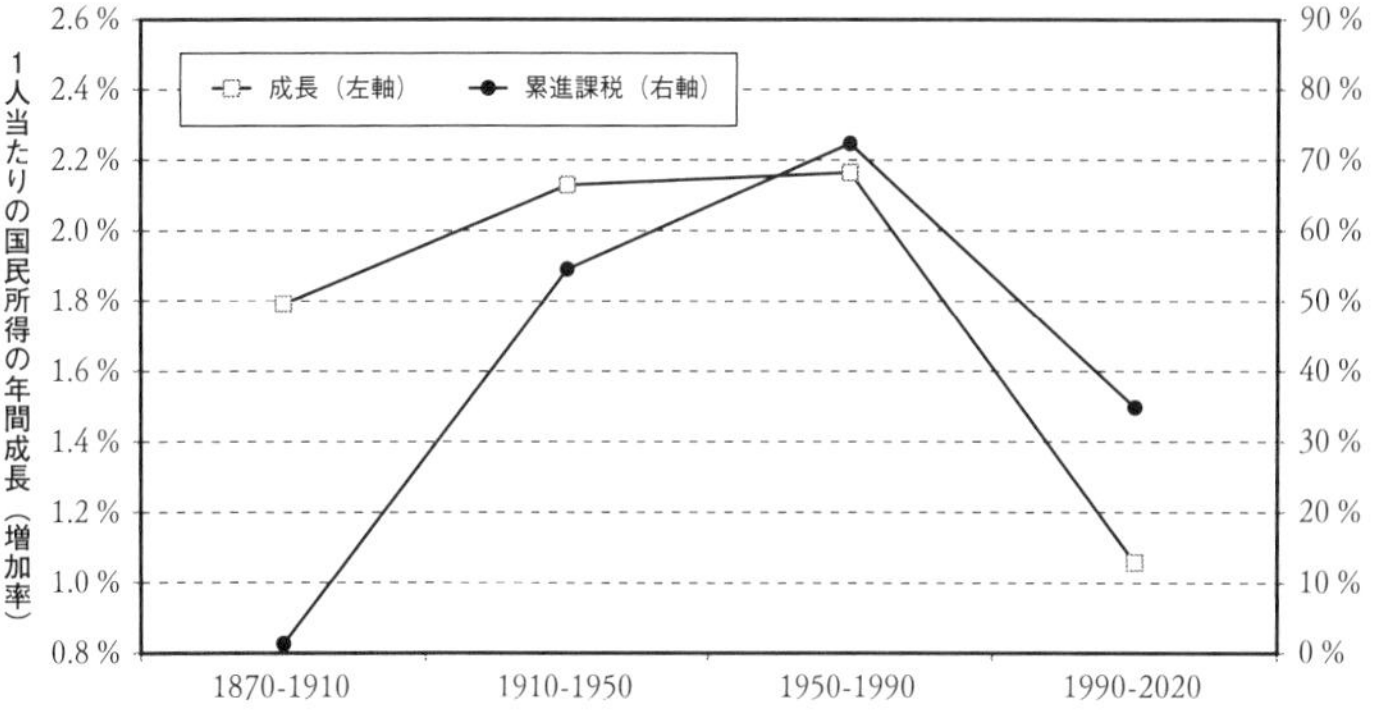


**図1　米国における成長と累進課税　1870–2020年**

解釈：米国の1人当たりの国民所得の年間成長（増加率）は、1950–1990年には2.2%だったものが、1990–2020年には1.1%に落ち込んだ。同じ時期に、最高所得に課される最高限界税率は、72%から35%に下がっている。

出所と時系列データ：piketty.pse.ens.fr/ideology を参照。Thomas Piketty, *Capital et idéologie*, 前掲書 p. 634〔邦訳ピケティ『資本とイデオロギー』図11–13〕

し、グローバル化に疑問を抱きはじめる人が増えていった。トランプ的ナショナリズムが強められているのは、このレーガニズムの失敗の直接的な結果である。経済的な自由主義だけでは不十分なのだとしたら、あとは米国の白人が苦労して得たものを奪いとるメキシコ人や中国人を叩くしかない、というわけだ。

しかし実際には、レーガンの失敗はとりわけ、富と権力の過剰な集中は現代の循環型経済のニーズに対応していないことを示しているのだ。30歳で財を成したからといって、50歳、70歳、90歳になっても株主としての権力をそこに集中させておくべき理由などない。経済成長の低迷は、1990年代以降の教育投資の懸念すべき停滞や、米国やヨーロッパにおける教育へのアクセスに関する深刻な格差によっても説明される。

気候変動の脅威や格差の拡大に対する国際的

な認識は、変化のためのてこの役割を果たすかもしれない。しかし、まだまだ先は長い。多国籍企業の利益に課税するという経済協力開発機構（ＯＥＣＤ）の計画は、これらの企業が得ている利益のごく一部しか対象としておらず、提案されている分配法は貧しい国よりも豊かな国に有利なものとなっている（これは、「国際企業課税の改革を求める独立委員会」（ＩＣＲＩＣＴ）(1)の研究で明らかになった）。今週米国で出版されたエマニュエル・サエズとガブリエル・ズックマンの著書『つくられた格差――不公平税制が生んだ所得の不平等』（邦訳は光文社刊）〔原題は *The Triumph of Injustice*〕では、すべての人のための健康と教育、そしてエコロジーに資金調達を移行させるためには、金融資産の透明性を高め、税の累進性を取り戻すという、より野心的な解決策があることが示されている。これらの考えが、米国の民主党員、特にウォーレンとサンダース[*2]に取り上げられたという快挙を考えると、楽観的になれるかもしれない。

しかし、欧州は、米国から変化がやってくるのを何もせずにただ待っているわけにはいかない。グリーン・ニューディールを実現するためには、社会的正義および税の公正を実現するための強力な措置を講じることが急務である。これは、英国労働党[*3]を欧州の軌道に戻し、次の選挙で保守党が勝利するという惨劇を避けるための代価でもある。ベルリンの壁崩壊から30年、そろそろ平等、循環型経済[*4]、参加型社会主義(3)への歩みを再開する時が来たのではないだろうか。

＊1　限られた資源を繰り返し利用することで、資源循環と経済成長の両立を目指すという概念。２０１５年にはＥＵが政策を打ち出し、ヨーロッパで大きな流れとなっている。
＊2　サエズとズックマンのデータを参考にしたバーニー・サンダース上院議員やエリザベス・ウォーレン上院議員をはじめとする米国の政治家たちは、格差を是正するため、富裕層への事実上の増税、育児手当の充実、大学無償化、社会保障の大

幅拡大、最低賃金の引き上げといった解決策を提案した。

＊3　本コラム掲載当時、英国労働党はブレグジットについて立場を明確にしていなかった。

＊4　結局、2019年12月の選挙で与党・保守党が大勝する結果に終わった。

# 経済的正義によるアイデンティティの対立からの脱却

## 2019年11月12日

長い間、欧州の人々は、米国で社会的・人種的な対立があいまって政治的・選挙的分断がつくりだされているのを遠くから見てきた。しかし、フランスでも欧州でもアイデンティティに基づく対立が深刻さを増し、破壊的なものになる恐れがあることを考えると、他の地域からの教訓をよく考えてみるべきだろう。

時代をさかのぼってみよう。米国の民主党は、1861年から1865年の南北戦争当時は奴隷制の政党であったが、1930年代に入ると次第にルーズベルトとニューディールの政党になっていった。早くも1870年には、黒人に対しては激しく不平等主義的で人種分離主義的だが白人（特にアイルランド人やイタリア人の新移民）に対しては共和党よりも平等主義的だという、「社会的差異主義」とも呼べるイデオロギーとともに自らをつくりなおしはじめ、1913年に連邦所得税を創設し、1929年の危機後には社会保障を発展させた。1960年代になってようやく、黒人活動家からの圧力や地政学的状況の変化（冷戦、脱植民地化）のなかで、人種分離主義の重い過去に背を向け、公民権と人種的平等の大義を支持するようになった。

それ以降、人種差別主義者の票――より正確には、連邦国家や教育を受けた白人エリートはマイノリティを優遇することばかりを気にかけているとみなすすべての白人の票――をだんだんと獲得していったのは共和党だった。このプロセスは、1968年のニクソン、1980年のレーガンに始まり、2016年のトランプによって増幅された。トランプは、レーガンの経済政策が失敗し、その繁栄の約束がむなしいものとなった今、アイデンティティとナショナリズムの言説を硬化させている。共和党の公然とした敵意（レーガンが「福祉の女王」[*1]に黒人シングルマザーの怠惰の体現者の烙印を押して糾弾したことに始まり、シャーロッツビル[*2]の暴動の際にトランプが白人至上主義者を支持したことに至るまで）を考えれば、1960年代以降、黒人票の90パーセントが常に民主党に投じられてきたことも驚くには当たらないだろう。

このようなアイデンティティに基づく分断は、欧州でも徐々に進行している。右派が非欧州系移民を敵視していることから、そのようなバックグラウンドを持つ有権者は、非欧州系移民を排除しない唯一の政党（つまり左派）に投票するようになり、その結果、左派が非欧州系移民を優遇しているという右派の非難をさらに強める事態となっている。たとえば、2012年のフランス大統領選挙の2回目の投票（決選投票）では、祖父母のうち少なくともひとりが欧州以外の出身者であると申告した有権者（有権者の9パーセント）のうち77パーセントが社会党の候補者に投票したのに対し、欧州系の外国出身者（有権者の19パーセント）や外国出身者でない有権者（有権者の72パーセント）では、その割合は49パーセントだった。

米国と比較して、欧州のマイノリティは民族混合性が高いことが特徴である（北アフリカからの移民一世の民族混合婚は30パーセントであるのに対し、米国の黒人の場合の混合婚は10パーセント強である）。

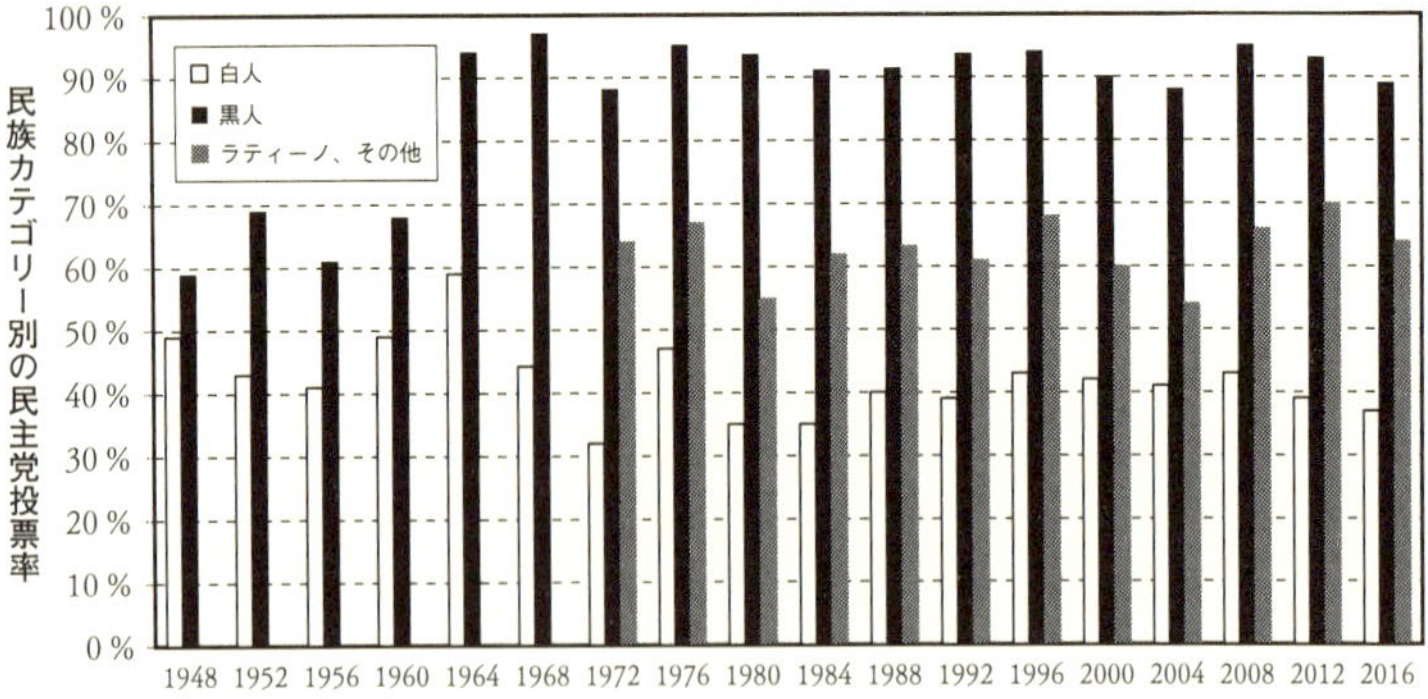


**図1　政治的対立と民族アイデンティティ、米国　1948–2016年**

解釈：2016年、民主党候補は白人有権者（有権者の70％）の37％、黒人有権者（有権者の11％）の89％、ラティーノやその他の民族カテゴリーを申告した有権者（有権者の19％、うちラティーノは16％）の64％の票を獲得した。1972年には、民主党候補は白人（有権者の89％）の32％、黒人（有権者の10％）の82％、ラティーノ他（有権者の1％）の64％の票を獲得していた。

出所と時系列データ：piketty.pse.ens.fr/ideology を参照。Thomas Piketty, *Capital et idéologie*, 前掲書 p. 947〔邦訳ピケティ『資本とイデオロギー』図15-7〕

であれば、理屈の上では分断を和らげることができるはずだ。しかし残念なことに、宗教的な側面や（米国にはほとんど存在しない）イスラム教の問題が、反対に状況を難しくしている。

この観点から見ると、欧州で起きていることはインドのケースに似ている。[*3] インド人民党（BJP）のヒンドゥー教徒のナショナリストたちは、マイノリティであるイスラム教徒を拒絶することで結束している(1)。インドでは、牛肉の消費とベジタリアンの食生活がアイデンティティの衝突を招いている。フランスでは、ヒジャブと呼ばれるイスラム教徒の女性が[*4]身につけるヘッドスカーフの問題に、ときにはスカートの長さやビーチでのレギンスの着用に焦点が当てられる。どちらの国でも、ヒンドゥー教陣営や「政教分離原則《ライシテ》」を掲げる〈国民戦線〉〔現在の〈国民連合〉の旧称〕陣営には、同じような反イスラムの強迫観念が見られ、それは（ほとんど「ジハ

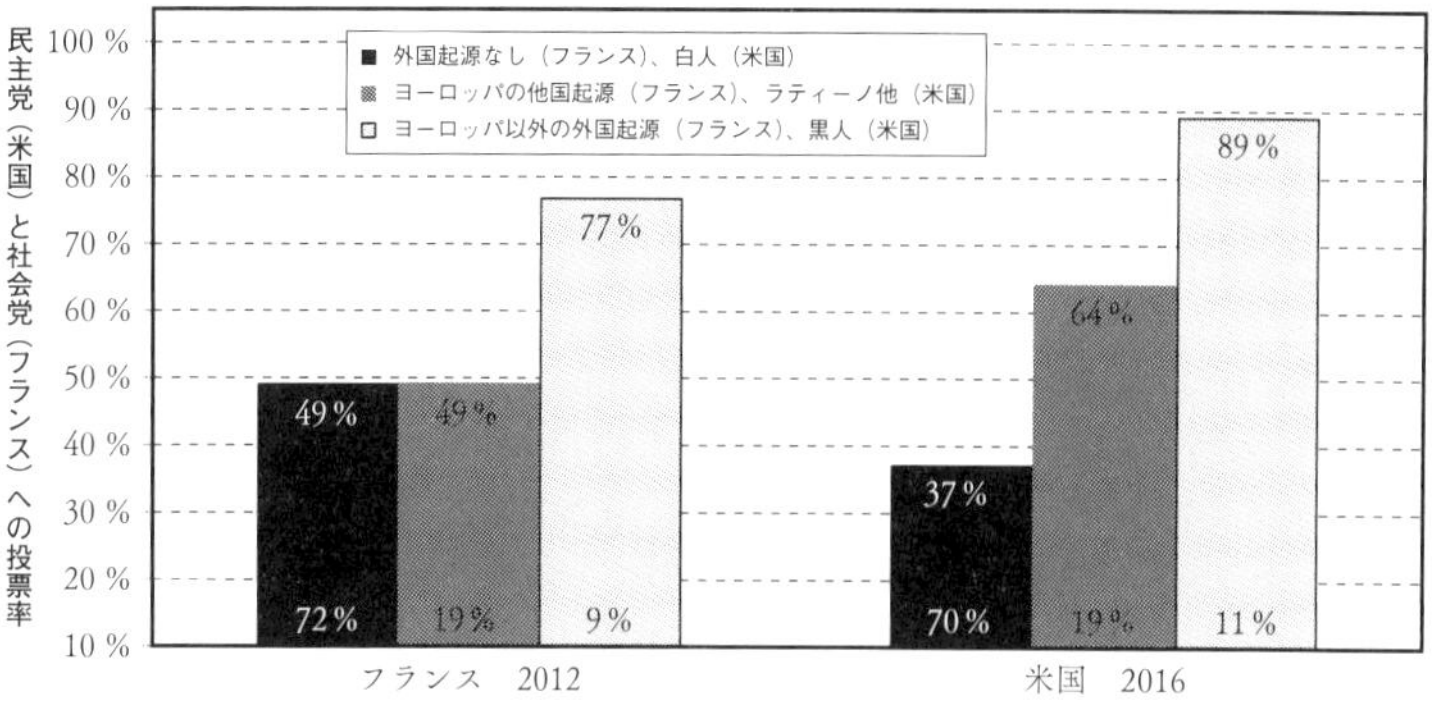


**図2　政治的対立と出自、フランスと米国**

解釈：2012年、フランス大統領選挙の決選投票で、社会党候補は「外国起源なし（祖父母に外国籍者がいない）」と「ヨーロッパの他国（主にスペイン、イタリア、ポルトガル）起源」の有権者のそれぞれ49%の票を獲得し、「ヨーロッパ外（主に北アフリカとサハラ砂漠以南地域）起源」を持つ有権者の77%の票を獲得した。2016年、米国大統領選挙で、民主党候補は白人有権者の37%、ラティーノ他の64%、黒人有権者の89%の票を獲得した。

出所と時系列データ：piketty.pse.ens.fr/ideology を参照。Thomas Piketty, *Capital et idéologie*, 前掲書 p. 955〔邦訳ピケティ『資本とイデオロギー』図15-9〕

ード主義者の共犯者」として非難されている）マイノリティの権利を擁護するすべての人に対するきわめて暴力的な言説となって表れている。どちらの国でも、後者はときには、たとえばヘッドスカーフを着用しない権利よりも着用する正当な権利を擁護し、さらにこの種の逆行的な圧力を受けない権利を擁護することによって対立を激化させるというリスクをとることがある。

どうすれば、この致命的なエスカレーションから抜け出せるのだろうか？　第一に、経済的正義と格差や差別との闘いという地平に立って議論を進めることだ。多くの調査によると、同じ卒業証書を持っていても名前にアラブ・イスラム風の響きがあるというだけで就職試験の面接を受けられないことが多いという。こうした差別的な行為の動向を追跡する指標と、それに対抗するための制裁措置を講じることが急務である。

より一般的には、経済的な議論がなされていないことが、アイデンティティに基づく緊張や出口のない対立の原因となっている。代替的な経済政策の模索が放棄され、国家はもはや国境以外の何も管理していないことについての釈明が絶え間なく繰り返されている状態では、政治的な議論が国境やアイデンティティの問題に集中するのは当然のことだ。アイデンティティを主張するナショナリストとエリート主義的なリベラル左派の間で衝突が起こることを阻止したいと考えているすべての人が、冷静さを取り戻し、経済的変革を起こす政策のために団結すべきときが来ている。そのためには、教育上の正義を実現し、資本主義的な財産という考え方を超越し、ヨーロッパのさまざまな条約の再交渉に向けた具体的かつ野心的な計画を立てることが必要だ。些細な喧嘩や昔ながらの恨みを克服することができなければ、極右の人種差別的な憎しみにすべてを奪われてしまうかもしれない。

＊1　米国で福祉制度を悪用しているとされる女性に対して使われている蔑称で、1976年のリンダ・テイラーによる詐欺事件の際に生まれた言葉。1976年の米国大統領選挙の際にロナルド・レーガンがこの言葉を使ったことで広まった。

＊2　2017年8月12日、バージニア州シャーロッツビルでの白人至上主義者らの集会で抗議したひとりが殺害され、十数人が重軽傷を負った事件。

＊3　ヒンドゥー至上主義の保守政党で、党員数が1億人を超える世界最大の政党。イスラム教やキリスト教をインドの価値観に合致しないとして批判するが、比較的穏健で、政教分離やカースト解消などには基本的に賛成している。

＊4　2015年頃から、フランスではロングスカートをはいて登校したイスラム教徒の女子生徒が「宗教を誇示している」として授業への出席を拒否されるケースが相次ぎ、論争が続いている。

# 年金制度の一本化へのいくつかの道　２０１９年12月10日

いくつもの年金制度改革案について、冷静な議論をすることは可能だろうか？　政府の姿勢から判断すると、なかなか難しそうだ。政府は、議論を次のような図式に閉じ込めようとしている。すなわち、（非常に曖昧なままの）政府案を支持する、あるいは過去の特権を擁護してどんな変化をも拒絶する時代遅れの堅物でいる、そのどちらかという図式だ。

このような二者択一の考え方の何が問題かというと、実際には、普遍的年金制度を構築する方法は、社会的正義や格差の是正を重視する度合いに応じて、*1フランス労働総同盟（ＣＧＴ）が主張する「各種年金制度の共通基盤」*2からドゥルボワ報告で提示された改革案に至るまで、何種類もあるということを無視している点だ。２００８年、私はアントワーヌ・ボジオと共著で、年金制度を統一するための可能な道筋を示した小さな書(1)を出版した。同書には多くの限界があったが、その後の議論でいくつかの重要なポイントを明らかにすることができた。特に同書は、平均寿命の社会的不平等を考慮に入れたいくつかの解決策を提案している。職業別の平均寿命に基づく直接的な方法（たとえば、労働者のあるカテゴリーの人々は退職後に平均10年間生きるが、管理職だと20年生きるといった事実を考慮した補正）もあれば、平均して長期にわたって年金の恩恵を受ける最高賃金所得者層に求める保険料負担率を構造的に増大させ、平均して短期間しか年金を受け取らない最低賃金所得者層が受け取る年金の水準を引き上げるという、間接的かつ近似的な方法もある。同書では、現在の政府案と同じように重要な問題が巧みに避けられてしまう恐れがあると承知しながらも、はっきりとした判断は下していない。

よく考えてみると、直接的な方法は現実的ではないように思える。年金額の計算の際には、高所得者層に比べて低・中所得者層を優遇することで平均寿命の差を補正するという間接法をはっきりと想定したほうがいいだろう。これは複雑な問題に対しては不完全な解決策であるが（格差は賃金水準以外の多くの要因によって生じる。たとえば、特定の仕事は特に肉体的にハードだという点も考慮する必要がある）、問題が重く複雑であることを指摘するだけで、その解決のために実際には何もしない従来の解決策よりはましだろう。

より一般的には、平均寿命の問題にとどまらず、年金制度が現役時代の格差を老後に再生産するためだけに存在するという従来の考え方は、今日では時代遅れだと思える。（ある人たちは断続的な仕事にしか就けず、ある人たちは超高報酬を得られるといった）労働市場における格差の拡大や、年金依存度の高まりによる新たな人間的・社会的課題を考慮すると、今こそ年金制度について、より再分配的な考え方を持つべきだ。具体的には、非常に高額の給与所得者や非常に高額の資産を有している人々により大きな負担を強いることになったとしても、現役時代の賃金が法定最低賃金（ＳＭＩＣ）の１－３倍の人たちに対して最低レベルの年金を保証して改善するために、あらゆることをしなければならない。[*3]

政府の年金制度改革で問題となるのは、何よりも社会的正義の観点から見て野心が欠如していること

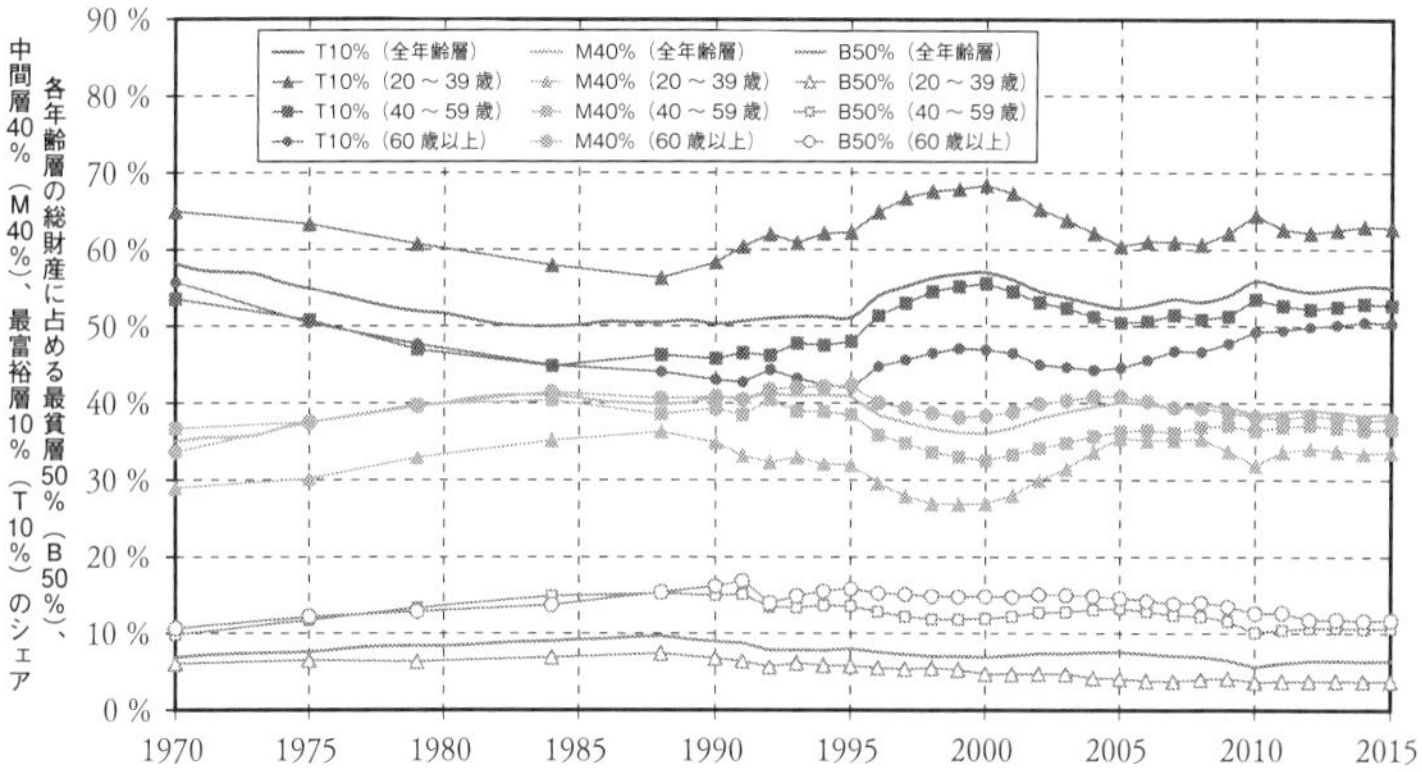


**図1　年齢ごとの所有権の格差（フランス）**

解釈：2015年のフランスでは、20-39歳の人々において、最貧層50％（B50％）が保有する財産のシェアが4％だったのに対し、中間層40％（M40％）は34％、最富裕層10％（T10％）は62％だった。60歳以上の人々では、それぞれ12％、38％、50％となっている。すべての年齢層で所有権の強い集中が見られる。

出所と時系列データ：piketty.pse.ens.fr/ideologie を参照。

とであり、これは政府の施策全体について言えることだ。これでは、マクロン大統領の任期の初期に税の贈りもの（ＩＳＦの廃止やフラット・タックスの導入）の恩恵を受けた人たちと比べて収入の低い公的組織と民間企業の賃金労働者との対立を煽っているようなものだ。ところで、社会的に見てはるかに公正な普遍的年金制度を考えることもでき、それは「年金制度の共通基盤」に関するＣＧＴの考えや、[*4]フランス民主労働同盟（ＣＦＤＴ）の一部の要求にも沿うものである。たとえば、ドゥルボワ案では、法定最低賃金（ＳＭＩＣ）で勤め上げた場合（43年間の保険料負担）、ＳＭＩＣの85パーセントに相当する年金が支給される。その後、ＳＭＩＣのたった１・５倍の賃金に対して所得代替率は一気に70パーセントに下がり、ＳＭＩＣの7倍の賃金（年収12万ユーロ）まではこのレベルが変わらない。

これは可能な選択肢のひとつではあるが、他の選択肢もある。所得代替率をSMICで85パーセント、SMICの2倍前後の賃金で80パーセント、3倍で75パーセントとし、7倍で50パーセントまで下げることも考えられる。また、退職時における生活水準の差をさらに縮めるような選択肢もありうる。

いずれにしても、一本化された新しい年金制度は「確定給付」ベースで機能することが非常に重要である。つまり、さまざまな給与レベルに適用される所得代替率に基づいて、事前に年金が確定しなければならない。過去10年間の公務員ポイントの凍結が示すように、ポイント制を採用すると、将来的にかなりの削減が覆い隠される恐れがある。2008年に出版した著書のなかで、[*5]私たちは、ポイント制の論理から脱却するためにユーロ口座制度を考えたが、結局、これは確定給付型の年金制度よりも透明性が低く不安が大きいものだとわかった。

最後に、普遍的年金制度の財源は、すべての人、特に富裕層の連帯と貢献に基づくものでなければならない。少なくとも、28パーセントの社会保険料率は、ドゥルボワ報告が提唱するように12万ユーロ以上の給与層で2・8パーセントに下がるのではなく、最高額を含むすべての給与に適用されるべきである。最高所得者や最高資産保有者にさらに大きな負担を求めるような累進的な社会保険料率を考えることもできる。というのも、私たちの社会では、就労している世代だけでなく、高齢者の間でも資産の格差が非常に大きいからだ。いくつもの普遍的年金制度が可能であり、今こそ公的な議論が行なわれるべきなのではないだろうか。

＊1　共産党系のフランスの有力な労働組合中央組織。

＊2　ジャン＝ポール・ドゥルボワは、マクロン政権の年金改革委員だったが、申告義務のある過去5年間の役歴を申告しなかったことが問題となり、2019年12月16日（本コラム掲載日の6日後）に辞任した。
＊3　2021年1月から時給10・25ユーロ。
＊4　フランスの社会党系労働組合。
＊5　マクロン大統領は、2017年の選挙時に42の年金制度の一本化とポイント制導入を公約として掲げていた。

# 気候変動否定論の次は格差否定論か　2020年1月14日

気候変動否定論は、今日では少なくとも表面的には勢いを失っている。これからは格差否定論の高まりを目の当たりにすることになるのだろうか？　フランス政府の場合には明らかにそうなるだろう。2017年のマクロン大統領就任以降の政策全体が、フランスは過剰な平等に苦しんでいるという考えに導かれているように見えるからだ。だからこそ、マクロン大統領は任期の最初に富裕層への税の贈りものをしたのであり、現在社会運動で表現されている公正の要求を理解することができないのだろう。具体的には、普遍的年金制度は可能だが、たとえ最高所得者や最高資産保有者たちにより大きな負担を求めることになったとしても、あらゆる手を尽くして中程度あるいは低い額の年金を改善させることが条件となる。老いることおよび人生の末期は尊厳と平等の観点から新たな課題をもたらすことを、高額所得者たちは理解する必要がある。

より一般的に言えば、世界中のさまざまな運動で公正を求める声が上がっている一方で、ビジネス関連のメディアからは、ここ数十年の格差の拡大を相対化する声も聞こえてくる。もちろん、英国の週刊新聞『エコノミスト』が平等のための闘いの先頭に立つことは誰も期待していない。しかし、だからといって、揺るぎない事実を捻じ曲げていいわけはない。

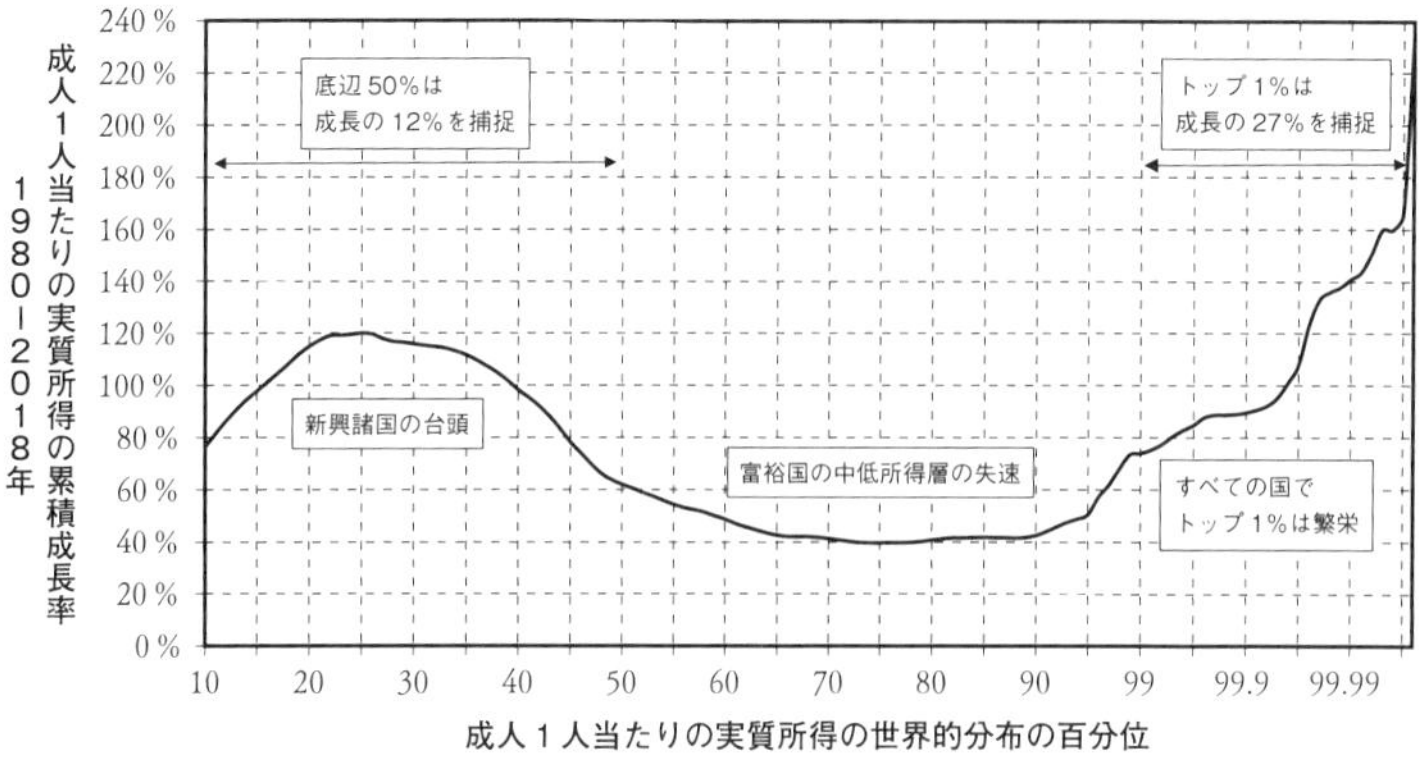


**図1　世界格差のエレファントカーブ　1980-2018年**

解釈：世界の最低所得層50％は、1980–2018年に購買力が大きく成長した（+60％から+120％）。最高所得層1％では、さらに力強い成長が見られた（+80％から+240％）。これに対し、中間層の成長はより限定的なものだった。まとめると、格差は世界の所得分布の底辺と中間の間では縮まったが、中間とトップの間では広がった。

出所と時系列データ：piketty.pse.ens.fr/ideology を参照。Thomas Piketty, *Capital et idéologie*, 前掲書 p. 41〔邦訳ピケティ『資本とイデオロギー』図I-5〕

2008年のリーマン・ショック以降、豊かな国々の政府が富の分配の透明性を高めるための努力を実質的に何もしていないだけに、現状はいっそう残念だ。タックス・ヘイブンや銀行の自動データ転送などが大きな話題になっている以上、金融資産の透明性は増しているのだと思いたくなる。原則的には、今ではすべての国が銀行や税務関連のデータを収集および公開し、特に最高資産保有者については、所得や富の大きさに応じた富の分配の推移を追跡できるようになっていなければならないはずだ。しかし残念ながら、現実はそうなっていない。いくつかの国では、資産や資本所得に対する累進課税が廃止されたことによって、多くの場合（特にフランスで、またドイツ、スウェーデン、米国などでも）、利用可能な公開データが乏しくなっている。研究者も行政も、雑誌に掲載された長者番付を利用していることがあまりにも多い。そういったデータは、たしかに最富裕層がますます繁栄していることを示してはいるものの、これらの本質的な問題について冷静で民主的な議論を行なうために私たちが期待する権利がある、透明性と厳密さの条件は満たしていない。私たちは、「ビッグデータ」の時代に生きているはずだ。これは間違いなく、私たちの個人情報を破廉恥にも略奪することを許されている巨大民間独占企業に当てはまる。しかし、富の分配や再分配の必要性に関する公的な統計に関しては、私たちは非常に不透明な時代に生きており、この不透明性は格差の是正に反対している人々によって巧みに維持されている。

さらに、私たちは、格差の是正を政治的行動の中心に据えることで初めて環境問題を解決できるのだということをあまりにも忘れてはいないだろうか。経済や社会の進歩を測る指標は、根本的に見直される必要がある。そもそも政府やメディアは、早急に「国内総生産（ＧＤＰ）」という概念を用いるのをやめ、「国民所得」に焦点を当てるべきだ。国民所得とは、ＧＤＰから海外へ流出する所得を差し引き、（国の状況によっては海外から流入する所得を加え）、さらに資本消費を差し引いたもの（原則として、あらゆる形態の自然資本の消費を含むべきもの）である。わかりやすい例を挙げてみよう。１０００億ユーロの炭化水素を地中から取り出す（あるいは海から魚を捕る）と、ＧＤＰは１０００億ユーロ増える。しかし、石油（あるいは魚）のストックが同じだけ減るので、国民所得はまったく増えない。さらに、炭化水素を燃やすことで、空気は吸うと危険になり、地球が生きていけない場所になる可能性が強まる。したがって、炭素排出の社会的コストを正確に計算に入れるなら、このように生み出された国民所得は実際にはマイナスとなるのである。

GDPではなく国民所得や国民資本を使い、平均値ではなく分布に注目することだけでは、すべての問題を解決するのに十分でないどころか、解決からはほど遠いと言わざるを得ない。これに加えて、（炭素排出量、大気の質、種の多様性といった）いわゆる気候・環境指標を緊急に増やす必要がある。しかし、所得や富の概念を抜きにして、これらの指標だけで今後の議論ができると考えるのは間違いである。できるだけ多くの人に受け入れられる新たな公正の規範を構築するためには、さまざまな社会集団に求められる負担を測定できることが不可欠であり、そのためには、富のレベルをひとつの国のなかだけでなく各国間で、しかも経時的に比較できることが求められる。環境を救うためにすべきことは、所得や成長の概念をすべてゴミ箱に捨てることではない。社会的課題を軽視することで、各国の緑の党は逆に、好意的な有権者にしか支持されず、保守主義者やナショナリストの政権維持を許してしまう危険性がある。気候変動と格差の問題は、いっしょに解決するしかない。であればなおのこと、気候変動否定論と格差否定論の両方に対して、同時に声を上げて取り組むべきなのだ。

## 「社会主義的連邦主義」対「国家主義的自由主義」　2020年2月11日

ご存じのとおり、英国は数日前にEUから正式に離脱した。間違えないでほしい。これは、2016年に米国でトランプが大統領に選ばれたことと合わせて、グローバル化の歴史のなかで大きな変化をもたらす重大な出来事なのだ。1980年代、レーガンとサッチャーのもとで超自由主義を選択し、それ以降、格差の最も大きな拡大を経験してきた二つの国が、30年後にはナショナリズムを選択し、国境と国家のアイデンティティに回帰することを決定したのである。

この転換については、さまざまな見方ができる。まずは、レーガン主義やサッチャー主義の失敗を表しているといえよう。米国や英国の中産階級や労働者階級は、完全な自由主義が約束した繁栄を経験していない。時が経つにつれ、国際競争やグローバル経済体制のなかで、彼らはますますひどい扱いを受けていると感じるようになったのだ。そのため、それは誰のせいなのかを明らかにする必要があった。トランプにとって、米国の白人から彼らが苦労して得たものを取り上げたのはメキシコの労働者、中国、さらに他の国の腹黒い人たちだ。ブレグジット支持者たちにとっては、責任をとるべきはポーランド人、EU、そして英国の偉大さを非難するすべての人だ。結局、ナショナリズムやアイデンティティを盾にする政治には、現代の大きな課題である格差や気候の問題を解決することはでき

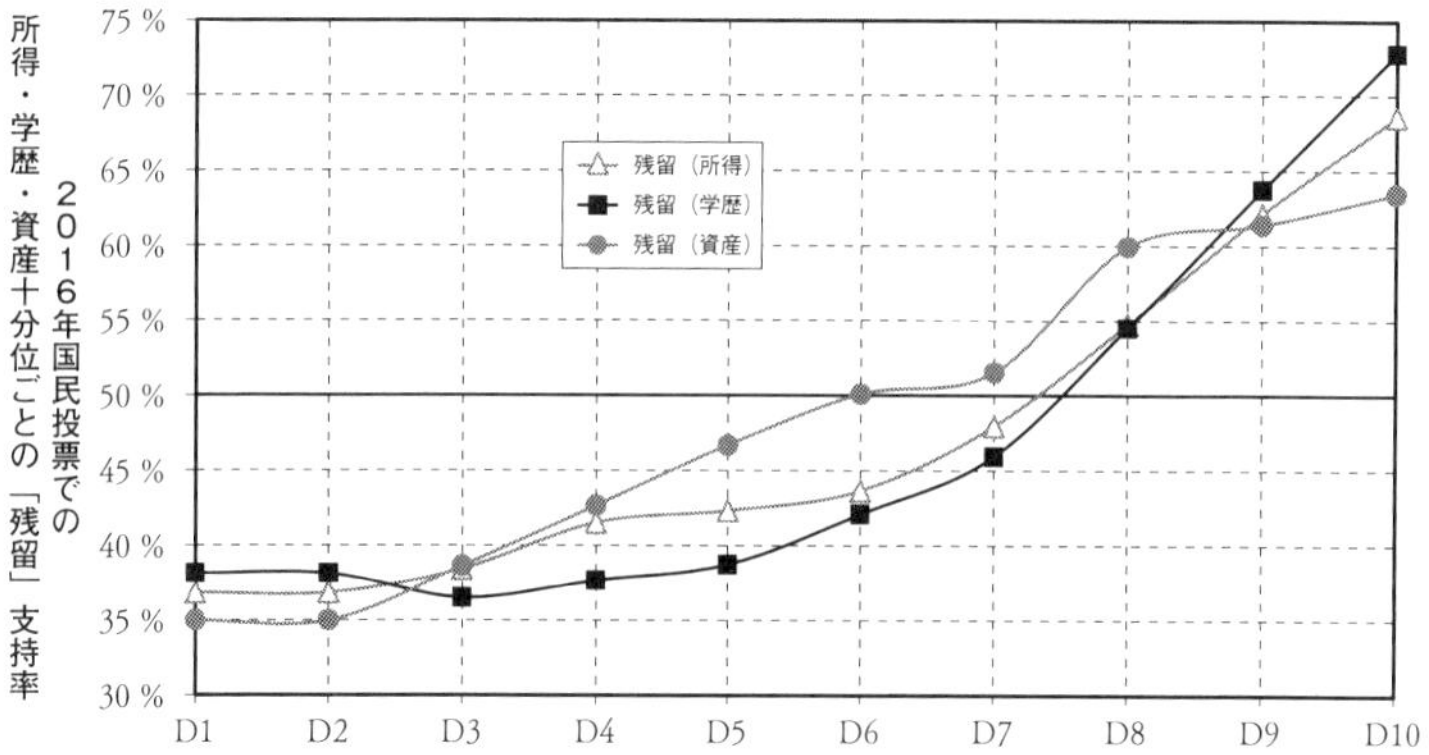


**図1　英国での欧州をめぐる分断：2016年ブレグジット国民投票**

解釈：2016年ブレグジット国民投票（「離脱」が52%で勝利）では、〔有権者の〕投票〔行動〕に強い社会的分断が見られる。所得・学歴・資産のトップ数十%は「残留」を強く支持したのに対し、底辺の数十%は「離脱」を支持した。

注：D1は（所得・学歴・資産の分布の）底辺10%を差し、D2はその次の10%、D10はトップ10%を指す。出所と時系列データ：piketty.pse.ens.fr/ideology を参照。Thomas Piketty, *Capital et idéologie*, 前掲書 p. 989〔邦訳ピケティ『資本とイデオロギー』図15-18〕

ない。特に、トランプ主義者やブレグジット支持者は、最富裕層や最も流動性をもつ人々を優遇する課税ダンピングやソーシャルダンピングの新たな層を増やすだけに、いっそう格差を拡大させ、不満を増大させるだけだろう。それでも投票する有権者にとっては、より説得力のある代替言説がないため、さしあたっては、国家主義的自由主義の言説が自分たちの不満に対して唯一信頼できる新たな答えのように思えてしまうのだ。

実際、こういったイデオロギーの偏流の危険性は、アングロサクソンの枠組みをはるかに超えている。ナショナリズムの、そして外国人嫌いの誘惑は、イタリアや東欧、ブラジルやインドなど、ほぼいたるところに存在している。ドイツでは、チューリンゲン州で戦後初めて「中道右派」が極右の票を得て、州首相が選出されたばかりだ。フランスでは、

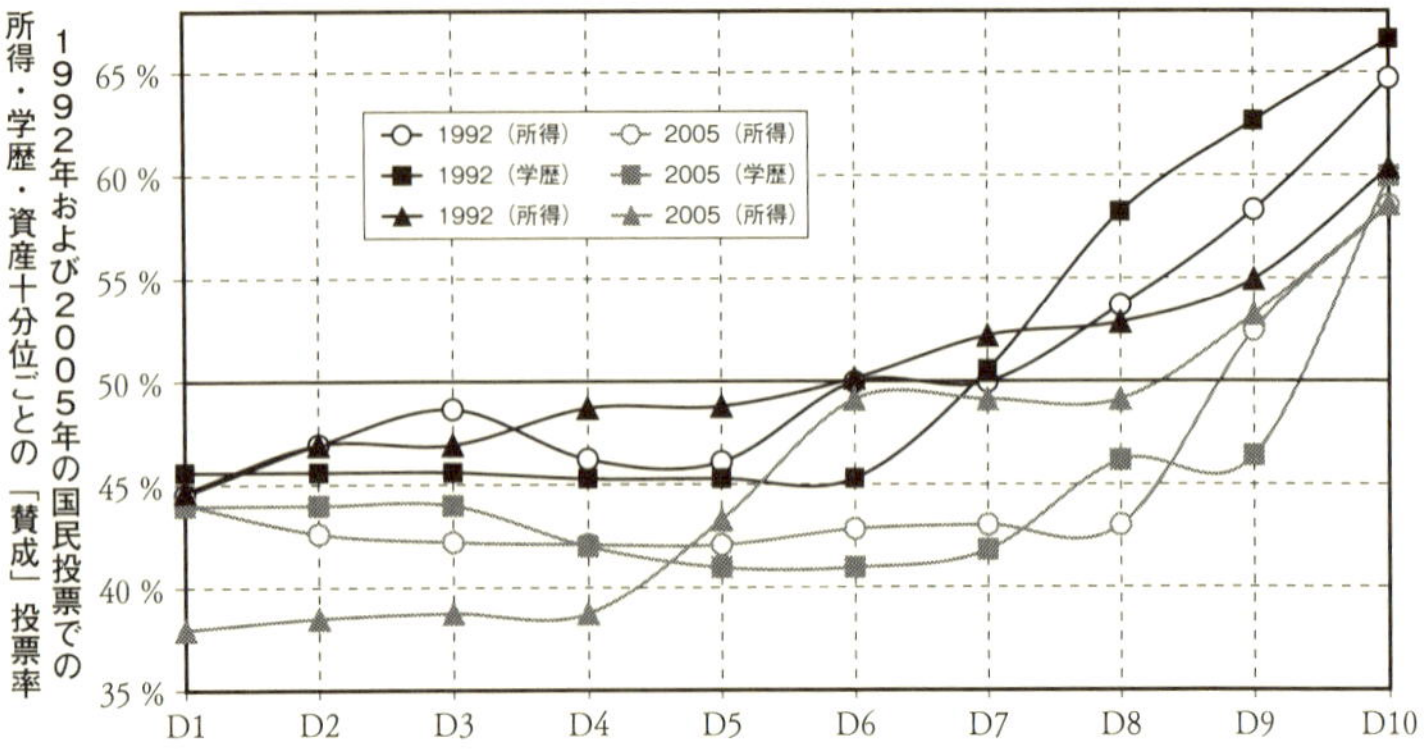


**図2　欧州をめぐる分断、フランス：1992年と2005年の国民投票**

解釈：1992年のマーストリヒト条約をめぐる国民投票（賛成票51％で可決）と2005年の欧州憲法条約をめぐる国民投票（賛成票45％で否決）では、〔有権者の〕投票〔行動〕に強い社会的分断が見られる。所得・学歴・資産のトップ数十％は高率で賛成票を投じたのに対し、底辺の数十％は反対票を投じた。

注：D1は（所得・学歴・資産の分布の）底辺10％を差し、D2はその次の10％、D10はトップ10％を指す。

出所と時系列データ：piketty.pse.ens.fr/ideology を参照。Thomas Piketty, *Capital et idéologie*, 前掲書 p. 926〔邦訳ピケティ『資本とイデオロギー』図14-20〕

アラブ人嫌いのヒステリーが行くところまで行っている。報道機関のなかには、世界的なイスラム主義の台頭は、「左翼」の寛容さ、第三世界主義、選挙主義に責任があると考えている人が増えているようだ。実際、北アフリカやサハラ砂漠以南地域出身の有権者が左派政党に投票するとしたら、それは何よりも、右派や極右が彼らに対して激しい敵意を示しているからだ。米国の黒人有権者やインドのイスラム教徒有権者についても、同じことが言える。

　国の違いを超えて、私たちはまずブレグジットを分析しなければならない。ブレグジットは、1980年代以来、特にEU内で経済的グローバル化を組織化するためのアプローチに関して、集団として失敗した結果だ。歴代の欧州の指導者、特にフランスとドイツの指導者全員にその責任がある。

資本・財・サービスの自由な循環は、共通の規制や財政あるいは社会政策をともなわないと、第一に最も豊かで最も流動性を持つ人々に有利に働き、最も恵まれない人々や最も脆弱な人々を圧迫する。単に自由貿易、万人の競争、市場の規律だけを頼りに政策や発展モデルを定義することはできないのだ。

ＥＵはたしかに、世界経済を組織化するための一般的なスキームに二つの要素を加えた。すなわち、人々の自由な往来と小規模な共通予算（欧州のＧＤＰの１パーセント）である。この予算は、各国の拠出金で賄われ、最も豊かな国から最も貧しい国への少額の移転（豊かな国のＧＤＰの約０・５パーセント）の財源となっている。これらは、（西アフリカにもある）共通通貨とともに、人々の自由な往来も共通予算や地域の構造基金もない北米（メキシコ、米国、カナダ）など、世界の他の自由貿易地域とＥＵとを区別する点である。問題は、この二つの要素だけでは各国を結びつけるには不十分だということだ。ブレグジット支持者の賭けは単純だ。現在のグローバル化の流れでいけば、人の移動に対するコントロールを維持しながら、また共通予算に貢献せずとも、財・サービス・資本の自由貿易にアクセスすることが可能になるという賭けである。

ＥＵにとってのこの致命的な罠は、「社会主義的連邦主義」のアプローチでグローバル化のルールを根本的に再定義することによってしか回避できないものである。言い換えれば、自由貿易は、拘束力のある社会的目標の採用を条件としなければならない。それにより、最も豊かで最も流動性を持つ経済主体を、持続可能で公正な発展モデルに貢献させることが可能になるからだ。

まとめると、国家主義者《ナショナリスト》は人の移動を問題視するが、社会主義的連邦主義者は資本の移動と最富裕層の税の免罪符を非難しなければならない。カール・ポラニーは1944年に、[*1] ハンナ・アーレントは1951年に、[*2] 資本の流れに直面した社会民主主義者のナイーブさと、連邦制に対する臆病さを糾弾している。この教訓は、今日の状況にも当てはまる。EU共通の規制や財政・社会政策を設ける方向に進むためには、欧州の条約や国際条約を、まずはいくつかの国から見直していく必要がある。それまでは、たとえば課税ダンピングを行なっている国々や企業からの輸入品に課税するなど、どの国も一方的で奨励的な措置を講じることができる。また、そうしなければならないのだ。決定的な代替案を示さなければ、国家主義的自由主義がすべてを奪っていってしまうだろう。

＊1　“*The Great Transformation*”［邦訳『［新訳］大転換』野口建彦・栖原学訳、東洋経済新報社、2009年］

＊2　“*The Origins of Totalitarianism*”［邦訳『全体主義の起原［新版］1－3』大久保和郎・大島通義・大島かおり訳、みすず書房、2017年］

# 仏独合同議会——欧州で税の公正を実現するための絶好の機会
2020年2月21日

マノン・ブジュ、ルカ・シャンセル、アンヌ＝ロール・ドゥラット、ステファニー・エネット、ギヨーム・サクリスト、アントワーヌ・ヴォシェ（『欧州の民主化のためのマニフェスト』(1)の起草者たち）と共同執筆したオピニオンコラム。

2020年2月5日および6日、ストラスブールの欧州議会の本会議場にて、仏独合同議会[*1]（APFA）の第3回会合が開かれた。この場所での開催はきわめて象徴的だった。というのも、ヴォルフガング・ショイブレ連邦議会議長が指摘したように、この新しい議会は、二国間という次元を超えて、まさにEU全体の模範となるような性格を持たなければならないからだ。

この合同議会は、EUの二大国間の協力関係を制度化するために、1963年1月22日に調印されたエリゼ条約[*2]の枠組みのなかで設立された仏独閣僚会議と対をなす議会として設立され、フランスとドイツの国会議員50名ずつで構成された他に類を見ない議会である。この合同議会は、1963年のエリゼ条約、および2019年1月22日にエマニュエル・マクロンとアンゲラ・メルケルが署名したアーヘン条約〔正式名称は「フランスとドイツの協力と統合に関する条約」〕の適用状況を監視する役割を担っている。アーヘン条約の第1

条では、「両国は、欧州政策に関する協力を深め（中略）、経済的・税務的・社会的結束およびあらゆる次元における持続可能性を促進し、繁栄の基盤となる強固な産業基盤に基づく競争力のある連合を構築するために努力する」と規定されている。「競争力」を第一に、「経済的・税務的・社会的結束と（中略）持続可能性」を第二に考えることは、マーストリヒト条約以来、EUが設けた優先順位として知られている。だからこそ、この議会が最大の関心を寄せていると思われるプロジェクトは、「グローバルな競争が激化するなかで両国の経済の競争力を向上させる」ために、「仏独両国の取引法および破産法の調整」に関する作業部会を設立することなのだ。一方で、特にファビオ・デ・マシ（〈左翼党〉）とダニエル・オボノ（〈不服従のフランス〉）が支持した「仏独両国の税制と社会制度の調整」に関する作業部会の設置は、残念ながら過半数の支持を得ることができなかった。

しかし、この欧州商法典を編纂する取り組み――この件については実は法律専門家や法学者の間ではすでに研究が非常に進んでおり、議会による付加価値についてはかなり議論の余地がある――は、今日EUが直面している大きな難題に対処しうるものだとはとても思えない。社会的不平等や緊急の環境問題が西欧民主主義の最後の砦を粉々に打ち砕こうとしている今、このプロジェクトを前面に押し出すのは、1990年代の単一市場とその主な勝者たちの「いつもの商売」の匂いがぷんぷんとしてくる。

逆に、この仏独合同議会という真の「規範的実験室」の創設は[*3]、EUの慣習的な優先順位をひっくり返す実験の好機となるべきだ。この合同議会は、税制や社会法といった問題に関しても、民主政治におけるそれぞれの国会と同じ正当性を有している。今日私たちが直面している緊急の課題に対処し、アーヘン条約第1条のバランスを文字どおり尊重するために、今から最優先すべきは、この税制や社会法の問題である。実際、この仏独合同議会のような議会こそが、加盟国の全会一致というEUの原則の縛りを緩めることで、決定が常に先延ばしされるというEU設立当初からの欠陥を是正することもできる。国ごとに政治的多数派が異なるため、このような合同議会は、リシャール・フェラン国民議会議長が言っているように、「ユートピア（理想的政治体制）」を形成することになるだろう。しかし、それは彼が引用したラマルティーヌ[*4]の言葉「時期尚早の真実」、つまり「ユートピアとは、しばしば時期尚早の真実でしかない」とは異なる意味においてだ。むしろエリック・オリン・ライト[*5]が言うところの「現実のユートピア」、つまり、今すぐに構築することができ、理想的な世界を予示し、さらにその結果、EUの現在の段階を超えてその先に進むことを助ける、という意味における「ユートピア」である。

というのも、史上類を見ないこの議会は、たとえば、欧州商法を補完するような、企業への直接課税（法人税）に関する仏独間の同調を、民主的正当性をもって提案することができる。これは、欧州が1960年代から夢見てきたことである！　法人税に関する仏独のこのような同調の狙いは、アーヘン条約の前文で謳われているように、まさしく、1980年代半ばから欧州を悩ませてきた課税ダンピングおよびソーシャルダンピングの悪循環を断ち切り、「EU内での社会的および経済的結束を目指す」ことである。これは、欧州社会の表には出てこない道徳的経済を損ない、ポピュリストや権威主義者たちの異論を煽ることで欧州社会の結束を妨げる税務的および社会的不平等に対処するためのひとつの鍵である。

同様に、超巨額の資産に対する課税の導入についても、合同議会の作業部会を設置すべきである。ライン川のあちら側、ドイツで議論が激化し、（オラフ・ショルツ財務相を含め）社会民主党（SPD）が経済協力開発機構（OECD）と同様に公然とこれを支持し、最近のディ・ヴェルト紙〔ドイツの一般的な日刊新聞〕の世論調査でドイツ人の58パーセントが課税導入に賛成と答えている今が絶好のチャンスだ。というのも、この仏独合同議会が資産課税の最低規準に対する抑制の利かない追求に歯止めをかけることができれば、流れを逆転させることができるからだ。また、ユーロ圏のGDPの50パーセント以上という過半数を占めている仏独経済圏は、これらの税制問題を欧州政策の中心に据え、他の欧州諸国にも、より優れていて公平な税制の好循環に参加するよう促すこともできる。

こうして得られた収入は、私たちが『欧州の民主化のためのマニフェスト』で主張したように、長期的な投資によって賄われる一連の欧州共通財の財源とすることができるだろう。たとえば、大学や研究、エネルギー転換、仏独や欧州のプロジェクトなど、仏独合同議会が特定し、緊縮財政のサイクルが終わればドイツ政府の議題として再び取り上げられると思われるプロジェクトが対象となる。EUが再び欧州の未来についての会議を開く準備をしている今、仏独合同議会は、EUのいつものやり方からではなく、議員たちが代表している社会の社会的および税務的な緊急課題から再出発することに決めれば、政治の再生への道を開くことができるにちがいない。だからこそ、議会協定に署名したヴォルフガング・ショイブレに続いて今度は私たちが、この史上類を見ない議会の先駆者である100人のフランスとドイツの議員たちを――たとえライン川のこちら側では酷評され、揶揄されていても――「受けて立て！」と鼓舞する番なのだ。

＊1　2019年3月25日の仏独合同議会協定によって設立された仏独の二国間機関で、フランス国民議会のリシャール・フェラン議長とドイツ連邦議会のヴォルフガング・ショイブレ議長が議長を務め、年に少なくとも2回、フランスとドイツで交互に開催される。

＊2　第二次大戦後の仏独両国の協力について定めたもので、仏独の関係改善は欧州統合の土台となった。

＊3　私的所有権の絶対性や契約自由の原則などを基本理念とする近代市民法と対比する法体系であり、市民法がもたらす社会的な問題を修正・解決する意味合いを持つもので、通常は労働法、社会保障法や経済法を指す。

＊4　アルフォンス・ド・ラマルティーヌ（1790－1869）。フランス復古王政期に詩人や外交官として活躍した。

＊5　米国の分析的マルクス主義社会学者および教育者（1947－2019）。

## サンダースが米国の民主主義を救う　2020年3月10日

最初にはっきりさせておきたいのは、米国やヨーロッパの主流メディアによるバーニー・サンダースの扱いは不公平で危険だということだ。主要なネットワークや新聞には、サンダースは「過激派」の候補者であり、バイデンのような「中道派」の候補者でなければトランプに勝つことはできないと書かれている。事実をよく見てみると、サンダースが提案しているようなタイプの政策の刷新だけが、米国の民主主義を蝕んでいる格差の病や労働者階級の選挙への不満を最終的に解決できると考えられるだけに、このような偏った誠意のない扱いはいっそう遺憾でならない。

まずは政策から見てみよう。サンダースがそうしているように、国民皆保険制度のほうが現在の民間の超不平等なシステムよりも効果的でコストもかからないと力強く主張することは、決して「過激派」の発言などではない。それどころか、多くの国際的な研究や比較によって十分に証明されている主張でもある。誰もが「フェイクニュース」の増加を嘆いているこの時代に、揺るぎない事実に基づいて主張し、相手を貶める戦術的で紋切り型の主張から脱却した候補者がいるのは健全なことだ。同様に、サンダースが教育と公立大学への大規模な公共投資を提案しているのも正しい。歴史的に見ても、20世紀の米国の繁栄は、ヨーロッパに対する米国の教育の優位性と教育における一定の平等性によるものであり、1980年代にレーガンが代替モデルとして押しつけようとした、格差の神聖化と無限の富の蓄積によるものではない。一人当たりの国民所得の伸びが半減し、格差がかつてないほど拡大したことからも、このレーガンの政策転換が失敗だったことは明らかだ。サンダースは単に、教育を非常に広く普及させるという国の発展モデルの源流に戻ることを提案しているだけである。

また、サンダースは、最低賃金の水準を大幅に引き上げること（これは米国が長年にわたって世界をリードしてきた政策だ）や、ドイツやスウェーデンで何十年も前から実施されてきた共同決定権や企業の取締役会における従業員の議決権の経験を参考にすることも提案している。全体的に見ると、サンダースの提案は利用可能な経験を最大限に生かそうとしており、そこからわかるのは、彼が地に足のついた社会民主主義者であって、決して「急進派」ではないということだ。たとえば、数十億ドルの資産を持つ人たちに対しては年に8パーセントの連邦富裕税を課す案など、ヨーロッパの社会民主主義よりもさらに一歩踏み込んだ提案をしているが、それは、米国における度を越した富の集中という現実と、すでに歴史的に証明されている米国連邦国家の税務能力[*1]や行政能力に適合している。

ここで、世論調査について見てみよう。バイデンのほうがトランプを倒すのに適しているという主張が繰り返されているが、この主張には、客観的な事実という根拠がない。〈リアル・ポリティクス〉[*2]がまとめているような既存のデータを見れば、すべての全米世論調査が、サンダースはバイデンと同程度の差でトランプに勝つだろうと示していることがわかる。もちろん、これらの調査は時期尚早ではあるが、それはサンダースだけでなくバイデンについても言えることだ。いくつかの重要な州、たとえばペンシルベニア州やウィスコンシン州などでは、むしろサンダースだけがトランプ

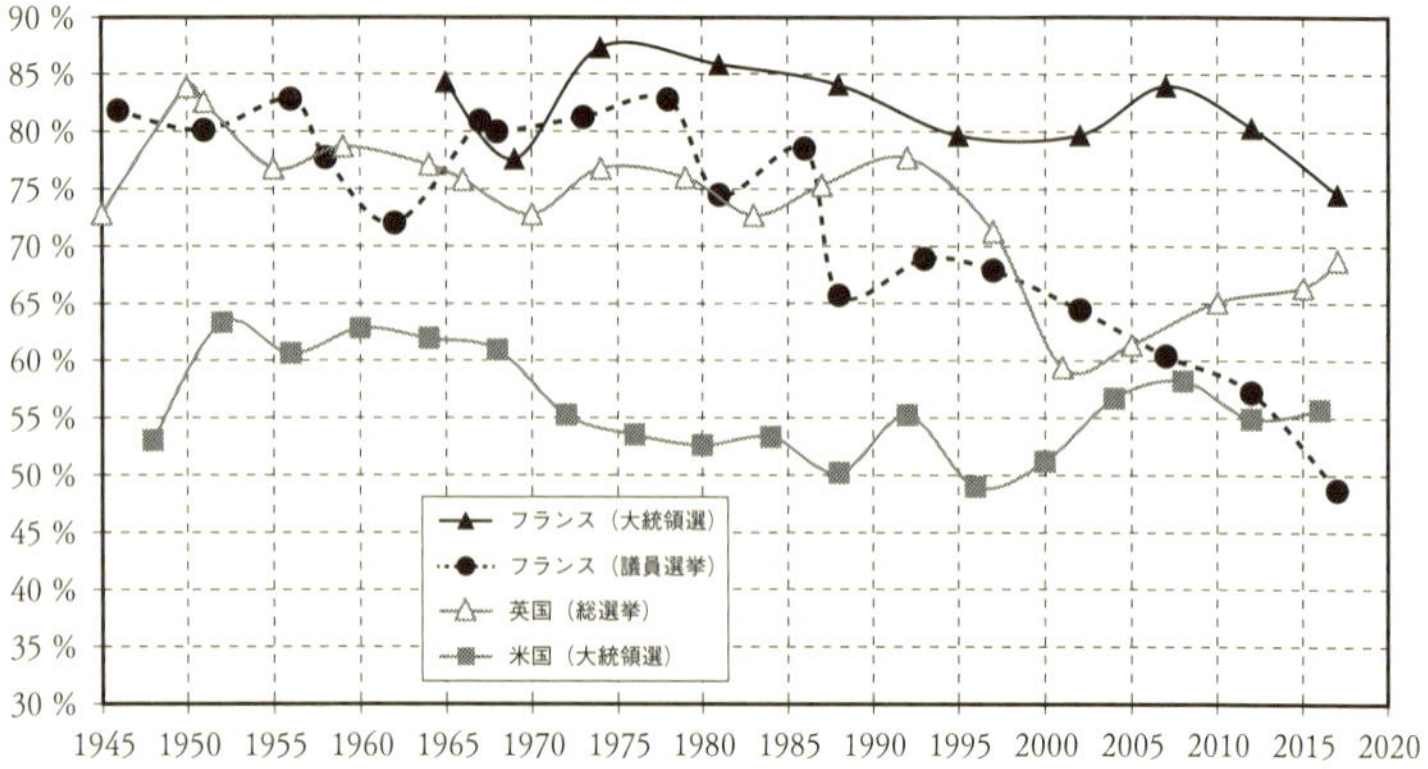


**図1　投票率の推移　1945-2020年**

解釈：1965年以降のフランス大統領選投票率は、80%-85%前後で比較的安定している（ただし、2017年にはやや下がって75%）。議員選挙では投票率の低下はずっと大きく、1970年代まで80%だった投票率は、2017年には50%を割っている。英国の投票率は下がっていったが、2010年以降は再び上がってきている。米国では、投票率はだいたい50%と60%の間で上下している。

出所と時系列データ：piketty.pse.ens.fr/ideology を参照。Thomas Piketty, *Capital et idéologie*, 前掲書 p. 860〔邦訳ピケティ『資本とイデオロギー』図14-7〕

に勝てると見られている。予備選についての最新の調査を分析してみると、サンダースがバイデンよりも労働者階級の有権者を動員していることもわかる。たしかにバイデンは、オバマ－バイデン正副大統領時代の遺産として、かなりの割合の黒人票を引きつけている。しかし、サンダースはラテン系有権者票の大部分を集めているとともに、18－29歳と30－44歳という年齢層においてはバイデンを圧倒している。とりわけ、どの調査でも、サンダースは最も恵まれていない立場にある有権者（年収5万ドル以下、大学卒業資格なし）の間で最も得点が高く、一方のバイデンは逆に、白人有権者であれマイノリティ有権者であれ、年齢に関係なく最も恵まれている立場の有権者（年収10万ドル以上、大学卒業資格あり）の間で最も得点が高くなっている。

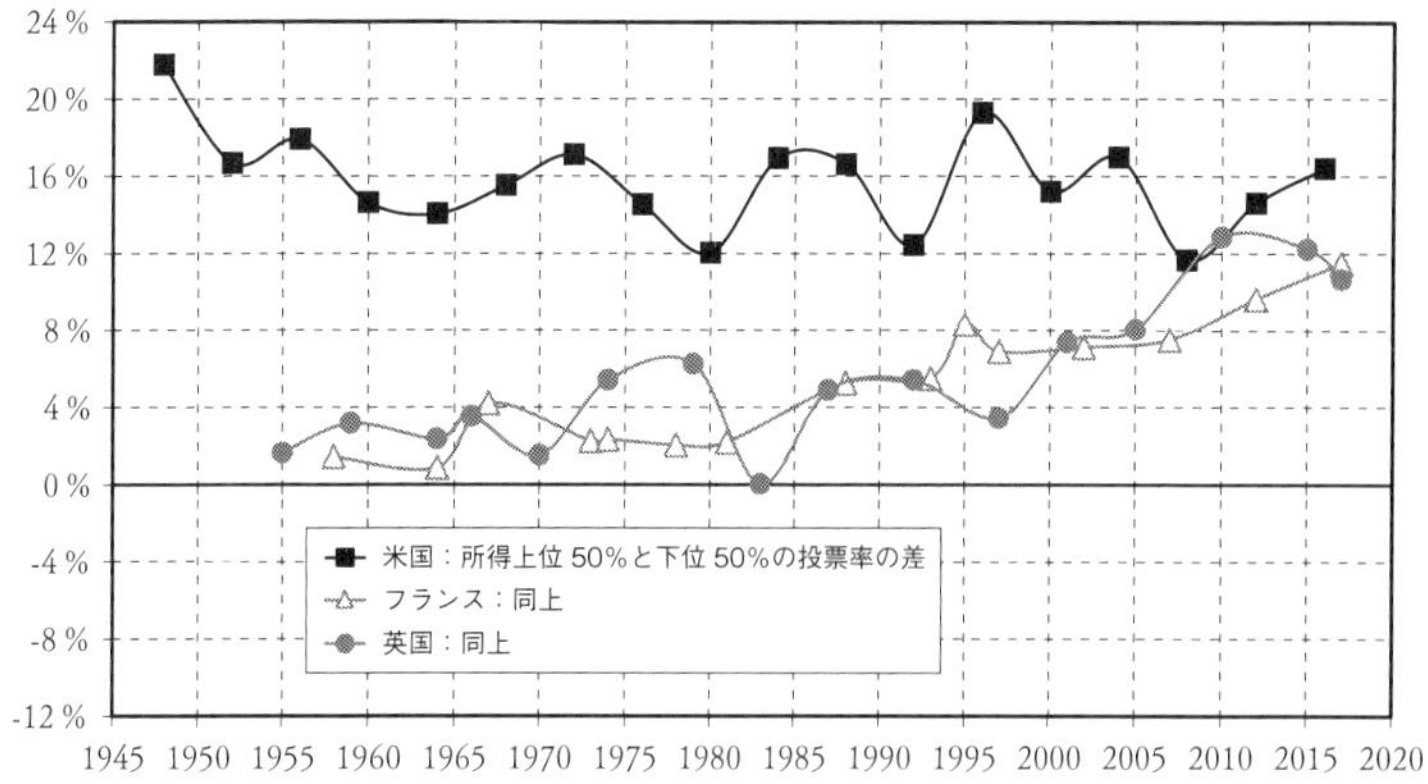


**図2　投票率と社会的分断　1945–2020年**

解釈：1950–1970年、フランスと英国において所得上位50%の投票率は下位50%の投票率よりもせいぜい2%–3%高い程度だった。この差はその後拡大し、2010年代には10%–20%に達し、米国で見られる水準に迫っている。

出所と時系列データ：piketty.pse.ens.fr/ideology を参照。Thomas Piketty, *Capital et idéologie,* 前掲書 p. 861〔邦訳ピケティ『資本とイデオロギー』図14-8〕

ところで、票を掘り起こせる可能性が最も高いのは、最も恵まれていない社会階層である。一般的に、米国の投票率はこれまでずっと相対的に低かった。フランスや英国の投票率は、最近こそ低下しているものの、長らく70－80パーセントであったのに対し、米国の投票率は50パーセント強だ。さらに詳しく見てみると、米国では有権者のうち最も貧しい50パーセントの人々の投票率が構造的により低く、最も豊かな50パーセントの人々とは15－20パーセント程度の開きがある（こうした差はヨーロッパでも1990年代以降に現れはじめているが、今はまだそこまで顕著ではない）。

はっきりさせておきたいのは、米国の労働者階級の選挙への不満は長年にわたるもので、おそらく一夜にして覆すことはできないほど根深いという点だ。しかし、そうした不満を解消するためには、民主党の政策の基本方針を根本的に見直し、その考えを全米の選挙運動で前面に押し出す以外に何ができるというのだろう？残念ながら民主党のエリートたちの間には、これ以上労働者階級の票を掘り起こすためにできることは何もないというシニカルな見方が広がっているが、これはきわめて危険なことだ。最終的には、こうしたシニシズムが民主的な選挙制度自体の正当性を弱めてしまうのだ。

＊1　1930年代から1980年代の米国は、最高所得税率は平均81パーセント（1932－1980）、最高相続税率は70－80パーセントと、大陸ヨーロッパよりも高い税率を課していた。

＊2　2000年に創設された政治ニュースサイトおよび世論調査データ収集サイト。中道右派と言われている。

# 最悪の事態を避けるために　2020年4月14日

新型コロナウイルス感染拡大の危機は、自由主義的な市場のグローバル化の終焉と、より公平でより持続可能な新しい発展モデルの出現を加速させるだろうか？　可能性はあるが、保証はない。現段階では、現在の危機的状況を見定め、最悪の事態、すなわち大勢の死者を出すという事態を回避するために、あらゆる手段を講じることが喫緊の課題である。

疫学モデルの予測を思い出してみよう。何の対策も打たなかった場合、新型コロナウイルスは世界で約4000万人、フランスでは40万人、つまり人口（世界では70億人以上、フランスでは約7000万人）の約0・6パーセントの死者を出していたかもしれない。つまり、ほぼ1年間の死亡者数が追加されたのである（1年間の死亡者数はフランスでは55万人、世界では5500万人）。実際に、最も被害の大きかった地域や時期には、棺の数が通常の5倍、10倍になる恐れがあった（残念ながら、イタリアの一部の集団感染地域ではこのような事態が起こりはじめている）。

この予測がどれほど確実なものだったかはさておき、このような予測によって、各国政府はこれはただの流行性感冒ではないと確信し、早急に人々の外出を制限する必要があると考えた。もちろん、死亡者数がどのくらいになるのか（現在、全世界で10万人近く、うちイタリアで約2万人、スペインと米国でそれぞれ約1万5000人、フランスで約1万3000人だ）、そしてロックダウンしていなかったらどのくらいになっていたのか、誰にもはっきりしたことはわからない。疫学者たちは、最終的な死亡者数が当初の予測の10分の1から20分の1になることを期待しているが、不確定要素が大きい。インペリアル・カレッジ・ロンドンが3月26日に発表した報告書[1]によると、感染者の検査と隔離という大規模な政策のみが死亡者数を大きく減らすことができるという。つまり、ロックダウンだけでは、最悪の事態を避けることはできないということだ。

歴史上の唯一の前例として、1918年から1920年にかけてのスペイン風邪（スペインインフルエンザ）が挙げられるだろう。今では、あれはスペインとはなんら関係がなかったことがわかっているが、全世界で約5000万人近い死者を出した（当時の世界人口の約2パーセントに当たる）[2]。研究者たちは、戸籍データを用いて、この平均死亡率の裏には大きなばらつきがあったことを示した。すなわち、欧米では死亡率が0・5パーセントから1パーセントだったが、インドネシアや南アフリカでは3パーセント、インドでは5パーセントを超えていたのだ。

これこそが、まさに私たちが心配しなければならないことだ。ここ数十年間、支配的なイデオロギーによって緊縮政策を強いられてきただけに医療体制がショックに対応できない状態にある貧しい国々で感染が急拡大する恐れがある。また、脆弱な社会システムにおいては、ロックダウンは逆効果となる可能性がある。最低限の収入がなければ、貧しい人たちは仕事を探しにすぐにまた外に出なければならず、そのことが感染を再び拡大させることになるだろう。インドでは、ロックダウンは主に農村部の人々や移民を都市から追い出すことであり、それは暴力や大規模な人の移動を引き起こし、

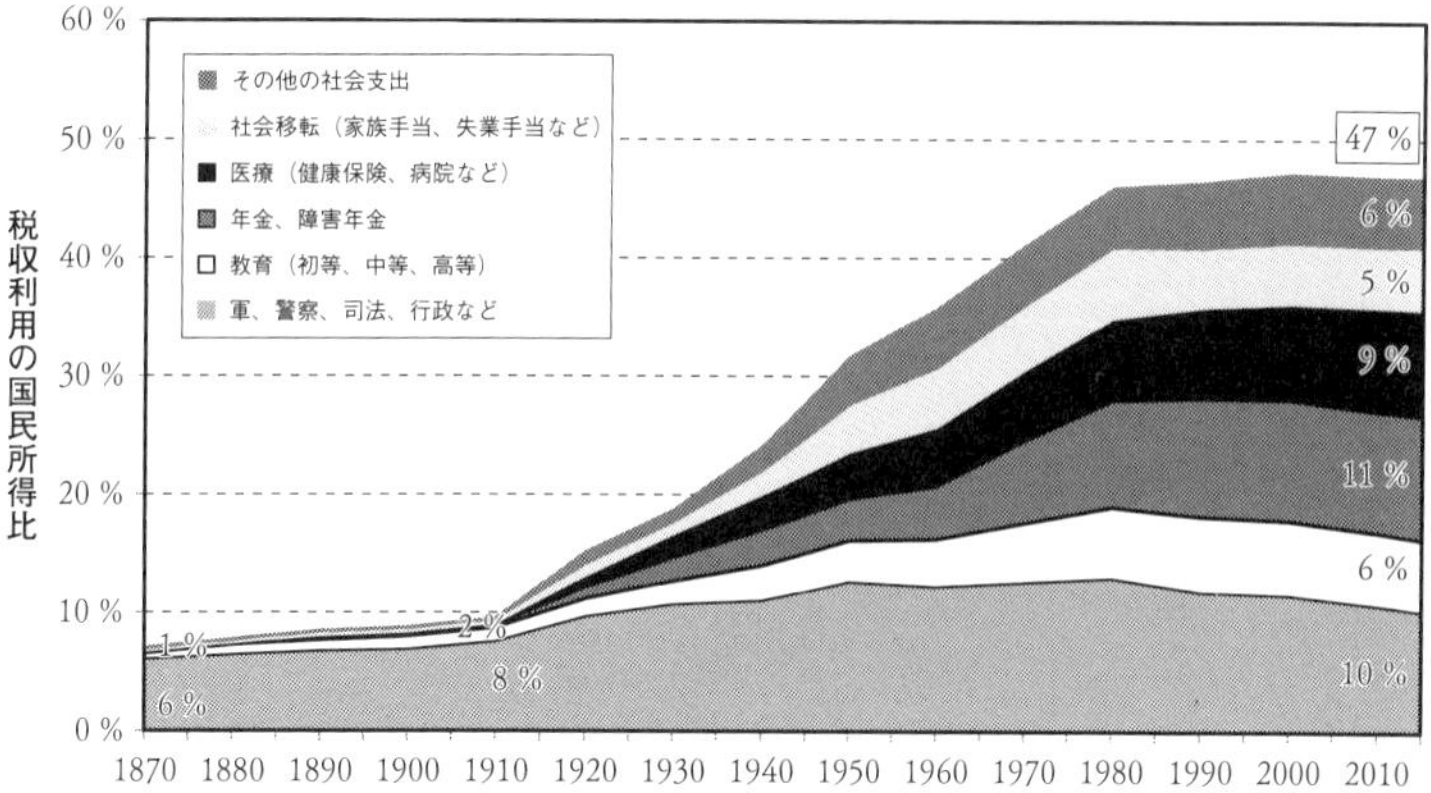


**図1　欧州における社会国家の隆盛　1870-2015年**

解釈：2015年には、西欧の財政収入は平均で国民所得の47%で、以下のように支出された。君主的支出（軍、警察、司法、一般行政、道路などの基幹的インフラ）に国民所得の10%、教育に6%、年金に11%、医療に9%、社会移転（年金を除く）に5%、その他の社会支出（住宅など）に6%。1914年以前は、君主的支出が税収のほぼすべてを吸収していた。

注：ここに示した推移は、ドイツ、フランス、英国、スウェーデンの平均である。

出所と時系列データ：piketty.pse.ens.fr/ideology を参照。Thomas Piketty, *Capital et idéologie*, 前掲書 p. 537〔邦訳ピケティ『資本とイデオロギー』図10-15〕

ウイルスを拡散させる危険性が高まる。死者を出さないために必要なのは、監獄国家ではなく社会国家である。危機への正しい対処とは、先進資本主義諸国で社会国家を再び台頭させること、そして何よりも貧しい国々で社会国家の発展を加速させることである。

緊急時には、必要不可欠な社会的支出（保健医療、最低所得）は借入と通貨でしか賄うことができないだろう。西アフリカ諸国にとっては、新しい共通通貨を見直し、（最富裕層の資本の流動性のためではなく）若者やインフラへの投資に基づく開発プロジェクトのために共通通貨を利用するチャンスである。これらはすべて、ユーロ圏でいまだに続いている不透明な仕組み（財務相理事会が非公開で開催されては何も決まらずに解散するという、金融危機の時と同じ非効率的なやり方を続けている）よりずっとましな民主的な議会構造の上に決定されることになるはずだ。

このような新しい社会国家が現れれば、最も裕福で大規模な企業に必要なだけ課税できるよう、すぐに公正な税制と国際的な金融資産登録制度を要求することだろう。資本の自由な循環を認める現在の体制は、１９８０年代から１９９０年代にかけて、富裕国（特にヨーロッパ諸国）の影響で設けられたものだが、この体制が事実上、世界中の億万長者や多国籍企業の税金逃れを助けている。このような体制が、貧しい国々の脆弱な税務当局が公正で正当な税制を確立するのを防ぎ、このことがまさに国家建設の深刻な障害となっているのだ。

今回のコロナ危機は、最も繁栄している経済主体である大企業や高所得・高資産保有世帯（たとえば、世界平均の10倍以上、すなわち世界の上位1パーセントの富裕層）が納める税収の一部に対してすべての国が持っている普遍的権利によって資金を調達し、全世界の人々に最低限の医療と教育を提供することを考えるよい機会にもなる。結局のところ、大企業や高所得・高資産保有世帯の繁栄は、グローバルな経済体制に基づいている（ついでに言えば、数世紀にわたって世界の天然資源と人的資源を無制限に搾取してきたことにも基づいている）。したがって、社会と環境の持続可能性を確保するためには、最高レベルの炭素排出を禁止することを可能にする「炭素カード」の導入をはじめとするグローバルな規制が必要なのだ。

いうまでもなく、このような変革には多くの政策の再検討が必要だ。たとえば、マクロンとトランプは、就任当初に行なった富裕層への税の贈りものを取りやめる用意があるだろうか？　その答えは、マクロンやトランプが今回の危機に際して、自陣営だけでなく野党も動員できるかどうかにかかっている。ひとつだけ言えるのは、政治的・思想的な大変動はまだ始まったばかりだということだ。

# グリーンマネーの時代　２０２０年５月12日

新型コロナウイルスによる危機は、より公平でより持続可能な新しい発展モデルの採択を早めることができるだろうか？　答えは「イエス」だ。ただし、そのためには、優先順位を明確に変更し、金融および税務分野の多くのタブーを問題にする必要がある。そういう分野は、最終的には実体経済、そして社会や環境に関する目標の達成に役立つものでなければならない。

まずは、この強制的な経済停止を利用して、別の方法で再出発する必要がある。このような不況の後は、経済活動と雇用の回復のために公権力が中心的な役割を果たさなければならないだろう。しかし、それはまた、新しい分野（保健医療、イノベーション、環境）への投資や、最も炭素排出量の多い事業の段階的かつ持続的な削減を決定することを通して行なわなければならない。具体的には、病院、学校や大学、建物の遮熱・断熱改修、地域サービスなどで数百万の雇用を創出し、給料を引き上げるということだ。

当面は、中央銀行の積極的な支援と公債の発行によって資金を調達するしかないだろう。２００８年以降、中央銀行は銀行を彼ら自身が引き起こした金融危機から救うために、大規模な通貨創造を行なった。ユーロシステム（ＥＣＢを中心としたユーロ圏の各国の中央銀行のネットワーク）のバランスシー

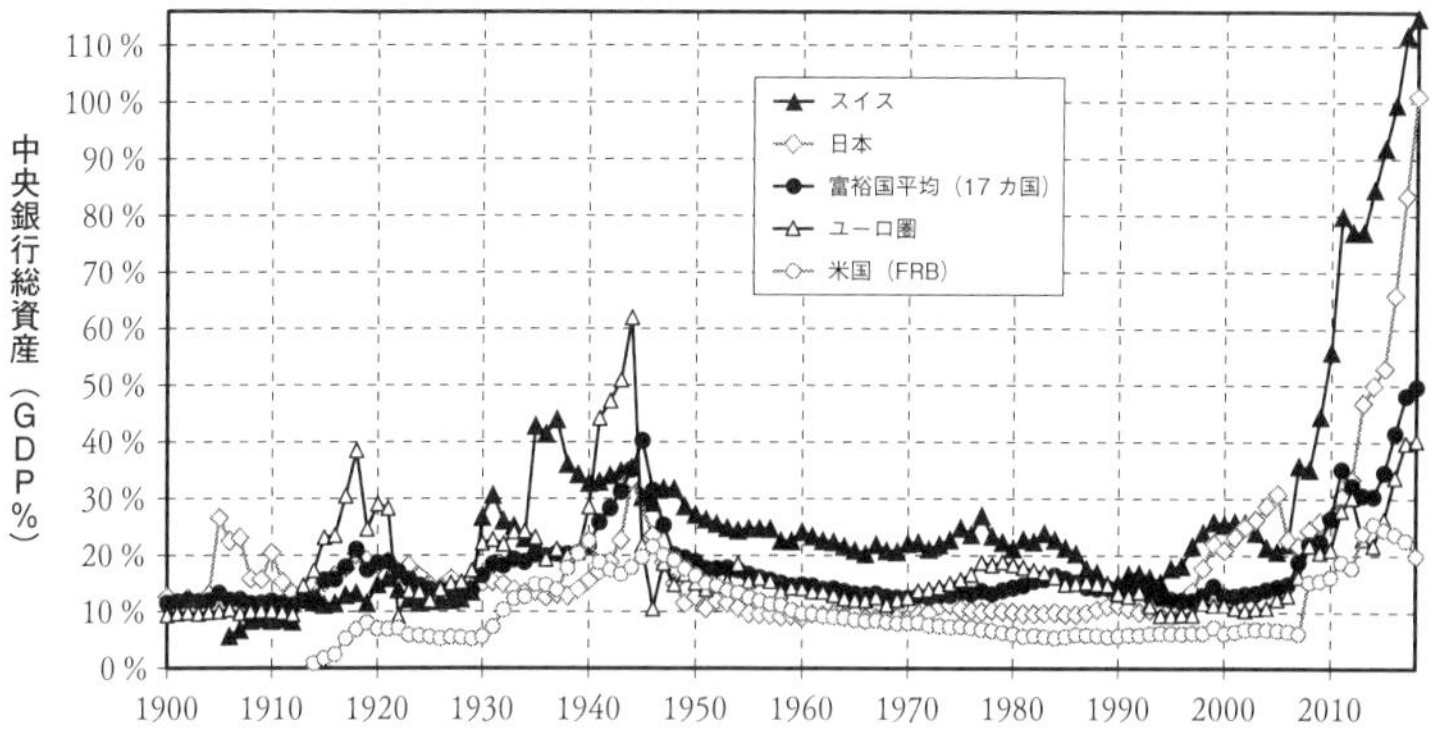


**図1　中央銀行と金融グローバル化**

解釈：富裕国の中央銀行総資産の平均GDP比は、2000年12月31日の13%から、2018年12月31日には51%に増大している。日本とスイスの中央銀行資産のGDP比は、2017–2018年には100%を超えている。

注：富裕国平均とは、以下17カ国の相加平均である。ドイツ、オーストラリア、ベルギー、カナダ、デンマーク、スペイン、米国、フィンランド、フランス、イタリア、日本、ノルウェー、オランダ、ポルトガル、英国、スウェーデン、スイス。

出所と時系列データ：piketty.pse.ens.fr/ideology を参照。Thomas Piketty, *Capital et idéologie*, 前掲書 p. 817〔邦訳ピケティ『資本とイデオロギー』図13–14〕

トは、2007年初めの1兆1500億ユーロから2018年末には4兆6750億ユーロに拡大している。すなわち、ユーロ圏のGDP（12兆ユーロ）のわずか10パーセントだったものが、40パーセント近くにまで増えたのだ。これにより、1929年に世界を恐慌に導いたような破産の連鎖を回避することができたのは間違いないだろう。しかし、同時に、非公開の場で決定され、民主的には十分に適合しなかったこの通貨創造は、実体経済の構造的問題（投資不足、格差の拡大、環境危機）を解決することなく、金融価格や不動産価格を押し上げ、最も裕福な人々をさらに富ませることにも貢献した。

このままでは、同じ方向に進んでしまうという現実的な危険性がある。新型コロナウイルスに対処するために、ECB

は資産買い戻しの新しいプログラムを開始した。ユーロシステムのバランスシートは、2020年2月28日の4兆6920億ユーロから、2020年5月1日には5兆3950億ユーロに跳ね上がっている（5月5日にECBが発表したデータによる）[1]。だからといって、この大規模な貨幣注入（2カ月で7000億ユーロ）だけでは十分ではなく、ECBの発表を受けて3月半ばには縮小したイタリア国債の対ドイツ国債スプレッド（利回り差）は、その後すぐに再拡大している。

では、何をすべきか？　第一に、ユーロ圏が19の金利を市場の投機にさらすことを選択するかぎり、ユーロ圏は脆弱なままであることを認めなければならない。単一の金利で共通の公債を発行する方法を見つけることが急務なのである。ときおり耳にする話とは違って、目的は何よりも金利を相互に調整することであり、特定の国に他の国の債務を返済させることではない。この問題について最も先端を行っていると自負している国々（フランス、イタリア、スペイン）は、まずはユーロ圏全体を監督する議会（昨年、2019年に創設された仏独合同議会をモデルとしつつ、実際の権限をもち、参加を希望するすべての国に開かれているような議会）の創設を含む、具体的で運用可能な提案を策定しなければならない。憲法に照らして欧州との関係を明確にするよう圧力をかけられているドイツは、しっかりとした提案がテーブルの上にあって主要なパートナー国に前進する準備ができていれば、おそらく参加を選択するだろう。いずれにしても、事態の緊急性を考えると、全会一致を待って何もしないでいるわけにはいかない。というのも、全会一致には決して至らないからだ。

第二に、特に重要なことだが、通貨創造は、株価を上げるためではなく環境問題の解決と社会の復興の財源として使われることを前提としなければならない。スペイン政府は、1兆－1兆5000億ユーロの共通債（ユーロ圏のＧＤＰの約10パーセント）[2]を発行し、この無利子債をＥＣＢのバランスシートに永続的（または超長期的）に計上することを提案している。これに関しては、ドイツの対外債務が１９５３年に凍結され（最終的には１９９１年に消滅し）、戦後の莫大な公的債務の残りは、最高額の金融資産に対する例外的な課税によって解消した（これもまたやるべきだろう）ことを思い起こそう。インフレ率が穏やかである限り、スペインの提案は支持され、必要に応じて繰り返されるべきである。なお、欧州連合基本条約では、物価安定の目標を定めていない（ＥＣＢはインフレ率２パーセントの目標をすでに設定したが、それが３パーセントや４パーセントになる可能性もある）。同条約では、ＥＣＢは完全雇用、社会的進歩、環境保護などを含むＥＵの一般目的の達成に協力しなければならないとされている（欧州連合基本条約第３条）。

たしかなことは、このような金額を借入なしで調達するのは不可能だということだ。ＥＵ本部の人たちは、グリーンディールについて、どうやって資金を確保するのかは提案しないままに途方もない数字を挙げているが、それだけで政策の規模が大きくなるわけではない。これは当然のことながら、すでに他のところで確約されている金額を使い回したり（たとえば、年間わずか１５００億ユーロ、つまり欧州のＧＤＰの１パーセントといった、ＥＵのわずかな予算から財源をとりなおしたりしながら資金を回してもらったり）、同じ予算を何度も勘定に入れたりして、（世界中の投機家が羨むようなレバレッジ効果で）官民からの投入資金をさらに足したりすることを、それも最も多くの場合、これらすべてを同時に行なうことを意味している。そんなことはやめるべきだ。欧州は、少なくとも自分たちの銀行を救うために団結したときと同じように、新型コロナウイルスに立ち向かうためにも団結できるのだということを市民に示さなければ、致命的な危険にさらされるだろう。

# 人種差別に立ち向かい、歴史を修復する　２０２０年６月16日

人種差別に反対する運動の波は、きわめて重大な問題を提起している。どう考えても解決済みとは言い難い、植民地支配と奴隷制の過去に対する補償の問題だ。これがどれほど複雑な問題であるとしても、米国でもヨーロッパでもこの問題を永遠に避けつづけることはできない。

南北戦争が終結した１８６５年、共和党のリンカーンは解放奴隷たちに、勝利の暁には「雌ラバ１頭と40エーカー（約16ヘクタール）の土地」を手に入れられると約束した。これは、何十年にもわたって虐待され無給で働かされてきたことへの補償と、自由な労働者としての未来に向かえることを目的としたものだ。この計画が採用されていれば、特に奴隷制を擁護する大規模土地所有者たちを犠牲にした大規模な農地の再分配が行なわれていたことだろう。しかし、戦いが終わるや否や、この約束は忘れ去られた。補償はまったく実施されず、40エーカーの土地とラバは北軍の欺瞞と偽善の象徴となった（スパイク・リー監督が皮肉って、自分の制作会社を「40エーカー・アンド・ア・ミュール・フィルムワークス」と名付けたほどだ）。民主党は南部の支配権を取り戻し、１９６０年代までのさらに１００年間、人種隔離と差別を押しつけた。この人種隔離政策が撤廃された時も、なんの補償も行なわれなかった。

しかし不思議なことに、それとは違う扱いを受けたという別の歴史的エピソードもある。1988年、第二次世界大戦中に収容された日系アメリカ人に2万ドルを支給する法律が議会で可決されたのだ。この補償は、1988年時点で生存している人たち（1942年から1946年までに収容された12万人の日系アメリカ人のうち約8万人）に適用され、その費用は16億ドルにのぼる。人種隔離政策の犠牲となったアフリカ系アメリカ人に対して同様の補償が行なわれれば、強い象徴的価値を持つことになるだろう。

英国とフランスでは、奴隷制度の廃止は必ず、国庫による奴隷所有者たちへの補償をともなうものだった。トクヴィル*1やシュルヒャー*2のような「自由主義的」な知識人にとっては、これらの奴隷所有者たちが正当な補償なしに（要するに法的枠組みのなかで取得されたはずの）財産を奪われたら危険な状況になるだろうということが明らかだった。元奴隷たちは、過酷な労働をしながら自由を学ばなければならなかった。彼らには、奴隷所有者たちと長期労働契約を結ばなければならないという義務があるのみで、もしそれができないなら、浮浪者*3として逮捕されることになった。フランスの植民地では、1950年までこうした別の形態の強制労働が行なわれていたのである。

1833年の英国での奴隷制廃止時には、英国国民所得の5パーセント（現在の1200億ユーロ）に相当する額が約4000人の奴隷所有者に支払われ、その補償額は平均3000万ユーロにものぼり、現在でも目にすることができる多くの財産の源となった。奴隷所有者への補償は、1848年にレユニオン、グアドループ、マルティニーク、フランス領ギアナ〔いずれも1946年以降はフランスの海外県〕*4でも行なわれた。2001年、奴隷制を「人道に対する罪」と認定するための議論の際、クリスチャーヌ・トビラは、

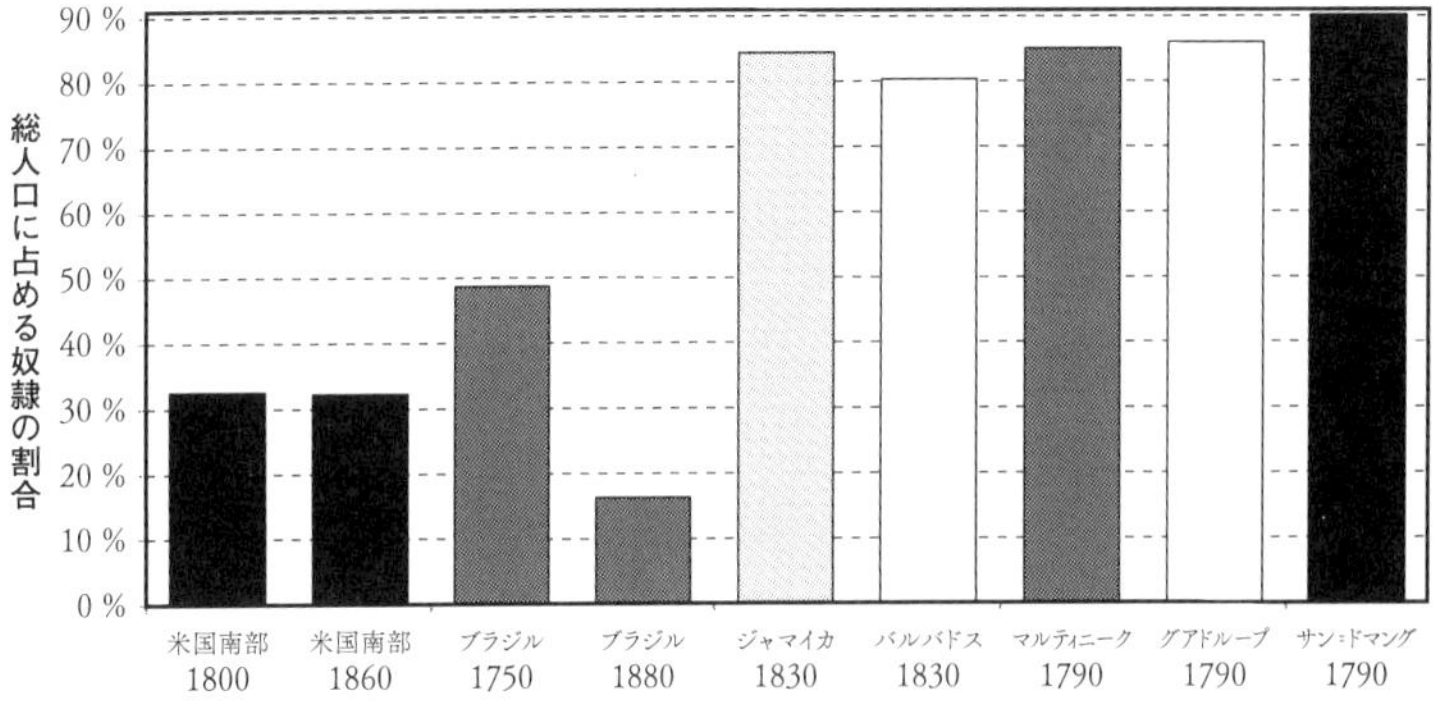


**図1　大西洋奴隷社会　18–19世紀**

解釈：奴隷は、1800–1860年には米国南部の人口の3分の1を構成していた。この比率は、ブラジルでは1750年から1880年にかけて50％近くから20％未満に下がった。英仏西インド諸島では80％を超え、1790年のサン＝ドマング（ハイチ）では90％を超えていた。

出所と時系列データ：piketty.pse.ens.fr/ideology を参照。Thomas Piketty, *Capital et idéologie,* 前掲書 p. 261〔邦訳ピケティ『資本とイデオロギー』図6–1〕

奴隷の子孫に対する補償を検討する委員会を設置するように同僚の下院議員を説得しようとしたが、失敗に終わった。特に、土地や財産へのアクセスは、いまだに農園主の子孫に大きく集中している。

おそらく最も極端な不正は、１７９１年に反乱が起きて１８０４年にハイチとして独立を宣言するまで、18世紀にフランス奴隷島の至宝だったサン＝ドマングのケースであろう。１８２５年、フランス政府は、フランス人奴隷所有者が失った奴隷という財産を補償するために、ハイチに莫大な債務を負わせた（当時のハイチのＧＤＰの３００パーセント）。侵略の脅威にさらされた島は、服従してこの債務を返済するしかなかった。ハイチは、フランスや米国の銀行に何度も借り換えや利子の支払いをして、１９５０年までこの債務を足かせのように引きずりつづけた。

ハイチは今、フランスに対し、この不当な貢ぎもの（利子を計算に入れなかったとしても、今日では300億ユーロとなる）の返済を求めているが、この要求は正当だと認めざるを得ないだろう。1825年から1950年までにハイチからフランスに「返済」された借金については裏付けられる史料があり、この事実に異議を唱える者はいない。また、二つの世界大戦中に行なわれた略奪に対して現在も補償金が支払われている一方で、ハイチの人たちが奴隷であることをやめたいと望んだためにフランスに支払わなければならなかった借金についての議論を拒否することは、当然のことながら、とてつもない不公正感を抱かせる恐れがある。

最近、ブリストル[*5]にある奴隷商人の銅像が倒されたが、このような奴隷商人の名を冠した通りや銅像の問題も同様だ。もちろん、良い像と悪い像の境界線を引くのは簡単ではない。しかし、財産の再分配と同じように、公正なルールや基準を確立するためには、民主的な討議を信頼する以外の選択肢はない。議論を拒否することは、結果的に不正義を永続させることになる。

補償金についての困難ではあるが必要な議論を超えて、私たちはまた、何よりも未来に目を向けなければならない。人種差別や植民地主義によって社会が受けたダメージを修復するためには、経済体制を変える必要がある。その土台として、格差を是正し、黒人も白人も出自に関係なく、すべての人が教育・雇用・財産（最低限の相続を含む）に平等にアクセスできるようにしなければならない。現在、さまざまなバックグラウンドを持つ市民が結集して行なっているデモや集会が、このことに貢献できるだろう。

＊1　19世紀フランスの思想家・法律家・政治家。ジャクソン大統領時代の米国に渡り、後に『アメリカのデモクラシー』を

著した。

＊2　1848年に海軍長官としてフランス植民地での奴隷制廃止に関する法令に署名した。

＊3　奴隷解放後、黒人たちを労働力として確保するために続々と成立した人種差別法の一つに「浮浪罪」があった。

＊4　フランス領ギアナ生まれの女性政治家。地元ギアナの左翼急進党系地域政党〈ワルワリ〉の党首。オランド大統領の下ヴァルス政権で司法大臣を務めた。

＊5　2020年6月7日、英南西部ブリストルで起きた黒人差別に対する抗議デモで、17世紀に地元で活動した奴隷商人エドワード・コルストンの像がデモ参加者によって引き倒された。

# 国際主義を再建する　2020年7月14日

国際主義《インターナショナリズム》に再び肯定的な意味を持たせることはできるのだろうか？　答えは「イエス」だ。ただし、これまでのグローバル化を導いてきた絶対的な自由貿易のイデオロギーに背を向け、経済と気候に関する公正という明確な原則に基づく新しい発展モデルを採用するという条件付きだ。このモデルは、究極の目的においては国際主義的でなければならないが、実際的な方法においては主権主義的でなければならない。つまり、それぞれの国、それぞれの政治共同体は、パートナー国の全会一致を待つことなく、世界の他の国々との貿易に条件を設けることができなければならない。だが、これは簡単なことではなく、普遍的な使命をもつ主権主義を国家主義的な主権主義と区別するのは必ずしも容易ではないだろう。そのため、できるだけ早くその違いを明確にする必要がある。

ある国が、あるいはその国における政治的多数派が、社会・教育・環境への投資プログラムに資金を投じながら、最も貧しい人々に有利になる大幅な再分配を実現するために、高額所得者や高額資産保有者に対する高い累進税を導入することが望ましいと考えたと仮定してみよう。この国はその方向に進むために、企業利益に対する源泉徴収、そして何より株式や配当金の最終的な保有者を特定し、個人レベルで望ましい税率を適用することを可能にする金融資産登記制度を構想する。これに加えて、炭素排出量の多い企業や汚染度の高い企業から利益を得ている人には重税を課し（そのためにも保有者を特定する必要がある）、責任ある行動を促すために「個人用炭素カード」を発行することもできる。

　このような金融資産登記制度は、残念ながら１９８０年代から１９９０年代にかけて制定された資本の自由な循環を定める諸条約、とりわけ欧州で締結された[*1]単一欧州議定書（１９８６年）や[*2]マーストリヒト条約（１９９２年）の枠組みのなかでは想定されていなかった。これらの条約は、その後世界各国で採用された条約に大きな影響を与えた。この高度に洗練された法的構造は現在もなお有効であり、この構造は事実上、ある国のインフラを利用して一攫千金を得た後、マウスをクリックしてその資産を別の管轄区域に移してしまえば、自分が所属している共同体からそれを追跡される心配はないという、ほとんど「神聖な」権利を生み出した。２００８年のリーマン・ショックの後、金融規制の緩和の行きすぎが見られるにつれて、経済協力開発機構（ＯＥＣＤ）内で銀行情報の自動交換に関する協定が結ばれた。しかし、これらの措置は純粋に自主的なベースの上につくりだされたもので、遵守しない者に対していかなる制裁も設けていなかった。

　ところで、ある国がこの動きを加速させたいと考え、再分配型の税制と金融資産登記制度の導入を決定したとしよう。仮に隣国の一つがこの考えに賛同せず、その領土に拠点を置く企業（実在するか架空のものかは問わない）に対し、法人税や炭素税の税率をほんのわずかにして、それらの所有者に関する情報の提供を拒否したとする。こうした状況においては、前者の国は後者の国に対して企業ごとに異なる税務的・気候的損害に見合った貿易制裁を行なうべきだと思う。最近の研究では、このような制裁措置は多額の収入をもたらし、他の国々もそれに協力してくれることがわかっている(1)。もち

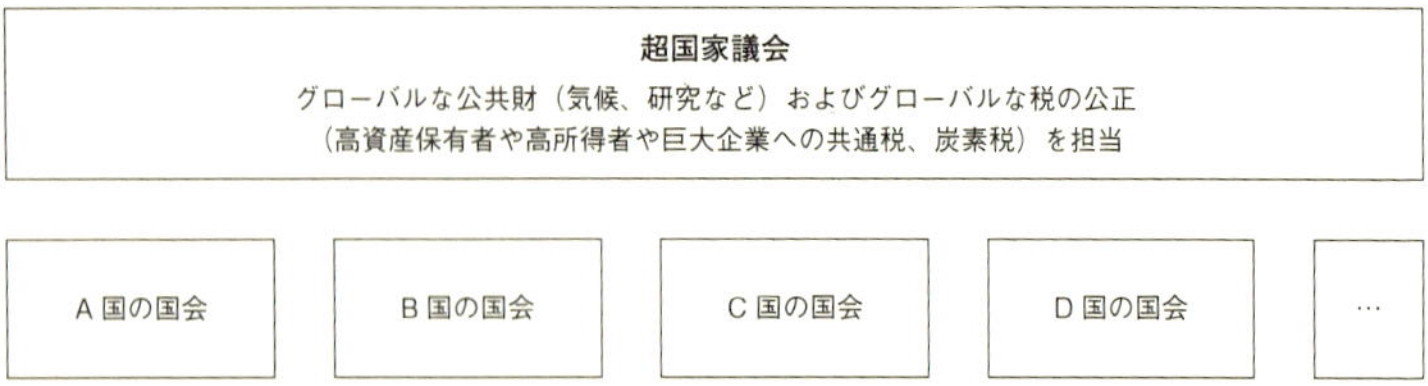


**表1　グローバル化の新しいアプローチ：超国家民主主義**

解釈：提案しているアプローチに基づくと、グローバル化（財・資本・人の移動）を規制する条約は、調印する国や地域連合による「超国家議会」の創設を想定することになる。この議会は、グローバルな公共財（気候、研究など）およびグローバルな税の公正（高資産保有者・高所得者・巨大企業への共通税、炭素税）を担当する。

注：A国、B国、C国、D国は、フランス、ドイツ、イタリア、スペインなどの国であってもよい。この場合、超国家議会は欧州議会となる。あるいは、A国やB国はEUやアフリカ連合などの地域連合であってもよい。この場合、超国家議会はユーロ・アフリカ議会となる。

出所と時系列データ：piketty.pse.ens.fr/ideology を参照。Thomas Piketty, *Capital et idéologie*, 前掲書 p. 1181〔邦訳ピケティ『資本とイデオロギー』表17-2〕

ろん、これらの制裁措置は、単に不公正な競争や気候変動協定の不遵守を是正するものであると主張しなければならないだろう。しかし、気候変動協定は非常に曖昧なものであるのに対して、財や資本の絶対的な自由循環に関する条約は、特に欧州レベルでは非常に洗練されていて拘束力を持っているため、この道に踏み出した国は、欧州や国際機関（EU司法裁判所、世界貿易機関（WTO））から非難される危険性が高い。そうなれば、それを受けて当該条約から一方的に離脱し、新たな条約を提案しなければならないだろう。

これまで概略を示してきた社会的でエコロジカルな主権主義と、独自の文明に基づくアイデンティティとそのなかで均質とみなされる利益の擁護を基盤とする国家主義的主権主義（たとえば、トランプ主義、中国、インド、あるいは明日のフランスや欧州各国）との違いはなんだろう？

違いは二つある。第一に、一方的措置を考える前に、社会正義、格差の是正、地球環境の保護といった普遍的な価値観に基づく協力的な発展モデルを他国に提案することが重要だという点だ。また、国家の枠組みを超えた議会（昨年、2019年に創設された仏独合同議会をモデルとしつつ、それに現実的な権限を持たせた議会）について、具体的に述べる必要がある。理想としては、この議会が、グローバルな公共財や、税や気候的な公正のための共通政策を担当すべきだろう。

第二に、このような社会連邦主義的な提案が当面は採択されないとしても、一方的措置はあくまでインセンティブベースで可逆的なものでなければならないという点だ。制裁の目的は、他国が課税ダンピングや環境ダンピングから脱却するよう促すことであり、恒久的な保護主義を導入することではない。この観点から、GAFA税のような普遍的な基盤を持たないセクター別の措置は、（ワイン税とデジタル税の例で見られるように）制裁のエスカレートにつながりやすいので避けるべきだ。[*3]

このような道が簡単にたどれて、しっかりと標識が立てられているという考えはばかげている。しかし、歴史が示しているのは、国家主義は格差や気候の問題を悪化させるだけであり、無制限の自由貿易には未来がないということだ。だからなおさら、新しい国際主義の条件とはなんなのかを今すぐに考えるべきなのである。

＊1　欧州共同体（EC）の基本条約であるローマ条約（1958年発効）の修正条約。
＊2　欧州連合（EU）の創設を定めた条約。
＊3　フランスは、一定の売り上げがあるIT企業に対し、国内での広告やデータ売買で得た収入に対して3パーセントの税率で課税するデジタル税（通称「GAFA税」）の導入を検討。2020年7月に法案が可決された。グーグル、アマゾンなどの米企業が対象に含まれることから、米国のトランプ大統領は「フランスワインに報復関税をかける」と猛反発した。

# 米国の偶像の失墜　２０２１年1月12日

米連邦議会議事堂の襲撃事件を目の当たりにして、世界は、長い間「自由な」世界のリーダーを自称してきたこの国が、どうしてここまで転落してしまったのかとあっけにとられている。何が起きたのかを理解するために、神話や偶像崇拝を脇に置き、緊急に歴史を振り返る必要がある。実際、米国は、建国のときからずっと、脆弱さと暴力と著しい不平等に貫かれている。

数日前、連邦議会の議事堂内で暴徒たちは、１８６１年から１８６５年の南北戦争時に奴隷制擁護派の南部の象徴だった南軍旗を振っていた。だが、あの旗はたまたまそこにあったわけではない。その背景には、直視しなければならない非常に重い紛争の歴史がある。

奴隷制は、米国の発展において中心的な役割を果たした。これは、西欧の産業資本主義全体についてもいえることだ。１８６０年にリンカーンが当選するまでの15人の歴代大統領のうち11人が奴隷所有者であり、そこにはワシントンとジェファーソンも含まれる。二人ともバージニア州の出身だが、同州の人口は１７９０年には75万人（そのうち40パーセントが奴隷）で、北部で人口が最も多かった二つの州（ペンシルベニア州とマサチューセッツ州）の人口を足した数に匹敵していた。

１７９１年にサン＝ドマング、つまり現在のハイチ共和国（フランス植民地帝国の至宝で、当時大西

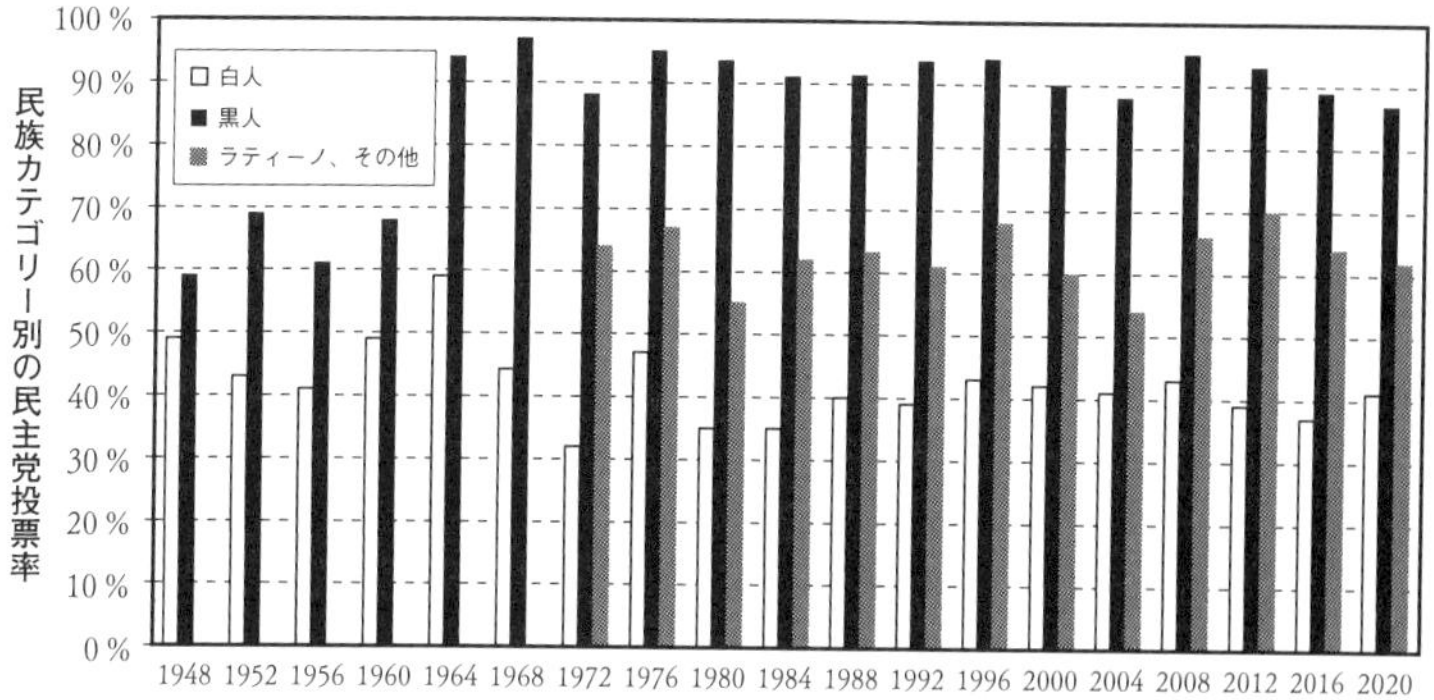


**図1　政治的対立と民族アイデンティティ、米国　1948-2020年**

解釈：2020年、民主党候補は白人有権者（有権者の67％）の41％、黒人有権者（有権者の12％）の87％、ラティーノやその他の民族カテゴリーを申告した有権者（有権者の21％、うちラティーノは14％）の62％の票を獲得した。1972年には、民主党候補は白人（有権者の89％）の32％、黒人（有権者の10％）の82％、ラティーノ他（有権者の1％）の64％の票を獲得していた。

出所と時系列データ：piketty.pse.ens.fr/ideology を参照。Thomas Piketty, *Capital et idéologie*, 前掲書 p. 947〔邦訳ピケティ『資本とイデオロギー』図15-7〕

洋世界で最も奴隷が集中していた地）で反乱が起こった後、アメリカ南部はプランテーション経済の世界的な中心地となり、加速度的な発展を遂げた。１８００年から１８６０年までに奴隷の数は4倍に増え、綿花の生産量は10倍になってヨーロッパの繊維産業を支えていく。しかし、アメリカ北東部や、特にリンカーンが生まれた中西部はさらに急速な発展を遂げていた。これらの地域は、西部の植民地化と自由労働を基盤とした別の経済モデルに依拠しており、西部の新領土における奴隷制の拡大を阻止したいと考えていた。

１８６０年の大統領選挙で勝利を収めた共和党のリンカーンは、１８３３年の英国、１８４８年のフランスの奴隷制廃止のときと同じように、奴隷所有者への補償をともなう平和的かつ段階的な廃止を交渉する用意があった。しかし、南部の人々は、20世紀における南アフリカやアルジェリアの一部の白人入植者たちのように、自分たちの世界を守るために分離独立というカードを試すことを好んだ。すると、北部の人々は南部の人々の独立を拒否し、1861年に戦争が勃発する。4年後、60万人（世界大戦、朝鮮戦争、ベトナム戦争、イラク戦争など、この国が参加した南北戦争以外のすべての紛争の累計に匹敵する数）の死者を出した後、1865年5月に南軍が降伏して紛争は終結した。しかし、北部の人々は、黒人が市民権、ましてや財産権を持てるようになったとは考えず、南部で白人が支配権を取り戻し、厳格な人種隔離制度を導入するのを容認した。その結果、1965年までのさらに1世紀にわたって白人が支配権を維持することとなった。

その間、米国は世界有数の軍事大国となり、1914年から1945年まで欧州の植民地大国同士を対立させたナショナリズムと大虐殺の自滅サイクルに終止符を打つことができた。かつて奴隷制を推進していた南部の政党だった民主党は、ニューディール政策の政党となり、共産主義の脅威とアフリカ系アメリカ人の運動に押される形で、補償措置は実施しないまま公民権を認めるに至った。ところが1968年になると、共和党のニクソンは、民主党が*1政治的恩顧主義《クライエンテリズム》によって黒人に社会的大盤振る舞いをしていると非難することで、南部の白人票を取り戻す（これは、フランスの右派が、左派に反イスラム差別を指摘されると、相手に「イスラム左翼」の疑いをかけるのに似ている）。

このようにして支持基盤の大逆転が起こり、この傾向は1980年のレーガン、そして2016年のトランプによってさらに増幅された。1968年以降、すべての大統領選挙で共和党が白人票の過半数を明白に獲得している一方、民主党は常に黒人票の90パーセント、ラティーノ票の60－70パーセントを獲得している。そんななか、有権者に占める白人の割合は、1972年の89パーセントから2

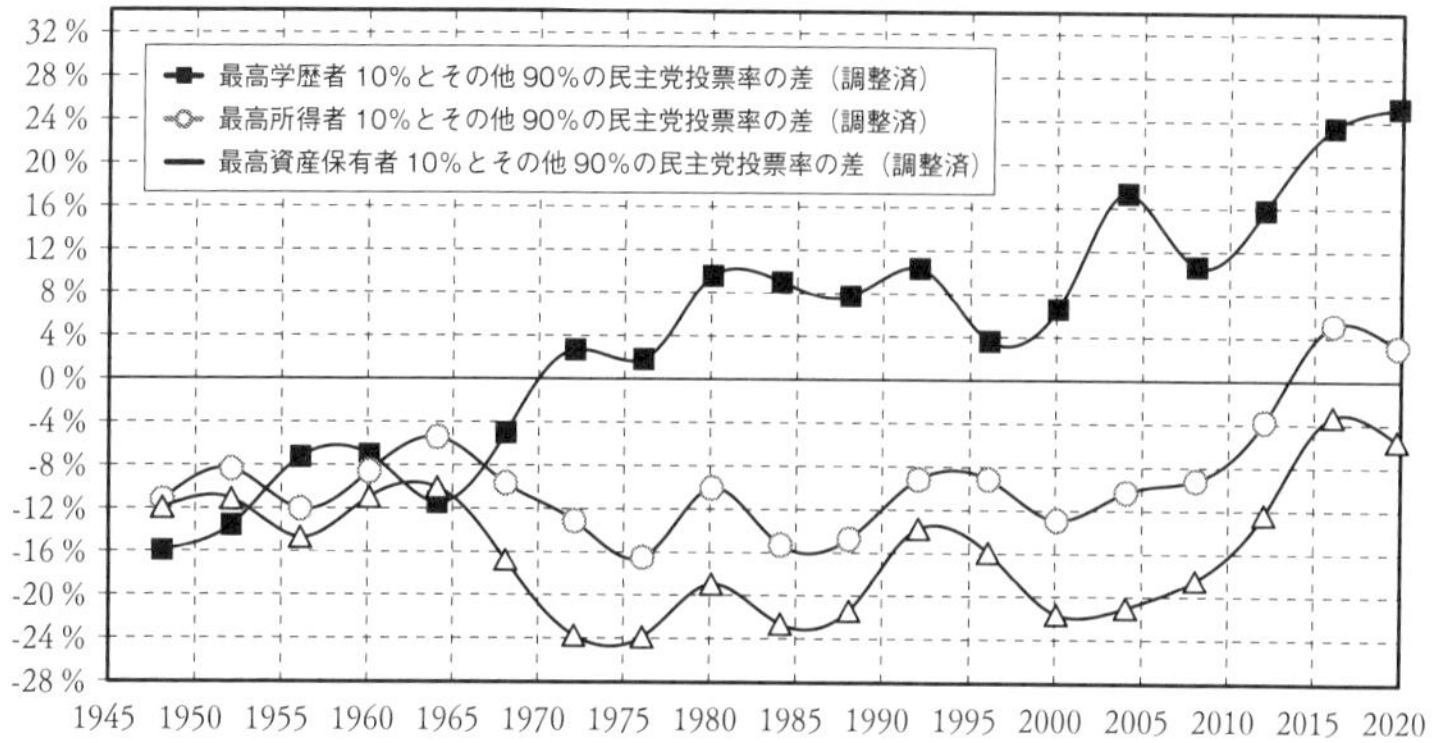


**図2　社会的分断と政治的対立、米国　1948-2020年**

解釈：1950-1970年には、民主党への投票は最低学歴および最低所得・資産の有権者と関連していた。1980-2010年には、それが最高学歴の有権者と関連するようになった。2010-2020年には、最高所得・資産の有権者と関連するようになる見通しだ。

出所と時系列データ：piketty.pse.ens.fr/ideology を参照。Thomas Piketty, *Capital et idéologie*, 前掲書 p. 941〔邦訳ピケティ『資本とイデオロギー』図15-6〕

０１６年には70パーセント、２０２０年には67パーセントと、着実に減少しつづけている（黒人は12パーセント、ラティーノをはじめとするマイノリティは合わせて21パーセント）。このことは、議事堂に乱入したトランプ主義者たちが硬化している一因であり、米国を出口のない民族紛争に陥れる恐れがある。

以上から、私たちはどんな結論を引き出せるだろうか？　今では民主党に投票している最高学歴層（これゆえに、知的エリートこそ引きつけられていないもののビジネスエリートの多くの支持を集めつづけている共和党が「反エリート」を装うことができているわけだが）の大半に支持されている悲観的な見方をすれば、共和党支持者は[*2]「嘆かわしく」、救いようのない人たちだということになる。この見方によれば、民主党政権は最も恵まれない人々の境遇を改善するためにあらゆる努力をしてきたにもかかわらず、労働者階級の白人たちは人種差別と憎悪に囚われていて、それが見えなくなっているというのだ。問題は、このような見方には民主的解決の余地がほとんどないことだ。人間の本質についてのより楽観的な見方は、次のようなものかもしれない。何世紀にもわたって、異なる民族的背景をもつ人々は、軍事支配や植民地支配を除いては互いに接触することなく暮らしてきた。それが最近になって、同じ政治的共同体のなかで共存するようになったのは大きな文明的進歩である。しかし、このことが偏見と政治的搾取を生みつづけており、このような偏見と政治的搾取はさらなる民主主義と平等によってしか克服できない。

民主党が、民族的出自に関係なく労働者層の票を取り戻したいのであれば、社会正義と再分配の観点からさらに多くのことを行なう必要がある。道のりは長く険しいだろう。だからこそ、今すぐに取り組むべきなのだ。

＊1　政治家が支持者に有利な施策を行ない、支持者からは政治献金などの見返りを受けるという政治手法。
＊2　ヒラリー・クリントンの発言。2016年9月、ヒラリーはトランプ支持者のことを「半数は嘆かわしい人たち(deplorables)」と批判して反発を招いた。

# 原　注

## 来たれ！　社会主義（2020年9月）

1. 特に *Les Hauts Revenus en France au xxe siècle* (Paris: Grasset, 2001)〔邦訳　トマ・ピケティ『格差と再分配――20世紀フランスの資本』山本知子・山田美明・岩澤雅利・相川千尋訳、早川書房、2016年〕, *Le Capital au XXIe siècle* (Paris: Seuil, 2013)〔邦訳　トマ・ピケティ『21世紀の資本』山形浩生・守岡桜・森本正史訳、みすず書房、2014年〕, *Capital et idéologie* (Paris: Seuil, 2019)〔邦訳　トマ・ピケティ『資本とイデオロギー』山形浩生・森本正史訳、みすず書房より刊行予定〕を参照。より詳細な書誌情報、およびオンラインで入手可能な多数のテキスト、抜粋、データについては、piketty.pse.ens.fr を参照のこと。

2. これらのデータはすべて、100カ国以上に関する何千ページもの研究論文や資料と同様に、WID.world のサイトにてオンライン入手可。また、Facundo Alvaredo、Lucas Chancel、Emmanuel Saez、Gabriel Zucman と共編した *Rapport sur les inégalités mondiales, 2018* (Paris: Seuil, 2018) も参照のこと。こちらも、WID.world にてオンライン入手可。

3. これらの「参加型社会主義を実現するための要素」については、Thomas Piketty, *Capital et idéologie*, chapitre 17, p.1111–1190〔『資本とイデオロギー』第17章〕を参照。

4. lemonde.fr/blog/piketty 参照。また、このサイトでは、図表に使用されているデータファイルへのリンクが掲載されている。いくつかの追加データは、WID.world または piketty.pse.ens.fr で参照できる。

5. 所得と富の格差の歴史的変遷についての詳細な考察は、Thomas Piketty, *Capital et idéologie*、特に graphiques 4.1–4.3、5.4–5.7、10.1–10.7、11.1–11.8、13.8–13.9〔『資本とイデオロギー』、特に図4–1〜4–3、5–4〜5–7、10–1〜10–7、11–1〜11–8、13–8〜13–9〕を参照。これらの図表はすべて piketty.pse.ens.fr/ideology でオンライン入手可。

6. Thomas Piketty, *Capital et idéologie*, graphiques 10.14–10.15〔『資本とイデオロギー』図10–14〜10–15〕参照。

7. コラム「最悪の事態を避けるために」（2020年4月14日）参照。［タイトルと日付で示された参照テキストについては、本書に転載されている lemonde.fr/blog/piketty 掲載のトマ・ピケティのコラムを参照してほしい］。

8. Thomas Piketty, *Capital et idéologie*, graphiques 0.8 et 17.1〔『資本とイデオロギー』図I–8および図17–1〕参照。

9. コラム「2018年予算、若者が犠牲に」（2017年10月12日）参照。

10. 特に、1919年と1949年のドイツ憲法では、財産は複数の利害関係者が関わる社会的関係であると定義されていたため、このような改革が可能であった。しかし、たとえば、厳密な意味での私有財産に対してはドイツよりはるかに保守的な考え方に基づく現在のフランス憲法では、その実現ははるかに困難である。フランスでこれらの問題に関する憲法改正の議論をするのであれば、第六共和政への移行や制憲議会の設立（どのような憲法改正が想定されているかは必ずしも常に明確ではない）に

焦点を当てるよりも、特に財産と累進課税の問題について、もっと実質的な社会経済的目標を俎上に載せるほうが有益だろう。Thomas Piketty, *Capital et idéologie*, chapitre 17〔『資本とイデオロギー』第17章〕参照。

11. フランスでは、2013年に大企業の取締役会に従業員代表のささやかな議席（12議席中1議席）が導入された。

12. たとえば、小規模企業（従業員数10名未満）では、一人の株主が保有できる株主議決権の上限を90%とし、この閾値を段階的に引き下げて、最大規模の企業（従業員数100名以上）では株主議決権の10%とする。株主が一人しかいない場合は、未割当の株主議決権を従業員議決権に加算する。Thomas Piketty, *Capital et idéologie*, chapitre 17〔『資本とイデオロギー』第17章〕参照。この制度は、メディア企業に関してすでに提案されている議決権の上限設定のルールを、すべての活動分野に一般化するものである。Julia Cagé, *Sauver les médias. Capitalisme, financement participatif et démocratie* (Paris: Seuil)〔邦訳　ジュリア・カジェ『なぜネット社会ほど権力の暴走を招くのか』山本知子・相川千尋訳、徳間書店、2015年〕, "La République des idées" (2015) 参照。

13. 上記のルールでは、（自分自身を含め）5人の従業員を抱える会社の唯一の株主は、56%の議決権を持つことになる。すなわち、株主として45%（50%の90%）、従業員として11%（55%の5分の1）である。（自分自身を含め）従業員が20人の会社の場合、唯一の株主は43%の議決権を持つことになる。すなわち、株主として40%（50%の80%）、従業員として3%（60%の20分の1）である。100人の従業員がいれば、唯一の株主が保有する議決権は11%未満となる。すなわち、株主として10%、従業員として0.9%（90%の100分の1）である。いうまでもなく、これらのパラメータは例示的なものにすぎず、広範な歴史的実験の対象となるべきものである。

14. 現在、最貧層50%の平均資産は、平均資産の約10%に相当している（つまり、総資産の5%を占めるのがやっとである）。ここで提起している施策により、最貧層50%の平均資産が6倍に増加することになる。想定される金額（平均資産の60%）は、現在の資産の中央値をわずかに上回っている。

15. コラム「中道派エコロジーの幻想」（2019年6月11日）、コラム「循環型経済のために」（2019年10月15日）を参照。

16. 炭素排出量の世界的な格差と、個人の最大排出量が米国とヨーロッパに集中していることについては、Thomas Piketty, *Capital et idéologie*, graphique 13.7〔『資本とイデオロギー』図13–7〕およびLucas Chancel, "Carbon and Inequality: From Kyoto to Paris," WID.world, Working Paper Series No.2015/7を参照。

17. ベーシックインカムは、より大きな全体の一部としてとらえ、決してそれを唯一の奇跡の解決策にしない限りにおいては、公正な社会を構成する重要な要素の一つである。コラム「ベーシックインカムか、公正な賃金か？」（2016年12月13日）参照。

18. Thomas Piketty, *Capital et idéologie*, graphique 11.13〔『資本とイデオロギー』図11–13〕参照。コラム「循環型経済のために」（2019年10月15日）も参照。

19. 1950年代の米国では、就学年齢層の90%が中等教育を受けていたのに対し、同

時期の西欧や日本ではせいぜい20%–30%であった。

20. 相続財産に対する課税や一律給付が実施された場合。

21. コラム「ISFの廃止は歴史的誤り」（2017年10月10日）およびコラム「『黄色いベスト運動』と税の公正」（2018年12月11日）を参照。

22. コラム「国際主義を再建する」（2020年7月14日）を参照。以下のコラムでもこれらの問題に触れる。「グローバル化の方向性を転換するために」（2016年11月15日）、コラム「欧州と階級分断」（2019年5月14日）、コラム「『社会主義的連邦主義』対『国家主義的自由主義』」（2020年2月11日）参照。

23. コラム「欧州の民主化のためのマニフェスト」（2018年12月10日）、コラム「仏独合同議会——欧州で税の公正を実現するための絶好の機会」（2020年2月21日）を参照。

24. 詳しくは、コラム「通貨創造は私たちを救うのか？」（2019年7月9日）、コラム「グリーンマネーの時代」（2020年5月12日）を参照。

25. Thomas Piketty, *Capital et idéologie*, chapitre 13〔『資本とイデオロギー』第13章〕参照。

26. コラム「男女間の賃金格差——19%か、64%か？」（2016年11月7日）参照。

27. Julia Cagé, *Libres et égaux en voix* (Paris: Fayard, 2020) 参照。

28. コラム「人種差別に立ち向かい、歴史を修復する」（2020年6月16日）参照。

29. コラム「最悪の事態を避けるために」（2020年4月14日）参照。Simon Reid-Henry, "Global Public Investment: Redesigning International Public Finance for Social Cohesion" (London: Queen Mary, 2020) も参照のこと。

## 第1部

### IMF、格差、そして経済研究（2016年9月20日）

1. Thomas Piketty, *Le Capital au xxie siècle*, Marie Charrel, "Une étude du FMI conteste les théories de Thomas Piketty sur les inégalités", *Le Monde*, 11 August 2016、およびIMFによる研究Carlos Góes, "Testing Piketty's Hypothesis on the Drivers of Income Inequality: Evidence from Panel VARs with Heterogeneous Dynamics", IMF Working Paper, 2016を参照。

2. たとえば、Thomas Piketty, "About *Capital in the Twenty-First Centuy*", *American Economic Review*, vol.105, no.5, 2015, p.48–53., "Putting Distribution Back at the Center of Economics: Reflections on *Capital in the Twenty-First Century*", *Journal of Economic Perspectives*, vol.29, no.1, 2015, p.67–88., "Vers une économie politique et historique. Réflexions sur le capital au xxie siècle", *Annales. Histoire, sciences sociales*, vol.70, no.1, 2015, p.125–138を参照。その他のテキストはhttp://piketty.pse.ens.fr/fr/articles-de-presse/97で入手可能。

3. Thomas Piketty, *Le Capital au xxie siècle*〔『21世紀の資本』〕、特に第7～9章を参照。

4. 特に、教育へのアクセスにおける格差、最低賃金、役員報酬、および税の累進性が役員報酬に与える影響については、Thomas Piketty, Emmanuel Saez and Stefanie Stantcheva, "Optimal Taxation of Top Labor Incomes: A Tale of Three Elasticities", *American*

*Economic Journal: Economic Policy*, vol.6, no.1, 2014, p.230–271を参照。

5. Thomas Piketty, *Le Capital au xxie siècle*、特に第10〜12章を参照。

6. 労働に関する諸々の格差のレベルが一定であると仮定した場合に、この直観を説明する形式的なモデルやシミュレーションは、Thomas Piketty and Gabriel Zucman, “Wealth and Inheritance in the Long Run”, Anthony B. Atkinson and François Bourguignon (dir.), *Handbook of Income Distribution*, vol.2B, Amsterdam, Elsevier, 2015, p.1303–1368.で入手可能。

7. 特にThomas Piketty, Gilles Postel-Vinay and Jean-Laurent Rosenthal, “Wealth Concentration in a Developing Economy: Paris and France, 1807–1994”, *American Economic Review*, vol.96, no.1, 2006, p.236–256, “Inherited vs Self-made Wealth: Theory & Evidence from a Rentier Society (Paris, 1872–1927)”, *Explorations in Economic History*, vol. 51, no.C, 2014, p.21–40を参照。

8. http://www.wid.world

9. Thomas Piketty, *Le Capital au xxie siècle*、特に第12章を参照。

10. これはたとえば、Marie Charrel, “Une étude du FMI conteste les théories de Thomas Piketty sur les inégalités” で表明されている見解である。

### 男女間の賃金格差——19パーセントか、64パーセントか？（2016年11月7日）

1. これらの結果は、Bertrand GarbintiとJonathan Goupille-Lebretとともに行なった、フランスにおける格差の動学に関する研究に基づいている。さらなる詳細については、http://piketty.pse.ens.fr/files/GGP-2016DINASlides.pdfを参照。

### アンソニー・B・アトキンソンの死（2017年1月3日）

1. https://www.tony-atkinson.com参照。

2. http://www.wid.world.

### 中国における格差（2017年2月14日）

1. Thomas Piketty, Li Yang and Gabriel Zucman, “Capital Accumulation, Private Property and Rising Inequality in China, 1978–2015”, WID.world, Working Paper Series No.2017/6

### 公的資本、民間資本（2017年3月14日）

1. Facundo Alvaredo, Lucas Chancel, Thomas Piketty, Emmanuel Saez and Gabriel Zucman, “Global Inequality Dynamics: New Findings from WID.world,” National Bureau of Economic Research, Working Paper No.23119, 2017参照。

## 第2部

### フランスの格差（2017年4月18日）

1. Bertrand Garbinti, Jonathan Goupille-Lebret and Thomas Piketty, “Income Inequality in France, 1900–2014: Evidence from Distributional National Accounts (DINA)”, WID.world, Working Paper Series n° 2017/4

### ISFの廃止は歴史的誤り（2017年10月10日）

1. 特にBertrand Garbinti, Jonathan Goupille-Lebret and Thomas Piketty, “Accounting for Wealth Inequality Dynamics Methods, Estimates and Simulations for France (1800–2014)”, WID.world, Working Paper Series n° 2016/5を参照。

### 2018年予算、若者が犠牲に（2017年10月12日）

1. コラム「ISFの廃止は歴史的誤り」（2017年10月10日）参照。
2. 政府が出した以下の公式予算文書参照。p.39, http://www.performance-publique.budget.gouv.fr/sites/performance_publique/files/farandole/ressources/2018/pap/pdf/DBGPGM-PGM150.pdf
3. Thomas Piketty, “2007–2015 : une si longue récession”, 前掲書参照。
4. コラム「ISFの廃止は歴史的誤り」（2017年10月10日）参照。
5. Thomas Piketty, “Le scandale APB”, piketty.blog.lemonde.fr, 12 juillet 2016 参照

### トランプとマクロン、似たもの同士（2017年12月12日）

1. Lucas Chancel, *Insoutenables Inégalités. Pour une justice sociale et environnementale* (Paris: Les Petits Matins, 2017).
2. World Inequality Report 2018, https://wir2018.wid.world.

### 2018年、欧州の年（2018年1月16日）

1. Thomas Piketty, “2007–2015: une si longue récession”, 前掲書参照。
2. Filip Novokmet, “Entre communisme et capitalisme. Essais sur l’évolution des inégalités de revenus et de patrimoines en Europe de l’Est, 1890–2015”, 社会科学高等研究院（EHESS）博士論文(2017年)。Pawel Bukowski and Filip Novokmet, “Inequality in Poland: Estimating the Whole Distribution by g-Percentile, 1893–2015”, WID.world, Working Paper Series No.2017/21、およびFilip Novokmet, Thomas Piketty and Gabriel Zucman, “From Soviets to Oligarchs Inequality and Property in Russia, 1905–2016”, WID.world, Working Paper Series No.2017/09も参照のこと。
3. たとえば、チェコ共和国のアンドレイ・バビシュ首相のインタビュー「欧州の二段階統合方式とは笑わせてくれる（L’Europe à deux vitesses, ça me fait rigoler)」（ル・モンド紙，2017年12月6日）を参照のこと。
4. Thomas Piketty, “Reconstruire l’Europe après le ‘Brexit’”, 前掲書参照。

### ロシアの資本（2018年4月10日）

1. Filip Novokmet, Thomas Piketty and Gabriel Zucman, “From Soviets to Oligarchs: Inequality and Property in Russia, 1905–2016”, 前掲書参照。

### 五月革命と格差（2018年5月8日）

1. 詳しくはThomas Piketty, *Les Hauts Revenus en France au xxe siècle* (Paris: Grasset, 2001), 前掲書を参照のこと。

### 欧州、移民、貿易（2018年7月10日）

1. “World Population Prospects”, United Nations, https://population.un.org/wpp/.

2. Bulletin économique de la BCE, juin 2018, tableau 3.1, p. S8, https://www.ecb.europa.eu/pub/pdf/ecbu/eb201804.en.pdf

### ブラジル、脅かされる第一共和国（2018年10月16日）

1. ブラジルにおける有権者の分断の変遷については、Amory Gethin, “Cleavage Structures and Distributive Politics. Party Competition, Voter Alignment and Economic Inequality in Comparative Perspective”, Master Analysis and Policy in Economics, Paris Scool of Economics, 2018を参照のこと。

2. ブラジルにおける格差の変遷については、Marc Morgan, “Falling Inequality beneath Extreme and Persistent Concentration: New Evidence for Brazil Combining National Accounts, Surveys and Fiscal Data, 2001–2015”, WID.world, Working Paper Series n° 2017/12を参照のこと。

### ル・モンド紙と億万長者（2018年11月13日）

1. Julia Cagé, *Sauver les médias...*, 前掲書参照。

## 第3部

### 欧州の民主化のためのマニフェスト（2018年12月10日）

1. http://www.tdem.eu.

2. http://www.tdem.eu.

### 「黄色いベスト運動」と税の公正（2018年12月11日）

1. コラム「欧州の民主化のためのマニフェスト」（2018年12月10日）参照。

2. コラム「ISFの廃止は歴史的誤り」（2017年10月10日）、およびBertrand Garbinti, Jonathan Goupille-Lebret and Thomas Piketty, “Accounting for Wealth Inequality Dynamics: Methods, Estimates and Simulations for France (1800–2014)”, 前掲書を参照。

### フランス革命前夜を彷彿させる債務危機（2019年1月15日）

1. https://www.consilium.europa.eu/media/20386/st00tscg26-fr-12.pdf.

2. ユーロ圏各国の国債の利子と基礎的財政収支の黒字については、European Central Bank, *Economic Bulletin*, décembre 2018, p. 36, Chart 27, et, p.S23–S25, https://www.ecb.europa.eu/pub/pdf/ecbu/eb201808.en.pdfを参照。

3. イタリアの利息支払期日については、European Central Bank, Statistical Data Warehouse, “Italy. Governement Debt Securities: Debt Service”, http://sdw.ecb.europa.eu/reports.do?node=1000003919を参照。

4. 18世紀から20世紀にかけての債務の歴史については、たとえばThomas Piketty, *Le Capital au xxie siècle*, 前掲書第3章から第5章を参照のこと。また、時系列データについては、Thomas Piketty and Gabriel Zucman, “Capital is Back: Wealth-Income Ratios in Rich Countries, 1700–2010”, *Quarterly Journal of Economics*, vol. 129, n° 3, 2014, p.1155–1210を参照のこと。

5. http://www.tdem.eu.

### 米国の富裕税（2019年2月12日）

1. https://www.warren.senate.gov/newsroom/press-releases/senator-warren-unveils-proposal-to-tax-wealth-of-ultra-rich-americansを参照。また、Emmanuel Saez and Gabriel Zucman, “How Would a Progressive Wealth Tax Work? Evidence from the Economics Literature”, February 5, 2019, https://eml.berkeley.edu/~saez/saez-zucman-wealthtaxobjections.pdfを参照。

### 欧州を愛することは欧州を変えること（2019年3月12日）

1. http://www.tdem.eu.

### インドのベーシックインカム（2019年4月16日）

1. Nitin Bharti and Lucas Chancel, “Tackling Inequality in India. Is the 2019 Election Compaign up to the Challenge?”, WID.world Issue Brief 2019/2参照。インドにおける政治的分断の変化については、Abhijit Banerjee, Amory Gethin and Thomas Piketty, “Growing Cleavages in India? Evidence from the Changing Structures of the Electorates, 1962–2014”, WID.world, Working Paper Series n° 2019/05を参照のこと。

### 欧州と階級分断（2019年5月14日）

1. Or Rosenboimの興味深い著書、*The Emergence of Globalism. Visions of World Order in Britain and the United States, 1939–1950*（Princeton: Prinston University Press, 2017）を参照のこと。

### 中道派エコロジーの幻想（2019年6月11日）

1. Mahdi Ben Jelloul, Antoine Bozio, Thomas Douenne, Brice Fabre and Claire Leroy, “Budget

2019: l'impact sur les ménages", conférence, Paris, Institut des politiques publiques, 11 octobre 2018

### 通貨創造は私たちを救うのか？（2019年7月9日）

1. コラム「グリーンマネーの時代」（2020年5月12日）の図「中央銀行と金融グローバル化」を参照。

### 循環型経済のために（2019年10月15日）

1. Independent Commission for the Reform of International Corporate Taxation (Icrict), "Icrict Response to the OECD Consultation on the Review of Country-by-Country Reporting (BEPS Action 13)", https://www.icrict.com.

2. https://taxjusticenow.org/#/ も参照。

3. Thomas Piketty, *Capital et idéologie*, 前掲書参照。

### 経済的正義によるアイデンティティの対立からの脱却（2019年11月12日）

1. コラム「インドのベーシックインカム」（2019年4月16日）図「カースト・宗教別のBJP投票率　インド　1962–2014年）」参照。

### 年金制度の一本化へのいくつかの道（2019年12月10日）

1. Antoine Bozio and Thomas Piketty, *Pour un nouveau système de retraite. Des comptes individuels de cotisations financés par répartition*, (Paris: Rue d'Ulm, 2008)

### 仏独合同議会——欧州で税の公正を実現するための絶好の機会（2020年2月21日）

1. http://www.tdem.eu.

### 最悪の事態を避けるために（2020年4月14日）

1. 報告書の概要は、https://www.imperial.ac.uk/mrc-global-infectious-disease-analysis/covid-19/report-12-global-impact-covid-19/ rapport complet sur https://www.imperial.ac.uk/media/imperial-college/medicine/mrc-gida/2020-03-26-COVID19-Report-12.pdf。

2. スペイン風邪に関する参考記事として、Christopher Murray, Alan D. Lopez, Brian Chin, Dennis Feehan and Kenneth H. Hill, "Estimation of Potential Global Pandemic Influenza Mortality on the Basis of Vital Registry Data from the 1918–20 Pandemic: A Quantitative Analysis", *The Lancet*, vol. 368, n° 9554, 2007, p. 2211–2218を参照のこと。また、Robert J. Barro, José F. Ursúa and Joanna Weng, "The Coronavirus and the Great Influenza Pandemic: Lessons from the 'Spanish Flu' for the Coronavirus's Potential Effects on Mortality and Economic Activity", National Bureau of Economic Research, Working Paper n° 26866, 2020（死亡率に関しては特に上記Christopher Murrayらのデータを使用している）も参照。

### グリーンマネーの時代（2020年5月12日）

1. ユーロシステムのバランスシートに関する情報源は以下の通り（Thomas Piketty, *Capital et idéologie*, 前掲書，第13章も参照のこと）: Eurosystem Balance sheet, May 1st 2020, 5.395 billions, https://www.ecb.europa.eu/press/pr/wfs/2020/html/ecb.fst200505.en.html および Eurosystem Balance sheet, February 28 2020, 4.692 billions, https://www.ecb.europa.eu/press/pr/wfs/2020/html/ecb.fst200303.en.html。これは、新しい資産買入れプログラムである「パンデミック緊急買入れプログラム」(PEPP, Pandemic Emergency Purchase Programme)、および従来の複数のプログラム（特に「公的部門買入れプログラム」(PSPP, Public Sector Purchase Programme) の利用の増加によるものである。国別の内訳についてはこちらを参照のこと（常に各国のGDPに基づくECB資本をターゲットとしている)。https://www.ecb.europa. eu/mopo/implement/omt/html/index.en.html

2. 2019年の市場価格表示のGDPは、ユーロ圏で12兆ユーロ、EU加盟27カ国で14兆ユーロ。https://ec.europa.eu/eurostat/databrowser/view/tec00001/default/table

### 国際主義を再建する（2020年7月14日）

1. 可能性のある反ダンピング制裁の金額の最初の見積もりについては、Ana Seco Justo, “Profit Allocation and Corporate Taxing Rights: Global and Unilateral Perspectives”, Paris School of Economics, 2020を参照。

## 著者略歴

（Thomas Piketty）

1971年，クリシー（フランス）生まれ．パリ経済学校経済学教授．社会科学高等研究院（EHESS）経済学教授．EHESSおよびロンドン経済学校（LSE）で博士号を取得後，マサチューセッツ工科大学（MIT）で教鞭を執る．2000年からEHESS教授，2007年からパリ経済学校教授．多数の論文を *the Quarterly Journal of Economics, the Journal of Political Economy, the American Economic Review* などに発表．経済発展と所得分配の相互作用について，主要な歴史的，理論的研究を成し遂げる．世界不平等研究所および世界不平等データベースの共同ディレクター，「欧州の民主化のためのマニフェスト」の発起人も務める．著書に『21世紀の資本』（2014），『世界不平等レポート2018』（共編，2018，以上みすず書房），『トマ・ピケティの新・資本論』（日経BP，2015），『格差と再分配』（早川書房，2016），『不平等と再分配の経済学』（明石書店，2020）ほか多数．本書は『ルモンド』紙に2016年から2021年にかけて連載されたコラムに基づいており，その一部は朝日新聞にも抄訳掲載されている．

## 訳者略歴

山本知子〈やまもと・ともこ〉フランス語翻訳家．早稲田大学政治経済学部卒業．東京大学新聞研究所研究課程修了．訳書にピケティ『格差と再分配』（早川書房，2016），マクロン『革命』（ポプラ社，2018），カジェ『なぜネット社会ほど権力の暴走を招くのか』（徳間書店，2015，以上共訳），ヴァグネル『簡素な生き方』（講談社，2017），ジョリー『カラシニコフ自伝』（朝日新聞出版，2008）ほか多数．

佐藤明子〈さとう・あきこ〉翻訳家．東京大学理学部生物化学科卒業．理化学研究所勤務を経て，英語・フランス語翻訳に携わる．メディカル関係の実務翻訳をはじめ，書籍や雑誌翻訳を手がける．訳書にミラー&キャロル編著『アルコール・薬物依存症を一から見直す』（誠信書房，2020）．

トマ・ピケティ
来たれ、新たな社会主義
世界を読む 2016-2021
山本知子・佐藤明子訳

2022年 4 月 18 日 第 1 刷発行

発行所 株式会社 みすず書房
〒113-0033 東京都文京区本郷 2 丁目 20-7
電話 03-3814-0131(営業) 03-3815-9181(編集)
www.msz.co.jp

本文組版 キャップス
本文印刷・製本所 中央精版印刷
扉・表紙・カバー印刷所 リヒトプランニング
翻訳協力 リベル


ISBN 978-4-622-09073-1
[きたれあらたなしゃかいしゅぎ]